행정사무
관리론

제갈욱 · 제갈돈

박영사

머리말

  행정업무에서 사무관리는 조직의 목적을 달성하기 위한 중요한 수단이며, 최근에 컴퓨터 기술 및 정보통신기술의 발달에 따라 사무관리는 업무를 수행하는 데 기본적인 사항이라고 할 수 있다. 이 교재는 대학을 졸업하고 업무 현장에서 업무를 수행하는 데 요구되는 기본적인 사무관리 능력을 배양하는 것을 목적으로 하고 있다. 이를 위하여 크게 첫째, 이론적으로 행정정보화의 개념 및 특성, 사무관리의 기능 및 역할, 컴퓨터 및 통신기술에 대한 설명, 2004년에 도입된 사무관리 및 공문서 작성 등, 둘째, 이론적인 내용들을 보다 효과적으로 실행하기 위하여 한글, 엑셀, 파워포인트 등의 실용적인 설명으로 구성하고 있다.

  구체적으로 제1장 정보란, 제2장 컴퓨터 일반, 제3장 통신, 제4장 사무관리 및 공문서 작성, 제5장 한글, 제6장 엑셀, 제7장 파워포인트 등이다.

  1990년대 중반 WTO 이후 세계화 또는 국제화 상황 속에서 미래 사회의 업무는 정보와 컴퓨터에 관련된 다양한 이론과 기술을 요구하고 있다. 이런 환경하에서 본 교재는 업무 현장에서 보다 효율적인 업무의 이론적인 이해와 사실적인 효과성을 높이는 데 도움이 되고자 한다.

2021년 12월
저자 씀

목 차

— II —

컴퓨터 일반

— Ⅲ —

통 신

— IV —
사무관리 및 공문서 작성

— Ⅴ —

소프트웨어 활용편: 한글

— VII —

프레젠테이션: 기본 이론 및 파워포인트

I

정보란?

I 정보란?

1. 행정정보화

　정보화 사회 속에서 행정정보화의 특징을 설명하려면 행정의 수요와 공급적인 측면에서 설명이 가능하다. 수요측면에서는 행정 수요의 증대, 정책 문제의 복잡화, 행정의 분권화·지방화 및 민주화·인간화에 대한 행정정보화 현상이 발생한다. 공급적인 측면에서 대량의 정보처리 능력, 데이터베이스 구축·관리기술, 행정전산망, 계량적 기법, 사무자동화 등과 같은 정보관리 기술 및 정보시스템 모형의 발달이나 정보수용의 분석 기법, 정보행태 및 내용의 유용화 기법, 정보의 판별 및 선택 방법, 정보 관련 조직 및 인력관리 전략 등과 같은 정보관리 기법 및 전략 발전에서 행정정보화 현상이 발생한다(하미승, 1999: 34-38). 즉 현대 행정의 변화는 정보화라는 흐름에 필연적으로 대응하여야 한다. 정보화시대에 컴퓨터와 인터넷의 발달은 정보량의 증대와 과거 인간이 누리고 있던 삶의 변화를 획기적으로 변화시켰다. 이에 맞춰 현대행정에도 많은 변화가 있었다. 행정정보화에 대한 변화를 자세히 살펴보려면 행정이 정보화시대에 어떻게 변화되고 있는지를 살펴볼 필요성이 요구된다.

1) 행정수요의 증대

　행정수요의 증대는 인구 증가와 달리 인간의 욕망 변화에 있다. 근본적으로 정보화로 인해 삶(교통, 통신, 보건, 복지, 교육 등)이 편리해지면서 더욱 편리한 것을 요구하는 것이 인간이다. 정보화 속에서 국민이 원하는 행정서비스는 시간과 비용을 절약하는 효율적이면서 능률적인 서비스를 지향하게 된다. 특히 일방적인 서비스보다 쌍방향 커뮤니케이션이 되는 맞춤형 서비스이다. 정보화시대에서 수요의 증대는 행정의 내부적인 변화를 요구하게 된다.

2) 정책의 다양성 및 복잡성

정보화로 인해 행정이 수용해야 하는 정보의 양은 방대하다. 그 속에서 행정은 정책에 있어서 다양성과 복잡성에서 최적의 해결책을 찾고 충족시켜야 한다. 과거 행정은 단순하고 획일한 정책결정을 통해 일방적인 산출에 대한 결과에 만족할 수밖에 없었고, 그만큼 수요자도 리스크를 감소할 수밖에 없었다. 그러나 현대행정은 방대한 정보를 수용할 능력, 분석, 처리, 결정에 있어서 합리적이면서 다수를 충족시킬 수 있게 구성하여야 한다.

3) 행정의 분권화·민주화

우리나라는 민주주의를 채택함에 따라 민주화를 위해 지방자치제를 도입하게 되었다. 즉 지방자치제의 도입으로 우리나라는 행정조직이 더욱 분권화 되었으며, 중앙과 지방의 분권화로 인해 중앙과 지방을 연결하는 네트워크를 구성하게 되고, 네트워크 형성은 기존의 행정업무를 증가시키게 되었다. 또한 행정업무는 분산과 처리과정에서 효율적이면서 능률적인 시스템을 요구하며, 행정기관 공무원들의 전문성을 필요로 하게 되었다.

4) 행정조직의 변화

정보화에 따라 행정의 내부조직도 변화하였으며, 대량의 행정정보로 인해 이를 수용할 수 있는 데이터베이스 구축·관리 기술, 신속하게 처리할 수 있는 네트워크 및 통신기술의 발달로 행정조직은 행정전산망을 통해 부처와 부처 간에 인프라를 구축하게 되고, 컴퓨터와 인터넷을 통해 행정사무의 자동화를 통해 모든 업무가 유동성 있게 움직일 수 있게 되었다. 그 결과 공무원은 전문화 교육을 통해 정보를 처리함에 창의적이면서 질적인 정보를 산출하고 상부조직이 좀 더 효율적인 정책을 달성할 수 있도록 정보를 재가공할 수 있는 능력을 지니게 되어 기존 공무원들과 차별화되게 되었다.

2. 행정전산화 개념 및 변천사

1) 개념

행정전산화에 대한 정의는 다양하게 논의되어 왔으며, 정보화에 컴퓨터와 인터넷의 발전과 복잡한 네트워크 형성 등으로 행정업무를 기존 수작업에서 자동화 시스템을 도입한 것이다. 그러나 전산화 과정은 행정의 보완적 수단이기 때문에 재정립을 내릴 필요가 요구된다고 할 수 있다.

행정전산이란 용어를 분리해서 해석하면 전산화란 정보의 전달과 업무의 신속한 처리, 능률성 등을 향상시키기 위하여 업무의 처리에 컴퓨터를 사용하는 것이며, 행정에 있어서 전산화는 행정업무의 일부를 컴퓨터의 도움을 받아서 처리할 수 있도록 하는 일련의 과정을 말한다. 넓은 의미로 행정전산화는 행정업무의 일부를 기계의 도움을 받아서 처리하는 과정으로 볼 수 있으나 행정전산화는 이 기계 중에서 컴퓨터라는 기계를 사용한다고 할 수 있다(안문석 1983: 47).

총무처(1994: 7)의 개념 정의에 의하면 행정전산화는 전자계산 조직을 행정에 도입하여 행정정보를 관리, 가공, 전달, 보존하고 행정업무처리의 주요 수단으로 이용하여 행정의 합리화, 효율화, 과학화, 현대화를 이룩하여 이의 원활한 추진을 위한 제도, 절차, 개선 등 제반 여건을 조성하는 일련의 과정이라고 정의하고 있다.

유평준(1992: 6)은 행정전산화란 행정조직에서 효율적인 관리, 합리적인 정책결정 그리고 질 높은 행정서비스의 공급을 위하여 컴퓨터와 통신기술에 의존하여 행정업무를 수행하려는 일련의 노력이라고 할 수 있다.

안문석(1995: 535)에 의하면 행정전산화는 수작업 행정을 전산화행정으로 전환하는 과정이며 전산화된 행정은 컴퓨터의 도움을 받아서 수행하는 행정이라고 정의하고 있다.

정우열(1998: 217)에 의하면 행정전산화는 기존의 행정업무를 개선하기 위하여 컴퓨터와 통신기술에 의존하거나 전자계산 조직을 도입하는 일련의 과정으로 볼 수 있으며, 결국 행정전산화는 행정업무의 수행에 컴퓨터와 정보시스템 및 정보기술을 이용하여 행정업무를 개선하는 과정이라고 할 수 있다.

그러나 이러한 정의는 행정이라는 궁극적으로 추구하려는 가치에 대한 명확한 개념을 내포하지 않고 전산화에 좀 더 비중을 두고 내린 정의이다. 행정조직 업무에 전산화를 도입한 것은 행정업무에 있어서 효율성과 능률성을 통해 신속하고 정확한 업무 활동을 하고, 이를 통해 국민들에게 제공되는 서비스의 질에 있다. 또한 전산화를 통해 네트워크는 일방적이고 고정된 형식 보다는 쌍방향적이면서 유동적인 면에서 행정전산화를 통해 유연하면서도 탄력적인 서비스 제고에 있다.

결국 행정전산화의 개념을 정의하기 위해서는 과거 전산화의 기술적인 발달에 따른 필연적인 동인보다는 현재 추구해야 하는 가치와 실용적인 면에서 접근해야 할 필요가 있다. 행정전산화의 과도기적인 상황에 내린 정의는 효율성, 능률성, 과학화, 현대화가 가지는 합리적이면서 기술적인 측면이 강하지만 현대행정은 전산화를 통해 국민들에게 정보의 민주화와 형평성 등에 비중을 둔 행정이 추구해야 하는 궁극적인 가치와 결부시켜 개념을 정의할 필요가 있다고 할 수 있다.

2) 변천사[1]

대한민국 행정전산화 발달과정을 살펴보면 개화기(1980년 이전), 도약기(1980년대), 확산기(1990년대), 성장기(2000년대), 성숙기(2008년~2012년), 재도약기(2013년~)로 구분된다.

1980년대 이전 정보화 개화기에 총무처에서 1978년부터 1987년까지 10년에 걸쳐 5년 단위로 전국을 단일 정보권으로 하는 행정정보시스템을 구축하였고, 정책 대안으로 1차 행정전산화 기본계획을 수립하였다. 그러나 1980년까지 계속 진행되어오던 이 사업은 국내 여건 등 여러 사정으로 1987년까지 계획되었던 사업은 1983년 2차 행정전산화 기본계획으로 마무리되었다. 정보화 도약기 시절인 1980년대 들어서면서 1987년 1차 국가기간 전산망 기본계획을 수립하여 정보화 확산기인 1992년 2차 국가기간 전산망 기본계획을 수립하게 되었다. 그 후 초고속 정보통신망 기반 구축 종합계획 수립(1995), 정보화 촉진 기

---

1) 정보통신부, 한국전산원, '한국의 정보화 정책 발전사', 2005에서 발췌; 안전행정부(현 행정안전부), 한국정보화진흥원, '국가 정보화백서', 2013에서 발췌

본법이 제정되었다.

정보화추진 위원회(1996), 1차 정보화 촉진기반 계획 수립(1996), 정보화 촉진 기금의 설치(1996), 정보통신망 고도화 추진계획 수립(1998), Cyber Korea 21 수립(1999)의 전산망사업을 추진하였다. 정보화 성장기로 들어서는 2000년대 이후 초고속 정보통신망 고도화 기본계획(2001), e−KOREA VISION 2002(2002), Broadband IT Korea[2] 2007을 수립하면서 정보화 단계에 따라 전산망사업을 추진하게 되었다. 도약기인 2008년에 들어서면서 국가정보화기본계획(2008), 광대역 통신망, ICT(Information & Communication Technology; 정보통신기술), 융합서비스 확산계획, 정보자원 통합계획, 스마트 전자정부 계획을 추진하게 되었다. 그리고 이어 재도약 시기인 2013년 12월에 발표된 제 5 차 국가정보화 기본계획(2013~2017)을 기준으로 창조경제 실현계획(2013년 6월), 정보 3.0 추진 기본계획(2013년 6월)을 바탕으로 해서 정보공유, 정보개방, 부처와 시민의 협업이라는 과제를 핵심과제로 추진하였으며, 그에 따라 기존에 'ICT 중심의 성장·확산'에서 '사회 전 영역에의 ICT 접목·활용'으로의 변화를 계획 및 추진 중이다.

3) 정보체계의 분류방식

① 분야별 정보체계: 사회, 경영, 엔지니어링 정보체계
② 조직체계별: 전략·기획 정보체계
③ 조직계층별: 관리통제, 운영통제, 정보체계
④ 기능별: 인적자원, 재무·회계, 제조·생산, 판매·마케팅 체계
⑤ 발전단계별
   (ⅰ) 단순처리 단계   (ⅱ) 정보제공 단계
   (ⅲ) 의사결정지원 단계   (ⅳ) 인공지능 단계

(1) 분야별 정보체계

① 사회정보체계: 금융기관체계, 기상관측망 체계, 응답체계
② 경영정보체계

---

2) IT(Information Technology, 정보기술)

- POS(Point of Sales: 판매시점 정보관리체계)
- EOS(Electronic Ordering System: 전자주문시스템, 전자상거래)
- 인사정보체계, 재무ㆍ회계체계

③ 엔지니어링 정보체계
- CAD(Computer Aided Design): 컴퓨터 이용설계
- CAM(Computer Aided Manufacturing): 컴퓨터 이용제조
- CAP(Computer Aided Planning): 컴퓨터 이용 기획

(2) 조직 체계별 정보체계

① 전략ㆍ기획 정보체계(Strategic Planning Information System)
- 최고관리층의 업무를 지원하기 위해 구축된 정보체계, 전략적 기획관리, 장기적 투자, 거시적 투자, 거시적 정책결정 등을 위해 사용
- 최고관리자 정보체계(EIS: Executive Information System): 현 조직의 업무현황, 국내경제와 정치, 국제경제 등에 관한 요약된 정보 적시 제공해 주는 기능
- 전략 정보체계(SIS: Strategic Information System): 조직 내 지식의 축적과 공유를 위한 지식업무체계, 올바른 정책평가와 정책실패 예방을 위한 시뮬레이션체계 등 이용

② 관리통제 정보체계(Management Control Information System)
- 중간관리층의 업무지원을 위해 구축, 조직업무의 관리통제를 목적
- 조직과 인력, 예산에 대한 관리와 통제 담당
- 의사결정지원체계, 집단의사결정지원체계, 분산의사결정지원체계

③ 운영통제 정보체계(Operational Control Information System)
- 하위계층인 운영층 지원하기 위해 구축된 정보체계
- 일상적으로 반복적인 업무 담당하므로 주로 거래처리체계를 사용
  - 예 행정정보체계: 주민등록등본 발급, 민원상담 등 대민 봉사사업
- 경영정보체계: 재고조사, 회계장부 정리
- 운영자층의 정보체계: 데이터베이스 구축에 필요한 자료 제공하는 기능
- 공공근로사업에 동원된 근로자들에게 지불된 금액을 매일 기록하여

데이터베이스에 저장해 두어, 중간관리층이 예산관리체계를 사용하여
공공근로사업금액 즉시 조회

(3) 기능별 정보체계

① 인적자원체계
  - 종업원의 기술력, 업무성과: 종업원에 대한 보상, 직업능력을 위한 계
    획 지원하는 기능
② 재무·회계체계
  - 자산과 자금 흐름 관리, 투자에 따른 가장 효율적 반응 결정하는 기능
③ 제조·생산체계
  - 생산품과 서비스의 계획, 개발, 생산에 관계된 시스템, 생산 공정을 통
    제하는 기능
④ 판매·마케팅체계
  - 회사의 생산품 또는 서비스에 대한 소비자의 성향을 파악
  - 소비자의 욕구에 맞는 생산품 및 서비스 개발에 기여

(4) 발전단계별 정보체계

① 단순자료처리 단계
  - 1950년대 중반~1960년대 중반: 컴퓨터가 조직경영부문에 사용
  - 자료의 보관, 검색의 자동화 ⇒ 비용 절감, 정확도 높임
  - 거래처리체계(Transaction Processing System)

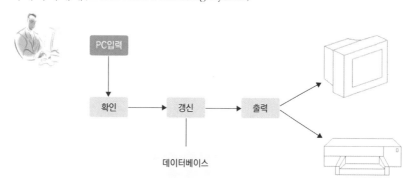

② 정보제공 단계
- 1960년대 중반~1970년대 초: 조직의 관리 및 의사결정지원
- 경영정보체계(MIS)
  - 광의: TPS, IRS, DSS, OAS 모두 포함
  - 협의: 정보보고체계(IRS: Information Reporting System)
  - 조직의 관리수준에서 계획과 통제, 의사결정의 기능에서 도움
  - 모든 관리자에게 일반적인 정보제공
③ 의사결정지원 단계
- 의사결정지원체계(DSS: Decision Support System)
- 특정관리자의 특정한 문제의 해결을 지원하는 시스템
- 중간관리자를 지원하는 데 사용
- 데이터베이스와 모델베이스를 결합하여 분석한 결과 ⇒ 의사결정을 위한 유용한 정보 제공
④ 인공지능 단계
- 1980년대 사무자동화 체계(OAS: Office Automation System) 등장: 팩시밀리, 전자우편, 전자결재, 원격화상회의
- 인터넷이 확산되면서 새로운 네트워크 구성
- 인공지능(AI: Artificial Intelligence) 기술의 출현 ⇒ 전문가 체계(ES: Expert System) 개발 ⇒ 의료, 세무, 법, 공학
- 1980년대 후반: 전략정보체계(SIS: Strategic Information System) 등장
- 최고관리자 정보체계(EIS: Executive Information System) 개발
- ES(Expert System)와 DSS(Decision Support System)를 상호보완적으로 결합하여 최고관리층의 정보요구에 부응하기 위해

정보의 발달과정은 정보화 개화기(~1980년대 이전), 정보화 도약기(1980년대), 정보화 확산기(1990년대), 정보화 성장기(2000년대), 정보화 성숙기(2008년~2012년), 정보화 재도약기(2013~2017년)로 구분할 수 있다. 또한 추진 내용은 크게 5단계로 구분하여 제1차 행정전산화 기본계획 수립 단계(1978년), 제2차 행정전산화 기본계획 단계(1983년) 및 제1차 국가기간 전산망 기본계획 수립

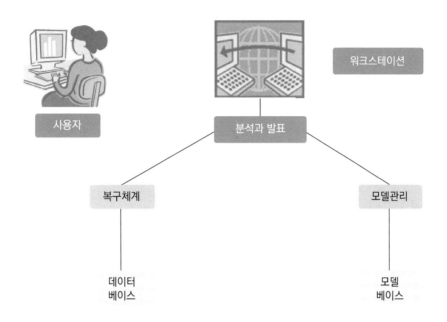

사용자 | 분석과 발표 | 워크스테이션

복구체계 | 모델관리

데이터
베이스

모델
베이스

단계(1987년), 제2차 국가기간 전산망 기본계획 수립(1992), 초고속 정보통신망 고도화 기본계획 수립(2001), 제4차 국가정보화 기본계획 발표(2008년), 제5차 국가정보화 기본계획 발표(2013년)으로 <표 1-1>에 내용과 같다.

[표 1-1] 정보의 변화사

발달과정	추진 내용
정보화 개화기 (~1980년대 이전)	제1차 행정전산화 기본계획 수립(1978)
정보화 도약기 (1980년대)	제2차 행정전산화 기본계획 수립(1983) 제1차 국가기간전산망 기본계획 수립(1987)
정보화 확산기 (1990년대)	제2차 국가기간전산망 기본계획 수립(1992) 초고속정보통신 기반 구축 종합계획 수립(1995) 정보화촉진기본법 제정(1995) 정보화추진위원회 설치(1996) 제1차 정보화촉진 기본계획 수립(1996) 정보화촉진 기금의 설치(1996) 정보통신망고도화 추진계획 수립(1998) Cyber Korea 21 수립(1999)

정보화 성장기 (2000년대)	초고속정보통신망 고도화 기본계획 수립(2001) e-KOREA VISON 2002 수립(2002) Broadband IT Korea 2007 수립(2003) 광대역 통합망 구축계획 수립(2004) u-KOREA 기본계획 수립(2006) 차세대 전자정부 기본계획 수립(2007)
정보화 성숙기 (2008년~2012년)	제4차 국가정보화기본계획 발표(2008) 국가정보화실행계획 발표(2009)
정보화 재도약기 (2013년~2017년)	제5차 국가정보화기본계획 발표(2013)

<표 1-1> 내용을 통해 1단계에서 5단계에 걸쳐서 전산화사업을 추진한 것을 단계별 전산화사업의 진행과 특징을 분류하여 자세히 살펴보면 다음과 같다.

1단계 사업은 1978년부터 1983년까지 시행된 1차, 2차 행정전산화 기본계획을 볼 수 있다. 국내사정으로 10년 단위의 사업으로 진행된 사업이 7년으로 축소되었지만 우리나라 행정전산화사업의 초석으로 대민행정서비스 개선 및 작고 능률적인 정부 구현을 전략목표로 자동차등록 및 차량민원처리, 운전면허 업무, 외무부여권 3개 분야에서 전산화를 구축하였다.

2단계 사업은 1987년부터 1991년까지 제1차 국가기간전산망 기본계획 아래 교육·연구, 금융, 국방, 연구 등 4개 분야에 전산망을 구축하는 정보사회 종합대책(1990), 다기능 사무기기 보급계획(1986)을 실시하였다. 2단계 전산화사업의 추진전략은 2000년대 초까지 선진국 수준의 정보사회 실현, 1990년 중반까지 국가기간전산망 완성, 높은 기업 생산성으로 국가경쟁력 확보·유지 그리고 작고 효율적인 정부 구현을 지향하였다.

3단계 사업은 2단계 사업의 향상을 목표로 추진되었으며, 기존 4개 분야의 향상과 유지 보수에 있으며, 추진전략도 국가기간전산망 확충·보완·발전 및 안정적 운영과 국내정보 사업의 육성에 중점을 두고 전산화사업을 추진하였다.

현실적으로 우리나라의 행정전산화사업은 1차, 2차에 걸친 국가기간전산망 사업이라고 할 수 있으며, 행정전산망(정부, 정부 투자 기관), 금융(은행, 보험, 증권, 투자 금융기관), 교육·연구(교육기관, 연구소), 국방(국방 관련 기관)에 대한 전산망구축은 국민편의 공공서비스의 근본 개선에 중점을 둔 사업이다. 그 결과 4개 분야 아래 각 부처의 공공정보 및 자료의 공공활용과 호환유지, 공공기관 간 업무가 증진되었고, 국민편의 위주의 능률적인 행정체제로 전환하면서 규모는 작고, 서비스는 큰 정부를 실현할 수 있게 되었다. 그리고 전산화비용과 정보산업투자를 연계시키면서 기본 전산시스템의 독자 개발과 운영 능력이 확보되고 정보산업구조 선진화를 위한 기반과 여건이 조성되었다.

구축된 행정전산사업을 통해 1995년 초고속정보통신 기반 구축 종합계획을 추진하게 되었다. 1995년부터 2005년까지 3단계로 나누어 초고속정보통신망 구축 및 고도화를 중점적으로 추진해 왔으며, 통신망 구축 단계인 1단계 계획기간(1995~1997)에는 전국 80개 지역에 광전송망을 구축하고 ATM 시범 교환망을 구축하였다. 통신망 완성 단계인 2단계 계획기간(1998~2000년)에는 ATM 상용망을 구축하고 전국 144개 지역의 모든 통화권역에 전송망 구축을 완료하였다. 통신망 고도화 단계인 3단계(2001~2005년)에는 전국적으로 누구나, 언제, 어디서나 다양한 멀티미디어 초고속정보통신망서비스를 제공 받을 수 있는 환경을 구축하였다. 그 후 정부는 정보화촉진 기본계획 아래 e－KOREA VISION 2006수립(2002), Broadband IT Korea 2007 등과 같은 계획을 거치면서 국가정보화기본계획에 따라 우리나라 행정정보화의 발전을 촉진시키고 있다.

광대역통합 단계인 4단계(2008~2012년)에는 스마트폰의 등장에 따른 스마트혁명에 적응하기 위해 2008년의 제4차 국가정보화기본계획을 바탕으로 교통·물류·안전·환경 등 공공 및 민간 부문의 ICT 신기술 접촉을 촉진하여 지속가능한 성장과 국가발전을 도모하였다. 그리고 5단계에는 국민의 창의성 및 과학기술과 ICT의 발달이 결합하는 기술사회 환경을 바탕으로 제5차 국가정보화기본계획(2013년 12월)을 추진하였다. 제5차 국가정보화기본계획은 창의적인 아이디어와 ICT가 결합하여 새로운 일자리를 창출하는 지속성장이 가능한 경제, ICT로 구현되는 최첨단 환경에서 보다 편리하고 윤택하게 향유할 수 있는 경제·사회·문화를 통한 국민생활, 국민 누구나 ICT 인프라 위에서 안심하고 자신의 아이디어 및 상상력을 발휘할 수 있는 사회문화를 내용으로 담고 있다. 제5차 국가정보화기본계획에서는 빅데이터와 클라우드 기술의 확대와 그에 따른 새로운 시장 창출을 핵심목표로 다양하고 복잡한 사회문제를 해결하고자 한다.

4) 전산통신망 구조

행정전산화를 이룩하기 위해서는 사용자가 편리하게 사용하며, 업무를 효율적으로 처리해야 된다는 관점에서 각종 업무 처리와 필요한 응용 업무의 전산화는 물론, 각종 업무 서식이나 기기의 표준화 등이 뒤따라야 한다. 또한 행정전산화를 극대화시키기 위해서는 시대의 변화에 따라 기술적인 측면과 제도적 차원에서 사용자, 개발자, 운영자 및 정책 입안들이 공동의 목표를 향해 매진해야 하며, 더욱 고도화되는 정보화 사회에 대비하여 기본적인 국가정보 체계를 마련해야 한다. 행정전산화의 기본전산통신망은 <그림 1−1>에 나타난 것과 같이 통신망, 데이터베이스관리시스템 및 컴퓨터시스템으로 크게 나누어 볼 수 있으며, 각각 행정업무의 응용서비스처리를 할 수 있는 기본적인 컴퓨터 망이라고 할 수 있다.

[그림 1-1] **컴퓨터 망**

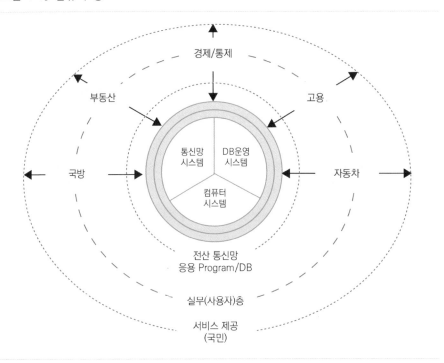

행정전산화기본사업은 계획 단계, 설계 단계, 운영 및 보수 단계로 크게 분류하는데 그동안 사용자 요구사항 및 업무분석을 거쳐 대상 업무의 종합적인 계획안을 마련한다. 또한 행정조직 내에 기본적인 전산망구조는 네트워크조직망을 통해 한정된 예산을 측정하여 최적화 기능을 수행할 수 있는 하부프레임을 구성하며, 구성된 하부 프레임은 메인 프레임을 중심으로 네트워크화 하여 그 기능을 수행한다.

행정전산의 기본프레임이 네트워크화 되어 그 기능을 수행하려면 지역별 행정조직의 차이에서 오는 여러 환경적인 변수에 맞추어 그 분산을 결정해야 하며, 행정전산망을 통해 수행하려는 업무가 원활하게 움직이려면 기본 프레임을 응용하여 네트워크를 조성하여 지역에 맞추어 차별화된 행정전산화를 실현하여야 한다.

행정업무 분석결과에 의하면 공동추진 업무는 데이터가 지역적으로 분산되어 있으며, 서비스가 전 지역에서 발생, 처리되기 때문에 전산통신망의 분산도를 결정하는 것이 무엇보다 중요하다. 또한 행정체계 업무의 흐름을 최적으로 해결할 수 있고, 향후 계속 발전되는 기술적인 면에서도 단시간 내에 최적화할 수 있는 전산통신망의 분산도를 고려하여야 한다.

전산통신망을 응용하는 데 필요한 것은 크게 세 가지로 분류되며, 우선 전산통신망 구축 시 분산도의 결정에 있다. 일반적으로 컴퓨터네트워크 분산은 원거리 통신비용의 절감, 신뢰성의 증대, 시스템 부하의 지역적 분산 및 시스템 확장 등에 장점이 있으나, 완전한 분산 데이터 처리와 DBMS(Database Management System, 데이터베이스 관리시스템) 분배는 기술적인 어려움과 운영 및 유지 보수의 한계성이 있으나, 기술적인 사업은 민간사업으로 이행하여야 되기 때문에 계속되는 기술 발전에 크게 문제가 되지는 않는다.

분산도의 결정에 대한 단점을 보완하기 위해서는 <그림 1-2>에서 보듯이 특별 지역을 구분하고 이러한 각 지역을 광역망으로 연결하는 전산통신망을 고려할 수 있다.

[그림 1-2] 광역망

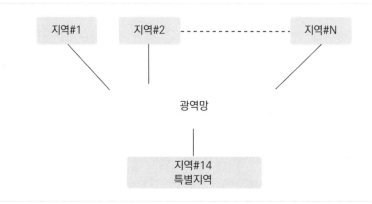

일반적으로 <그림 1-2>의 광역망을 통해 각 지역은 주전산기, 기존 컴퓨터 시스템, 다기능 사무기기, 지역 통신망으로 구성할 수 있으며, 지역의 기능은 지역 내의 데이터 유지 및 관리, 지역 내의 데이터 서비스 및 처리, 지역 내의 O/A환경 구축, 그리고 광역망을 통한 타 지역과의 정보 교환기능을 가져야 한다.

특별 지역은 전국적인 전자우편 서비스, 전광역적 자료처리, 전국적인 통계 자료 처리 그리고 지역 데이터베이스에 대한 백업 등의 각 지역을 통제하고 관리하는 기능을 고려할 수 있다.

3. 전산화에 따른 사무자동화

행정전산화로 인해 행정의 조직 구조, 조직 구성원, 정책과정, 행정문화 및 환경 등에 영향을 미쳐 다양하게 변화되었다. 특히 이런 변화를 협소하게 관찰할 수 있는 것이 행정사무의 변화이다. 단순히 사무는 그 이상의 것으로 정의되어진 지금 사무를 내부적, 외부적으로 행정전산화에 따라 어떻게 변화되어지고 있는지를 알아볼 수 있다.

정보화와 전산기술의 발달로 인해 사무라는 용어보다는 사무자동화, 즉 OA(Office Automation)라는 용어를 자주 사용한다. 사무가 자동화됨에 따라 기존의 집중화되어진 행정조직은 분권화와 재집권화의 반복을 통해 효율적이고 능률적으로 변화시키고, 그에 따라 공무원들은 인력의 편성과 직무 내용에 빠르게 대응할 수 있게 되었다. 또한 이런 변화로 국가정책과정에서 필요한 행정정보 처리시스템(Public Information Management System)을 구축할 수 있게 되었으며, 집행에 따라 대응되는 국민서비스에 긍정적인 효과가 나타났다.

우리나라는 1984년부터 사무의 기계화·자동화를 시작했다고 볼 수 있으며, 그 이후 사무관리규정을 제정하고 전산화체제를 도입하면서 전자정부 구현을 위한 기반을 구축하였다. 그 결과 행정내의 모든 사무는 자동화시스템을 구축하게 되었으며, 행정사무자동화에 대한 의의, 속성 그리고 전산화를 통해 행정사무자동화의 발전 단계를 알아보자.

1) 개념

행정사무자동화는 행정의 목적을 달성하기 위해 필요한 모든 정보를 수집하고 가공 처리하는 업무에 있어서 기존의 수작업에서 기계 도입으로 작업을 하는 과정이라고 할 수 있으며, 최적의 공공서비스를 제공하기 위해서는 복잡하고 불명확한 정보를 컴퓨터를 통해 데이터를 수집하고 분류하여 데이터베이스화하여 이를 토대로 언제든지 원하는 정보를 가지고 처리하여 컴퓨터, 통신, 시스템과학 및 행태과학을 통하여 가공 처리하여 국민이 원하는 서비스를 제공하는 수단이라고 할 수 있다.

2) 필요성

행정에 있어서 사무자동화의 필요성은 (i) 정보관리의 과학화, 국민의식수준 향상 및 행정 서비스의 양질화의 요구 증대, (ii) 능률적인 정보구현, (iii) 문서량의 증가와 사무 처리의 지연 등을 개선하여 행정의 합리화 도모, (iv) 인건비 및 관리비의 상승 억제, (v) 사무자동화 기기의 보급과 정보통신망 구축의 필요성 증대에 있다(김종직, 1992: 123).

(1) 행정 서비스의 양질화 요구 증대

정보화시대 국민의 의식수준의 증대로 교육·문화·복지 등에서 발생되는 수요는 과거와 달리 양과 질적인 면에서 증대되었다. 수요를 수집하여 정책을 실행하려면 이런 수요에 대한 관리가 필요하다. 이런 관리를 행정정보관리라 할 수 있다. 행정조직에서 정보관리는 수집, 처리, 분석 및 해석, 활용 보존, 환류 단계에 있어서 전산화를 통해 보다 과학화되고 현대화되어 수요의 질적, 양적 증대에 대한 대응적인 시스템을 갖추어야 한다.

(2) 능률적인 정부 구현

능률적인 정보 구현은 행정조직 내에서 받아들여지는 수요 처리에 있어 시간절약을 의미한다. 사무처리는 기존에 처리되는 처리와는 달리 시간 단축과 동시에 효율적인 처리를 제공하여야 한다. 능률적이면서 효율적인 행정업무처리를 자동화기기를 도입함으로서 처리과정에서 간소화는 물론 투입되는 수요를 능률적으로 효율적인 정부구현을 할 수 있다.

(3) 행정의 합리화

행정조직 내에는 과거 관치행정을 벗어나 경영방식을 도입함으로서 공무원 1인당 과중한 문서량과 사무처리를 배정하였다. 이런 현상으로 문서량과 사무처리의 문제출현은 국민들에게 산출되는 서비스의 양을 감소시킬 수 있다. 대량의 문서량과 과중한 사무를 보다 효율적으로 처리할 수 있으려면 전산기기 및 통신망의 수단을 통해 좀 더 합리적인 행정을 도모할 필요성이 요구된다.

(4) 비용 절약

현대 정부는 작은 정부를 추구한다. 작은 정부에서 기본적으로 인력의 감축과 관리 비용을 축소하는데, 이렇게 축소되면 기존의 문서량과 사무처리에 있어서 비용 절약을 기대하기는 불가능하다. 이런 비용을 절약할 수 있는 수단으로 자동화시스템을 도입함으로서 인력의 감축과 관리비용에서 오는 리스크를 최소화할 수 있으며 작은 정부 실현을 가능하게 한다.

(5) 인프라 구축

분권화를 통해 조직은 세분화되었고 업무의 효율성 및 능률성 증대를 위해 조직의 업무는 나누어지고 있다. 세분화되는 조직에서 부서와 부서 간, 조직과 조직, 정부와 민간조직, 정부와 지방정부의 효율적인 업무를 위해 의사소통이 중요시되고 있으며, 사무자동화 기기와 정보통신망의 구축은 조직 간의 커뮤니케이션을 가능하게 한다.

3) 발전과정

우리나라의 행정사무자동화는 문서를 중심으로 사무작업의 능률화와 사무비용의 경제화에 중점을 두고 발전하여 왔다. 사무작업의 능률화는 육체적인 노동력을 최소화하는 작업의 능률화, 정신적인 긴장상태를 최소화하여 스트레스를 줄이는 정신적인 능률화, 그리고 일정한 목적을 달성하는 데 필요한 수단이 적절하게 조화될 수 있게 하는 균형 능률화이다(행정자치부, 2003). 작업 능률화를 위해서는 작업의 용이화, 작업과정의 간소화·표준화, 동작의 경제화, 사무의 자동화·기계화 등이 고려되어야 하고, 균형 능률을 극대화하기 위해서는 사무기기의 적재적소 배치, 개인별 능력에 적합한 사무분담, 피로와 과로 요인 제거, 합리적이고 공정한 사무관리가 있다(제갈욱, 2006: 253). 행정조직의 사무자동화 발달과정은 행정 전산화의 발달과정과 비교해 보면 어떻게 변화되었는지 좀 더 이해하기 쉽다고 할 수 있다.

행정에 사무자동화 시스템을 모색하기 시작한 것은 1983년 2차 행정전산화 기본계획 수립 전까지 계속되었다. 1980년대 중반 이후 행정사무 조직 내에는 컴퓨터 및 전기통신을 중심으로 한 정보기술의 혁신적인 발전은 사무기기를 현대화하여 사무의 기계화와 자동화를 촉진시켰다. 1990년대 들어서면서 행정사무 조직은 기기뿐만 아니라 사무관리 규정에 대한 것을 제도화시키고 문서와 관련하여 작업의 능률성과 효율성을 고려한 사무조직 간의 인터페이스를 가능하기 위해 문서 간 표준화시키는 작업을 추진하였다. 표준화 작업은 행정사무 조직뿐만 아니라 네트워크가 가능한 범위 안에서 정보교류의 효율성을 증진하기 위해 사조직까지 확산시켰다.

1990년대 들어서면서 2차 국가기간 전산망사업을 통해 행정전산화 체제를 확립하게 되는 사업으로 볼 수 있다. 행정전산화를 통해 행정사무 조직의 모든 것이 자동화되면서 네트워크를 통한 전산망 구축은 행정사무자동화 시스템을 보다 한 차원 높이는 계기가 되었다고 볼 수 있으며 이와 더불어 전자정부로

갈 수 있는 동기를 부여하였다고 할 수 있다. 2003년에 들어서면서 사무자동화 시스템을 전자정부를 위한 시스템으로 변모하기 시작하였으며, 2003년 전에는 행정전산화를 통해 행정사무자동화 시스템과는 별개로 기존의 시스템과는 차원이 다르다고 할 수 있다. 이런 변화된 시스템은 행정부처 내의 업무 효율화를 넘어 사회 현안의 해결과 국민 행복을 핵심으로 확대되었다. 그래서 2012년부터 제시된 정부3.0이라는 프레임에 따라 '정부 3.0 추진 기본 계획(2013년 7월)'을 통해 정부가 정보를 개방하며, 국민과 정보를 공유하고, 문제 해결을 위해 시민들과 협업하는 쪽으로 변화되었다. 또한 정부 내에서도 협업과 융합을 중시하는 쪽으로 변화하여 데이터의 공공관리 및 공유를 중시하고 있다. 행정업무운영제도의 발전과정은 <표 1-2>를 통해 현재까지 조직에서 사무자동화 시스템의 지속적인 변화와 다양한 기술의 발달 형태를 살펴볼 수 있다.[3]

[표 1-2] 행정전산화 vs. 사무자동화

연도	행정전산화	사무자동화
1980년대 이전	제1차 행정전산화 기본계획(1978)	구일본총독부의 사무관리제도 활용(1948~1961) 정부공문서규정 개정(1961) 서식제정절차규정 및 보고 통제 규정 개정(1962) 문서분류체계를 업무기능별 십진분류 방법에 따라 전면 개편(1978)
1980년대	제2차 행정전산화 기본계획(1983) 제1차 국가기간전산망 기본계획 수립(1987)	사무의 기계·자동화 모색(1984~1991.9)
1990년대	제2차 국가기간전산망 기본계획 수립(1992) 초고속정보통신기반 구축 종합계획 수립(1995) 정보화촉진기본법 제정(1995)	사무관리규정 제정(1991년 말~1996.4) 전산화체제 도입(1996.5~1998) 전자정보구현기반 구축(1999.9~12)

3) 2008년 행정안전부의 2008 『사무관리실무편람』, 2016년 행정자치부의 2016 『행정업무운영편람』, 2018년 행정안전부의 2018 『행정업무운영편람』 등이 현재(2020년)까지 대표적인 참고자료이다.

	정보화추진위원회 설치(1996) 제1차 정보화촉진 기본계획 수립(1996) 정보화촉진기금의 설치(1996) 정보통신망고도화 추진계획 수립(1998) Cyber Korea 21 수립(1999)	
2000년대	초고속정보통신망고도화 기본계획 수립(2001) e-KOREA VISION 2002수립(2002) Broadband IT Korea 2007수립	기록물 보존(2000.1) 전자관인의 인증 및 인증센터 설치(2001.2) 전자관인의 사용 및 인증관리 센터(2001.7) 전자정부 대비 전자문서관리체계 구축(2004.1) 업무관리시스템 도입(2006.3)
2008년~ 2012년	제4차 국가정보화기본계획 발표(2008) 국가정보화실행계획 발표(2009)	행정내부규제 폐지를 위한 보고사무 및 협조사무 개선(2008.9) 시행완료 문서의 추가발송 근거 마련(2010.3) 디자인개념 도입, 서식설계기준 개선(2010.8) 행정업무의 효율적 운영에 관한 규정으로 개정(2011.12)
2013년 ~ 2018년	제5차 국가정보화기본계획 발표(2013) 국민행복을 위한 디지털창조한국 실현전략	정보화를 통한 창조경제 견인 국가사회의 창의적 ICT 활용 국민의 창조역량 강화 디지털창조한국 인프라 고도화

우리나라는 그동안 국가정보화 추진을 통해 세계최고수준의 ICT(Information & Communication Technology, 정보통신기술) 인프라, 인터넷 경제 확대[4] 등 괄목할 만한 성과를 달성하였다. 그러나 클라우드·사물인터넷 등 ICT 신기술 환경 변화에 대비한 선제적 대응 및 데이터를 활용한 새로운 비즈니스 창출 등 ICT를 통한 가시적인 성과 도출과 창의적 활용이 미흡한 수준이다. 정부적인 차원

---

[4] 2016년 미국 보스턴컨설팅그룹의 주요 20개국 인터넷 경제규모 조사 결과 4조 2,000억 달러, 한국 70억 달러(약 26조원)으로 국내총생산(GDP)의 7.3%

에서 'ICT 중심의 성장·확산'에서 나아가 '사회 全영역에 ICT 비타민을 접목하고 창의적인 활용을 촉진'하는 방향으로 새로운 국가정보화 방향을 설정하고 있으며 <그림 1-3>에 나타난 것과 같다: (ⅰ) 신기술 선도투자 및 규제 개선 등으로 ICT 산업 수요를 창출하고, 비즈니스 생태계 혁신과 기업의 창조역량 강화로 창조경제를 견인하고, (ⅱ) 정보화를 통해 적은 비용으로 과학적이고 효과적으로 국가사회 현안을 해결하고, 인간 중심의 안전하고 편리한 생활보장을 하며, (ⅲ) 국민의 ICT 활용역량 강화와 디지털 격차해소로 ICT와 상상력·창의력의 결합이 창의적 자산으로 이어질 수 있는 사회를 구현하며, (ⅳ) ICT를 통한 국가사회 혁신을 뒷받침하는 핵심적인 인프라로서 네트워크 및 국가정보자원체계의 지속적인 고도화를 추진한다.

[그림 1-3] 제5차 국가정보화 기본계획5)

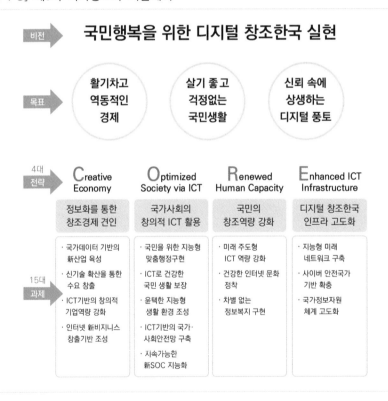

5) 제5차 국가정보화 기본계획(2013~2017), 미래창조과학부, 2013.

또한 우리나라는 지난 20년간 국가사회 발전 동력으로 정보화를 체계적으로 추진한 결과, 세계 최고수준의 ICT 인프라, 전자정부 세계 1위, 인터넷 경제 확대 등 괄목할 만한 성과를 달성하였고, 우리나라의 강점인 ICT 역량을 바탕으로 국가사회의 발전을 견인하기 위해 대내외 경제사회 및 기술 환경 변화를 반영하여 국가정보화에 대한 새로운 역할 설정 및 전환의 필요성을 대두하였다. <그림 1-4>에 나타난 것과 같이 '정보화'는 ICT의 활용과 확산이라는 큰 틀 속에서 정책적 상황과 환경에 맞추어 지속적으로 변화하고 진화하였다.

[그림 1-4] 정보화 패러다임 변화

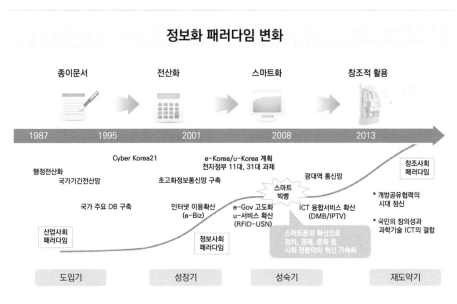

4) 조직에 미치는 영향

행정사무자동화가 조직에 미치는 영향을 파악하기 위해서는 조직을 구성하는 요소를 알아보고 실질적으로 구성요소 간에 어떻게 연결되고 영향을 미치는지 알아볼 필요가 있다.

(1) 구성 요소

① 컴퓨터기술

정보화시대에 중요한 수단이라고 하면 컴퓨터라고 할 수 있다. 컴퓨터는 하드웨어와 소프트웨어의 결합으로 그 기능을 발휘하는데, 사무의 합리화를 촉진시키는 촉매 역할을 한다. 무엇보다 사무자동화 시스템을 가능하게 해 준 도구라고 볼 수 있다.

② 네트워크기술

네트워크 기술은 컴퓨터와 더불어 조직과 조직, 즉 범위를 막론하고 모든 것을 연결할 수 있게 해 준다. 통신기술의 발달은 정보의 효율성을 높이는 데 획기적인 역할을 하였다. 특히 인간이 가지고 있는 시간을 지배했다고 볼 수 있다.

③ 시스템과학

시스템과학은 조직관리라고 할 수 있다. 조직을 구성하는 기본적인 흐름인 투입, 처리과정, 산출, 그리고 피드백의 단순한 조직 구성을 컴퓨터와 통신기술의 발달로 다양하게 응용할 수 있으며, 언제든지 능동적 활용이 가능하며 적재적소에 맞춰 변화가 가능하다. 조직의 결합 및 분해를 필요에 따라서 응용할 수 있다.

④ 행태과학

조직을 구성하는 인간은 내·외부적으로 영향을 받기 마련이다. 이런 영향을 받는 인간은 자기의 의사와는 무관하게 행동으로 드러내기 때문에 그 결과는 조직에도 영향을 미치기 마련이다. 자동화 시스템의 도입으로 인간이 받는 영향을 관찰하여 능동적이면서 창의적으로 유도할 필요가 있다.

(2) 구성 요소의 영향

현실적으로 컴퓨터와 통신기술의 발달로 행정구조는 전산 및 사무조직을 자동화시스템으로 변화시켰으며, 변화되는 행정조직에서 행정관료 및 공무원, 그리고 국민들은 공급자이자 수혜자로서 그 관계에 있어서 서로 영향을 미치고 있다. 또한 정치, 경제, 사회·문화 등 국가 전반적으로 다양한 환경이 조성되고 있는 것도 사실이다. 특히 공급자 측면에서 행정 관료 및 공무원들은 행정의 자동화시스템의 도입으로 직접적인 영향을 받는다고 볼 수 있다. 즉 행정 사무자동화 시스템으로 행정관료 및 공무원들은 업무의 전산화로 업무처리 규정과 기술로서 전산화의 영향을 받게 되며, 업무를 수행하기 위해서는 하드웨어와 소프트웨어 기술을 습득하고 이를 바탕으로 통신망 응용기술, 네트워크 조직의 영향에 따른 조직을 학습하여야 한다. 공무원들은 위와 같은 기술을 잘 활용하기 위해서는 전산 및 정보화 교육을 통해 새로운 지식과 기술을 습득해야 한다. 즉 문서 작성, 수식 계산, 자료 관리, PC 통신 및 기타 관련 업무의 운영을 위해 보다 전문적이면서 창의적인 공무원으로 육성이 요구된다.

정보화로 교육되어지거나 전산화시스템을 통해 영향을 받은 행정관료 및 공무원들은 의사결정에 필요한 정보를 취득하고, 기술을 통하여 가치관이 변화될 수 있다. 즉 업무와 관련된 의사결정을 함에 있어 필요한 정보를 수집하는 정보원이나 관련 업무를 집중적으로 처리함으로서 기획과 의사결정 과정에 필요한 정보를 산출하기 위해 컴퓨터를 이용함으로서 현장의 공무원들은 적극성, 창의성, 전문성을 갖춘 행정관을 가진다고 할 수 있다.

[그림 1-5] 행정조직 전산화

행정조직은 새로운 행정목표의 설정에 있어서 행정전산화를 통해 기존 업무의 우선순위, 정책결정의 최적화 및 정확성을 도출할 수 있고, 미래지향적인 업무를 설정할 수 있다. 이런 행정목표가 설정되면 새로운 조직과 직책이 형성되고, 사무자동화 시스템을 통해 조직의 이동, 인력의 적재적소 배치, 시간과

비용의 절약을 통해 위험을 최소화할 수 있는 조직을 구성할 수 있다. 또한 새로운 역할을 부여 받는 공무원들은 전산화된 업무를 통해 부서 간 이동에서 오는 이질감이나, 업무의 부담감을 최소화할 수 있고, 능동적으로 새로운 조직의 구성원으로서 활용된다. 이렇게 구성된 환경은 수혜자인 국민에게 영향을 주는데, 정치, 경제, 사회·문화 모든 부분에서 제공되는 서비스를 국민이 언제든지 원하는 정보를 받아 볼 수 있고, 공공기관에 대한 거부감보다는 국가와 국민 간의 커뮤니케이션이 활성화되어 민주적이면서 신뢰성 있는 행정문화를 구축할 수 있다.

4. 사무자동화 관리의 효율화

1) 조직에서의 사무관리 역할

행정사무가 자동화됨에 따라 사무관리의 효율성이 증대되었다. 사무는 조직을 운영하기 위해 각 기능 활동을 관리하기 위한 연결망이며, 정보의 발을 뜻하는 것으로 업무수행과정에서 의사결정을 하기 위해 필요한 정보를 관리자에게 제공하고, 그 결정된 의사를 전달·처리·보관하는 수단이라고 할 수 있다 (Odgers & Keeling, 1999; Terry, 1975). 즉 사무는 행정활동의 목적을 달성하거나 업무를 수행하기 위한 수단으로 의사결정, 문서처리 및 자료처리, 커뮤니케이션 등 다양한 기능을 수행한다. 사무개념의 변천에 따른 기존 학자들의 견해와 안전행정부(행정안전부)의 「사무관리 및 기록물 관리 실무」를 중심으로 사무의 기능을 행정활동의 보조 및 촉진 기능, 정보처리 기능, 관련 분야의 연계성 유지와 관련한 결합기능, 업무 수행기능 등으로 구분할 수 있다. 그 내용을 살펴보면 다음과 같다(정재욱, 2004: 32; 안전행정부, 2003).

(1) 행정활동의 보조 및 촉진 기능

사무는 조직체의 목적 달성을 위한 업무활동 과정에서 그 수단으로 존재하며, 사무작업은 업무의 수행과정과 내용 그리고 그 결과를 명확하게 할 뿐만 아니라 그 결과 남게 되는 각종 자료는 다음 활동의 지침이 되거나 의사결정에 필요한 정보로서 제공되는 중요한 역할을 한다.

(2) 결합 기능

사무는 조직체가 행하는 여러 개의 활동을 각 부문 또는 기관 간에 서로 연결해 주면서 상호간의 활동을 협조·보완하게 하고, 때로는 견제·조정하는 역할을 한다. 이러한 사무의 결합 기능은 각 부분의 활동을 원활하게 하며, 서로 자기의 위치와 활동방향을 깨닫게 하여 사회유기체의 일원으로 필요한 활동이 전개되도록 유도하고 촉진하여 관련 분야 간의 연계성을 유지하도록 한다.

(3) 정보처리 기능

정보를 수집·생산·전달·정리·선택·가공·분석 및 평가를 하거나 보관하는 활동 등을 의미한다. 따라서 사무는 조직체의 목적 달성을 위한 의사결정에 있어 필요한 정보를 처리한다.

(4) 업무수행 기능

사무작업은 모든 업무수행에 있어서 필수적인 수단이며, 사무작업의 종류에는 쓰기, 읽기, 의사소통, 조사·확인, 계산, 분류·정리, 기타 서류나 물품의 운반 작업 등이 있다.

2) 사무관리의 기능

사무관리(Office Management)는 사무기능을 대상으로 하는 경영의 전문적인 관리를 의미하는 것이며, 사무작업에서 생산되는 정보를 효율적으로 관리하는 것이다. 즉, 조직의 목표를 달성하기 위하여 의사결정에 필요한 다양한 정보를 수집·처리·전달·보관하는 기능에 대하여 계획·조정·통제 등의 관리원칙을 적용하여 효율적으로 달성하고자 하는 것이다(유희숙, 2004: 24: Qublie, 2004). 계획은 일정한 목적을 달성하기 위해서 장래에 대한 전망이나 예측을 어떻게 하여야 하는 것인지를 파악하고, 일정한 방향으로 나아가기 위한 기본 방침과 방법을 책정하는 것이다(조석준, 1994: 23~24). 조정은 조직의 행정활동에 있어서 관련 사항들이 행동의 통일이 이루어지도록 노력하는 것이며, 통제는 규제 대상으로서의 기준이나 표준을 개발·적용하는 것이며, 기준에 미달하는 상황이 발생하는가의 여부를 확인하는 것이다(이현승, 1995: 168).

정보관리(Information Management)는 경영관리를 위해 의사결정에 필요한 정보를 정확, 신속, 용이하게 제공하는 것이고, 사무관리는 정보관리로부터 나타낸 정보의 기본계획을 실현하는 것이다. 다시 말하면, 정보관리는 광의의 사무관리, 사무관리는 협의의 사무관리라고 구분할 수 있다. 광의의 사무관리인 정보관리로부터 정보계획 기능, 정보통제의 기능, 정보처리 기능, 정보보관·제공 기능의 4가지 기능을 포함하고 있으며, 협의의 사무관리는 정보통제 기능과 정보처리 기능을 포함하고 있다. 위에서 언급한 4가지 기능을 구체적으로 살펴보면 다음과 같다.

첫째, 정보계획 기능은 사무의 기본계획을 수립하고 조직화하여 사무계획 실현을 위한 최선의 사무처리 시스템을 설정하는 것이다(유희숙, 2004: 26). 둘째, 정보통제 기능을 정보계획을 받아 그 실행 계획을 세워 계획 내용을 정보처리 기능에 지시하여 계획안대로 처리·실시되어지고 있는가를 통제하고 잘못될 경우 정보처리 정보계획 기능에 환류(Feedback)하여 수정하는 기능이다. 셋째, 정보처리 기능은 정보처리의 실제 활동으로서 정보통제 부문으로 부터의 지시에 따라 작업을 실행하여 작업이 완료되면 정보통제 부문에 보고를 하는 기능이다. 이는 사무작업의 실시와 작업 결과의 보고 형태로 이루어진다. 넷째, 정보보관·제공 기능은 의사결정자가 원하는 정보를 적시에 제공하는 기능으로서 이를 위하여 사전에 필요한 정보를 저장하였다가 제공하기도 하며, 사용 후의 정보도 다시 사용할 경우에 대비하여 보관해 둠으로서 처리 시간 및 비용을 절약할 수 있게 하는 기능이다.

종합적인 측면에서 사무관리의 기능을 구분화하면 결합 기능, 관리 기능, 정보 기능 등으로 구분화 할 수 있다.

(1) 결합 기능(Linking Function)

- 경영 부문의 활동(생산, 판매, 인사, 재무 등)을 상호 간에 연결하고 결합시켜 줌으로써 통일된 경영 활동이 이루어지도록 하는 것이다.
- 기업의 경영 활동은 수평적 분업화에 의해서 각 부문별로 세분화되어 전문성을 요구하고 세분화된 부문 활동은 조직의 공동 목표를 위하여 전체

적으로 통합의 필요성이 제기된다.

- 레핑웰(Leffingwell, W. H.): 사무는 경영체 내부의 여러 기능과 활동을 능률적이고 효과적으로 달성하기 위해 조정 지휘 통제하는 관리 활동의 일부로 경영 활동 전체의 흐름을 이어주고 각각의 기능을 결합시키는 기능을 수행한다.
- 달링톤(Darlington, G. M.): 사무를 인체의 신경 계통으로 비유하고, 두뇌, 손, 발 등의 경영 활동을 움직이고 조정하는 기능

(2) 관리 기능(Management Function, 보조 기능)

- 사무는 경영의 모든 부문에서 목적을 달성하기 위한 시스템으로서 조언 및 조력하는 것이며, 경영 관리에 필요한 각종 부문(유형의 장표, 보고서 등의 서류, 통신, 회의 등)의 관리를 하는 보조적 기능을 수행
- 페이욜(Fayol, H.): 기업의 목표 달성을 위해 효율적인 경영 활동을 하도록 조언하는 인적 보조 기능으로 계획, 조직, 지휘, 조정, 통제 기능을 가지며 경영의 규모가 커질수록 그 기능 범위도 확대된다.

(3) 정보 기능(Information Function)

- 단순한 문서 작성과 처리보다는 정보의 작성과 처리로 이해하여야 한다. 지식을 기본으로 하는 현대 사회에서는 인간이 주체가 되어 정보를 생성, 저장, 활용하여 고부가가치를 창출하는 것이다.
- 포레스터(Forrester, J. W.): 사무는 경영의 정보를 행동으로 결합시키는 과정이다.
- 힉스(Hicks, C. H.): 경영체는 인체이며, 사무는 신경이다. 사무 작업 상호 간의 단순 결합만으로는 조직의 목적을 달성할 수 없고, 조직의 횡적 부문화의 종적 계층화가 능률적으로 이루어져야한다.

3) 사무관리 효율성 지표

정보기술의 급속한 발달은 전자문서를 바탕으로 한 전자정부의 구현을 가능하게 하였다. 전자정부는 행정업무를 전자적으로 처리함으로서 행정의 생산

성, 투명성, 민주성을 높여 지식 정보화를 통해 행정서비스의 양질화 측면에서의 개선을 추구하는 것이다(이종두, 2003: 240). 이를 위해 정부는 사무관리 규정 및 동 시행령 개정을 포함한 전자정부의 기반 확립과 고도의 지식정부 구현을 통해 사무관리의 효율성을 위하여 종합적인 전자문서 시스템구축이 필요하게 되었다(<표 1-3> 참조).

[표 1-3] 사무관리

분류 항목	내용	개선 과제	세부 추진 과제
문서관리 전과정	절차 및 항목	1. 문서처리 복잡 2. 형식적인 기재항목 과다	1. 복잡한 절차 폐지 2. 문서처리 전과정 전자화
	결재단계 축소	결재단계 6~7단계 의사결정 지연	결제단계 3~4단계 이내로 축소
기록물 관리 체계	문서대장	1. 기재항목 과다 2. 기록물 관리·운영 표준화 미비	1. 전산입력창과 기재항목 축소 2. 표준모델과 기록물 전자관리 시스템개발 보급

사무관리제도가 개정되기 이전인 2004년 이전에는 문서처리 절차, 문서형식 등이 복잡하여 효율적인 전자문서시스템 구축 추진에 장애 요인으로 작용하였다. 따라서 정부차원에서 정부기록물관리개선팀 구성, 전자정부 구현을 위한 문서관리 개선 시행계획 수립, 문서처리 절차 재설계 실태 조사 등을 거쳐 주요 개선 과제를 도출하였다.

정부가 마련한 주요 개선 과제 및 세부 추진 과제를 살펴보면, (i) 문서관리 전 과정을 전자화에 맞도록 재설계, (ii) 기록물 관리체계를 사용자 편의 위주로 개선, (iii) 국민편의를 고려하여 문서처리절차 개선, (iv) 새롭고 강력한 전자문서시스템 구축이다(행정안전부, 2000). 이러한 취지에서 전자정부의 추진과 함께 사무관리제도가 도입되어 정부전자문서 유통센터를 통해 사무관리 전 과정을 관리하게 되었다.

II

컴퓨터 일반

II 컴퓨터 일반

행정전산화는 국가 행정기관들을 통신망으로 연결하여 행정정보를 공유할 수 있게 함으로써 대국민서비스를 일괄적으로 처리할 수 있게 하는 국가기간 전산망을 설치하였다. 1984년부터 정부가 국가기간전산망 사업으로 구축하고 있는 행정전산망은 1987년 행정전산망 종합계획을 확정함과 동시에 시작하였고, 또한 1987년부터 1991년까지 행정전산망사업 기간 중에 전국 15개 시도에 전산본부와 160대 주전산기를 설치했으며, 일선 행정기관에 4,300여대의 PC를 보급하였다. 행정전산망은 정부의 행정기관들을 단일 통신망으로 연결하여 행정정보를 공유할 수 있게 함으로써 대민서비스의 향상과 능률적인 행정을 실현하는 것이 목적이다. 각종 인허가 업무의 신속한 처리는 물론 각종 생활정보도 제공하며, 각종 행정업무 중에서 대민행정과 직결되는 지방세, 민원행정 등의 주요 업무를 단계적으로 전산화하여 행정정보를 공동 활용하고, 지방과 중앙, 지방과 지방간을 연결하는 지방행정 종합정보망 구축, 지역 간 정보격차 해소를 통한 지역균형발전을 도모한다. 행정전산망은 41개 프로젝트를 전산화 대상사업으로 선정하고, 그 중 주민등록관리, 부동산관리, 자동차관리, 통관관리, 고용관리와 경제통계업무 등을 6대 우선 추진사업으로 확정하였다. 행정자치부 주관 하에 추진된 주민등록관리업무는 제1차 행정전산망사업 중 가장 규모가 크고 방대한 핵심사업이다. 주민등록관리 전산망사업은 전국민의 성명, 주소 등 11개 분야 78개 필수항목을 종합, 전산화하고 전국 3,600여 읍·면·동 사무소의 유관부처 및 공공기관을 온라인으로 연결하는 사업이다. 행정전산망과 연계하여 정보화촉진을 위한 여건 조성으로 정부는 '1997년 9월, 21C 멀티미디어 정보사회의 인프라 구축을 위해 1995년 3월부터 추진해 오던 초고속

정보통신기반 구축계획을 수정·보완한 정보통신망 고도화 추진계획을 수립하였다. 이처럼 국가적 차원에서 행정전산망 구축하에서 개인 및 다양한 조직이 자신의 행정서비스를 제공 받고 효과적으로 운영하기 위해서는 도구로 사용되는 컴퓨터의 효율적인 활용에 있다. 또한 여러 분야에서 중요한 역할을 하는 컴퓨터를 성공적으로 운영하기 위해서는 컴퓨터에 대한 기본적인 이해가 필요하다. 본장에서는 컴퓨터에 대한 기본적인 지식 습득을 위해 하드웨어와 소프트웨어로 분류하여 설명하고, 통신에 관련된 기초 지식을 제공한다.

1. 컴퓨터의 역사

1) 컴퓨터의 시초

현대 컴퓨터의 발전은 John von Neumann의 두 가지 아이디어에서 출발하였다. 첫 번째는 내장 프로그램(Stored Program)의 개념으로 프로그램을 변경하고자 할 때마다 배선을 다시 하는 대신에 저장된 데이터가 암호화되는 것과 동일한 방법으로 프로그램을 암호화하여 필요할 때까지 컴퓨터에 보관하는 식으로 프로그램을 컴퓨터에 간단하게 저장할 수 있다는 생각이다. 컴퓨터 자체는 매우 빠른 속도를 가지고 프로그램의 변경을 명령할 수 있고, 프로그램 자체는 다른 프로그램과의 상호작용을 실행할 수 있다. Neumann의 두 번째 아이디어는 컴퓨터 설계에서 이진법의 사용이다. 이진법에서는 오직 '0'과 '1'의 두 숫자를 가지고 있는데, 전자(electron)는 두 가지 운영모드를 가지고 있어 이진법과 매우 유사하다. 예를 들어, 진공관(vacuum tubes)은 'on'과 'off'의 경우만 존재한다. 이 두 상태는 이진법의 '0'과 '1'에 상응하기 때문에 십진법 대신에 이진법을 사용함으로서 컴퓨터를 설계하는 과정을 매우 단순화하였다. Neumann은 이 아이디어를 완전하게 개발하기 전에 ENIC(Electronic Numerical Integrator & Calculator)이 완성되어 자신의 아이디어를 여기에 도입하지 못하였다. 완전한 전자식 컴퓨터인 ENIC은 계산 능력을 확실히 증가시켰으며, ENIC의 속도는 영국에서 개발된 최초의 특수목적 전자디지털 컴퓨터인 Colossus와 최초의 일반목적 전자기계식 컴퓨터인 Mark 1보다 훨씬 빠르다.

ENIC은 변경할 때 기계를 해체하여 재배선해야 한다는 점이 있으며, 이 문제의 해결은 바로 Neumann의 아이디어에 그 단서가 있었다. 최초로 Neumann의 아이디어를 사용한 컴퓨터는 영국에서 1949년에 완성한 EDSAC(Electronic Delay Storage Automatic Computer)이다.

[표 2-1] 컴퓨터의 역사

연도	구분	내용
1944	MARK-1	파스칼(Blaise Pascal)의 덧셈기인 치차식 계산기 개발
1946	ENIAC	
1949	EDSAC	라이프니츠(Gottfried W. Leibniz)의 가감승제 계산기
1951	EDVAC	• 1823년 차분기관: 기계식으로 삼각함수 계산 • 1834년 해석기관: 기억, 연산, 제어, 입출력 등의 기능을 가진 현재의 컴퓨터의 모체가 됨
1951	UNIVAC	홀러리스(Herman Hollerith)에 의해 PCS(펀치 카드 시스템) 개발 미국의 국세 징수를 위한 인구 조사에 사용되었으며, 오늘날의 일괄처리 방식의 효시가 됨

2) 세대별 발전 및 특징

(1) 제1세대 컴퓨터(1951~1958년)

Neumann의 업적에 의하여 제1세대 컴퓨터의 발전이 쉬워졌다. 컴퓨터는 상업적인 기대가 많았기 때문에 ENIAC을 개발한 John W. Mauchly와 John Presper Ecker는 펜실바니아 대학을 그만 두고 컴퓨터 회사를 설립했다. 그들은 자신의 컴퓨터를 UNIVAC(Universal Automatic Computer)라 하고 최초의 UNIVAC을 1951년 미국 통계청에 설치했다. 이것이 제1세대 컴퓨터의 시작이며 컴퓨터 시대를 여는 서막이 되었다. UNIVAC은 최초의 상업용 컴퓨터 일뿐만 아니라 국방이나 과학적 목적이 아닌 순수 상업적 데이터 처리를 위하여 개발된 최초의 컴퓨터였다.

그러나 제1세대 컴퓨터들은 몇 가지 문제점을 지니고 있다고 할 수 있다. 우선 가격과 유지비가 비싸기 때문에 큰 회사나 연구소가 아니면 살 수가 없었으며, 진공관을 20,000개 정도나 사용하였기 때문에 유지비가 많이 든다. 이 사실은 전력의 소모가 많을 뿐만 아니라 수명이 다 된 진공관을 교체하는 것뿐만 아니라 수명이 다된 진공관을 교체하는 사람의 수도 많아야 한다는 것이다. 이러한 문제는 단순히 진공관을 교체하는 것이 아니라 수천 개의 진공관은 많은 열을 발생하기 때문에 추가적인 냉방장치를 해야 하며, 천공카드의 입력과 출력의 속도도 매우 느렸다.

[그림 2-1] UNIVAC과 진공관

| UNIVAC | 진공관 |

제1세대 컴퓨터의 다음 문제점은 컴퓨터의 규모와 프로그래밍 과정의 복잡성이다. 초기의 기계는 기계어(machine language)로 프로그램화되어 있다. 즉 명령어는 이진법의 '0'과 '1'로 표기되어 있고, 이것은 기계어의 'on'과 'off'에 직접적으로 반응하도록 되어 있었다. 프로그램에 필요한 수천 개의 명령어에서 단 하나의 명령어를 쓰는데, 프로그래머는 48줄의 '0'과 '1'을 사용해야 했다. 프로그래밍 과정은 1950년대 초기에 시작된 어셈블리 언어(Assembly language)의 발전에 의하여 단순화되었다. 어셈블리언어는 기계어로 작성하던 프로그램을 인간이 좀 더 이해하기 쉬운 기호(symbol)언어로 프로그램을 작성하도록 하였고, 어셈블리(assembly)라는 번역 프로그램을 사용하여 기호형식으로 작성된 어셈블리 언어를 기계어가 해독할 수 있는 기계어로 변환시켜 주었다.

초기 컴퓨터의 모든 문제점에도 불구하고 기업들은 내장 프로그램 컴퓨터의 장점인 융통성, 속도, 정확성을 인식하게 되었고, 이 같은 상업적인 자극에 의하여 컴퓨터 산업은 급속히 성장하기 시작하였다. 더욱이 하드웨어와 소프트웨어 기술의 발전은 컴퓨터 세대의 진화를 촉진하게 되었다.

[표 2-2] 컴퓨터 발전사

	주요소자	주기억장치	처리 속도	특징	사용 언어
제1세대 (1951~ 58년)	진공관 (Tube)	수은지연 회로 자기드럼	ms (10-3)	• 하드웨어 중심 • 전력 소모가 많고 신뢰성이 낮음 • 과학계산 및 통계 처리용으로 사용	저급 언어 (기계어, 어셈블리)
제2세대 (1959~ 63년)	트랜지스터 (TR)	자기코어	μs (10-5)	• 소프트웨어 중심, 고급언어 개발 • 운영체제(OS) 등장, 멀티프로그 래밍 도입 • 전력 소모 감소 • 신뢰도 향상, 소형화 • 온라인 방식 도입	고급 언어 (FORTRA N, ALGOL, COBOL)
제3세대 (1964~ 70년)	집적회로 (IC)	집적회로 (IC)	ns (10-9)	• 기억 용량 증대 시분할 처리 • 다중처리도입 • MIS도입 • OCR, OMR, MICR를 사용 • 마이크로프로세서 탄생	고급 언어 (BASIC, LISP, PASCAL, PL/1)
제4세대 (1971~ 83년)	고밀도 집적회로 (LSI)	고밀도 집적회로 (LSI)	ps (10-12)	• 컴퓨터의 소형화 • 최초의 개인용 컴퓨터와 슈퍼컴 퓨터의 등장 • 네트워크의 발달로 원격자료 공유 • 공장자동화(FA), 사무 자동화(OA) • 가상기억 장치 기법(Virtual Memory)	문제 지향적 언어 (C, ADA)
제5세대 1984~	초고밀도 집적회로 (VLSI)	초고밀도 집적회로 (VLSI)	fs (ec)	• 인공 지능(AI) • 전문가 시스템(ES), 패턴인식 시 스템, 의사결정시스템(DSS), 퍼 지이론(Fussy Theory) 등 복잡 한 계산을 수행하고 고도의 시스 템 분야에 활용	Visual C, Visual Basic, Java, Delphi
제6세대	초대고밀도 집적회로 (VLSI) 신경망칩	초대고밀도 집적회로 (VLSI) 신경망칩	-	• 신경컴퓨터 • 음성, 몸짓, 시선으로도 정보 전 달이 가능해 장애인이나 노약자용 컴퓨터, 음성을 인식해 문서작성, 번역 등을 할 수 있는 전자비서 등 거의 전 산업 분야에서 응용 • 5세대 컴퓨터가 인간의 논리인 좌뇌를 목표로 한 것에 더해 6세 대 컴퓨터는 직감을 주관하는 오 른쪽 뇌부분을 담당하는 컴퓨터	-

(2) 제2세대 컴퓨터(1959~1963년)

　제2세대 컴퓨터의 출현에 결정적인 기여를 한 것은 Bell연구소에서 개발한 트랜지스터(Transistor)이다. 트랜지스터는 컴퓨터의 발전에 기여한 것뿐만 아니라 전 전자산업을 혁신적으로 변화시켰다. 트랜지스터를 개발한 John Barden, William Shockely, Walter H. Brattain은 1956년 노벨 물리학상을 수상했다.

　예를 들면, 트랜지스터라디오를 보면 라디오를 켜면 즉각적인 반응을 보인다. 그러나 옛날의 진공관 라디오는 라디오를 켜더라도 진공관이 열을 받을 때까지 반응을 기다려야 했다. 진공관은 전자기호를 전달하기 위하여 전장의 흐름이 진공을 통과해야 하는 반면, 트랜지스터는 전기의 반도체(semiconductor)로서 작용할 수 있는 실리콘(silicon)을 사용한다. 반도체는 전기의 전압이 어느 수준 이상이 될 때만 전기가 흐르도록 한다. 트랜지스터는 반도체화 된 실리콘으로 만들어져 있기 때문에 전자의 흐름을 제어하는 스위치처럼 작동하게 된다. 트랜지스터는 진공관과 동일한 기능을 한다. 즉 특정한 조건이 맞으면 전자 기호가 통과하도록 허용한다. 그러나 트랜지스터가 진공관보다 큰 장점은 가열전극이 필요 없기 때문에 에너지 소모가 훨씬 적고 필요한 공간도 적다는 것이다. 이와 같은 특징 때문에 많은 트랜지스터들은 매우 조밀하게 조립될 수 있으며, 회로판(circuit board)에 평평하게 연결될 수 있다. 따라서 하드웨어 규모의 축소가 트랜지스터에 의하여 가능하게 되었고, 그 결과 컴퓨터는 보다 빠른 속도로 운영될 수 있었다. 속도가 보다 더 중요한 진보는 고급 언어(High-level language)의 개발이다. 최초의 고급언어는 과학적 프로그램을 쓰기 위하여 설계된 FORTRAN(Formula Translator)이고, 뒤이어 기업의 데이터 처리 분야를 위하여 설계된 COBOL(Common Business-Oriented Language)이 개발되었다.

　고급 언어는 약자로 된 어셈블리언어에 비해 인간의 일상생활의 언어와 매우 유사하기 때문에 사람들이 배우고 사용하기에 한층 쉬워졌다. 물론 여기서도 기계어로의 번역작업이 필요하다. 컴퓨터가 이와 같은 고급 언어를 기계어로 번역할 수 있도록 하는 긴 명령어를 프로그램을 통칭하여 컴파일러(Compiler)라고 한다. 어셈블러와 마찬가지로 컴파일러는 시스템 소프트웨어의 일부분이다. 고급 언어가 개발되기 전에는 컴퓨터의 제조업자는 각 컴퓨터 장비에 고유한 프로그래밍 언어를 사용하였다. 따라서 컴퓨터 업자마다 프로그램은 달랐고, 프로그래머는 각기 다른 언어를 알아야만 했다. 동시에 하드웨어도 급속하게 발전망에 따라 회사는 장비를 자주 교환해야 했다. 장비를 교환할 때마다 그리고 프로그래머가 작업을 변경할 때마다 프로그래머는 항상 새로운 언어를 배워야만 했다. 고급언어가 나타나자 대부분의 컴퓨터 제조업자들은 고급언어를 사용하게 되었기 때문에 프로그래머는 장비의 종류에 상관없이 동일한 언어를 사용할 수 있게 되었다. 간략하게 말하면, 프로그래밍 언어는 표준화되었고, 회사는 표준화된 프로그래밍 언어로 개발된 소프트웨어를 사용할 수 있게 되었다.

[그림 2-2] 트랜지스터와 제2세대 컴퓨터

트랜지스터

제2세대 컴퓨터(TRADIC)

(3) 제3세대 컴퓨터(1964~1970년)

1960년대 동안 우주산업에 대한 관심은 보다 작고 간결한 컴퓨터시스템의 개발을 위한 연구를 자극하였다. 이 연구의 결과로 제3세대 컴퓨터를 주도한 집적회로(Integrated Circuit)가 탄생하였다. 집적회로(IC)는 조그마한 실리콘 칩 위에 전자회로의 설계를 새기는 것이다. 따라서 트랜지스터처럼 연결선이나 땜질이 필요 없게 되어 수백 혹은 수천 개의 회로를 포함하면서도 칩의 크기는 매우 작을 수 있었다. 집적회로(IC) 크기의 축소는 속도의 증가를 가져왔고, 연결선이나 땜질의 생략은 에너지의 소비와 열 발생을 더욱 줄일 수 있었다. 그러므로 이와 같은 요인들이 컴퓨터의 신뢰성을 증가시킬 수 있었다.

집적회로는 부분으로서가 아니라 전체적인 단위로 제작되었기 때문에 대량생산을 가능하게 했고, 그 결과 컴퓨터의 가격은 하락하게 되었다. 가격의 하락 때문에 많은 중간, 혹은 작은 규모의 기업체들도 컴퓨터를 구입할 수 있게 되었고 시장도 급속히 대량화되었다. 가격 하락의 부분적인 반응으로 미니컴퓨터(minicomputer)라는 특수목적의 컴퓨터시장이 활성화될 수 있었다.

전통적인 대규모 컴퓨터인 메인 프레임(mainframe)은 매우 비싸고, 운영을 위해서는 전문운영 요원이 필요했기 때문에 보다 적당한 시스템 특히 생산 장비를 통제할 수 있는 시스템에 대한 요구가 제기 되었다. 미니컴퓨터는 이러한 욕구의 충족을 위하여 도입되어 급격하게 보급되었다. 미니컴퓨터와 메인 프레임의 차이는 미니컴퓨터는 일반적으로 일괄처리(batch processing) 대신 대화식 처리(interactive processing) 장치이다. 이 사실은 데이터가 거래가 발생하는 동시에 처리된다는 것을 의미한다. 예를 들어, 빌딩의 난방 시스템에서 센서는 난방을 자동으로 조절하는데 여기서 미니컴퓨터는 원하는 온도와 실제 온도를 끊임없이 비교할 것이다. 이 때 두 온도 사이에 차이가 발생하면, 미니컴퓨터는 난방 시스템으로 운영하는데 이는 거래가 발생하고 난 후 데이터를 집단적으로 처리하게 된다. 일괄처리는 매우 능률적이지만 대화식 처리는 결과의 즉각성이 중요할 때 매우 강점을 가지고 있다.

[그림 2-3] 집적회로와 미니컴퓨터

집적회로

미니컴퓨터(IBM 360)

(4) 제4세대 컴퓨터(1971~1983년)

트랜지스터나 집적회로의 개발과 같은 극적인 기술의 변화가 없었다면, 제 4

세대 컴퓨터는 개발되지 못했을 것이다. 일반적으로 1971년을 제4세대의 시작으로 잡고 있다. 이 세대 컴퓨터 기술은 제3세대와 동일한 집적 회로이다. 그러나 제4세대가 제3세대와 구별되는 요인은 지속적이고 성공적인 소형화이고 이것이 컴퓨터의 사용을 급속하게 증가시킬 수 있었다. 1970년대 초반까지 고밀도 집적 회로(LSI: Large Scale Integration)는 하나의 실리콘 칩 위에 많게는 64,000개 전자 회로를 구축하는 것을 가능하게 했으며 궁극적으로 계산능력을 강화시켰다.

하드웨어 요소의 소형화는 다른 중요한 기술발전을 유도한 요인이 되었다. 이것은 칩에서 회로의 밀도에 관한 것이 아니라 칩의 구조에 관한 것이다. 1969년 Intel사의 젊은 공학자인 Ted Hoff는 컴퓨터의 모든 처리회로를 하나의 칩에 설치하는 연구를 시작하였다. 그 전까지는 각 기능에 대하여 각각 분리된 칩이 필요했다. Hoff의 아이디어는 우표보다 작은 하나의 실리콘 칩이면서 산술논리장치, 제어장치, 주기억장치의 회로를 모두 포함하는 마이크로프로세서(microprocessor)로 나타났다. 컴퓨터시장이 정말로 대량화된 것은 바로 이 시기이다. Intel사가 1971년 마이크로프로세서 칩을 판매하기 시작할 때, 이 새로운 상품은 칩 위의 컴퓨터라고 불리어졌다. 마이크로프로세서는 전자오븐에서 우주선까지 광범위하게 사용되기 시작하였다.

[그림 2-4] 고밀도 집적회로와 PC

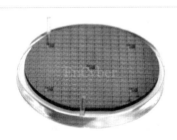

고밀도 집적회로   PC(APPLE 2)

마이크로프로세서는 추가기억 칩, 통신제어 칩, 입력·출력제어 칩의 지원을 받았고, 이 모든 칩이 하나의 단일체로 묶어지게 되는데 이것이 마이크로컴퓨터(microcomputer) 즉 PC(Personal Computer)이다. 마이크로컴퓨터는 1세대 전의 대형 컴퓨터 만큼 강력한 것이었다. 마이크로컴퓨터 시스템의 차이점은 데이터를 어떻게 처리하느냐에 있는가가 아니고 전자가 어떻게 묶여지느냐에 있다. 마이크로세서 칩의 출현은 처음에는 컴퓨터사업의 진출을 용이하게 하는 것을 의미하였다. 그 이유는 어떠한 연구개발 비용이 필요하지 않았고 오직 컴퓨터를 만드는 것은 표준부품을 조립하고 캐비닛을 설계하는 것이 문제였기 때문이다.

(5) 제5세대 컴퓨터(1984~현재)

고밀도 집적회로(LSI: Large Scale Integration)는 곧 초고밀도 전자회로(VLSI: Very Large Scale Integration)로 발전하게 되었다. 초고밀도 전자회로(VLSI)는 제5세대를 이끌어가 프로세서로서 계산능력을 강화시키는 것에 중점을 두고 개발되었다. 이때부터 세계 최초의 16bit 개인용 컴퓨터인 IBM PC 및 운영체제인 MS-DOS가 등장하였다. 그 후 32bit, 64bit 마이크로프로세서가 계속 개발되었다. 또한 RISC(Reduced Instruction Set Computer) Logic의 프로세서도 등장하게 되었다. 반면에 인공지능(AI)을 이용하여 전문가시스템(ES), 패턴인식 시스템, 의사결정시스템(DSS), 퍼지 이론(Fussy Theory) 등 컴퓨터를 이용하여 보다 복잡한 계산을 통해 고도의 시스템 분야에 활용되었고, 폰노이만의 '프로그램 내장 방식' 기능을 탈피하려는 노력이 시작되었다.

[그림 2-5] 초고밀도 집적회로와 제5세대 컴퓨터

초고밀도 집적 회로   제5세대 컴퓨터(APPLE MAC AIR)

(6) 제6세대 컴퓨터(미래)

제5세대 컴퓨터가 인간의 논리적인 판단 기능에 해당하는 왼쪽 뇌형의 컴퓨터를 목표로 한 것에 비해, 제6세대 컴퓨터는 도형인식과 직감을 주관하는 오른쪽 뇌 부분을 담당하는 컴퓨터이다. 현재 개발 단계이며, 오른쪽 뇌형의 컴퓨터 개발은 인간의 뇌 정보처리의 기구를 모방하는 신경회로 컴퓨터나 대량의 정보를 분담하면서 처리하는 초병렬 초분산 컴퓨터 등의 기술을 융합하는 것이 중요하다. 제6세대 컴퓨터는 상황에 따른 학습을 하기 때문에 새로운 소프트웨어를 설치할 필요가 없다는 장점이 있다.

[그림 2-6] 컴퓨터 중앙처리장치(CPU)의 발전

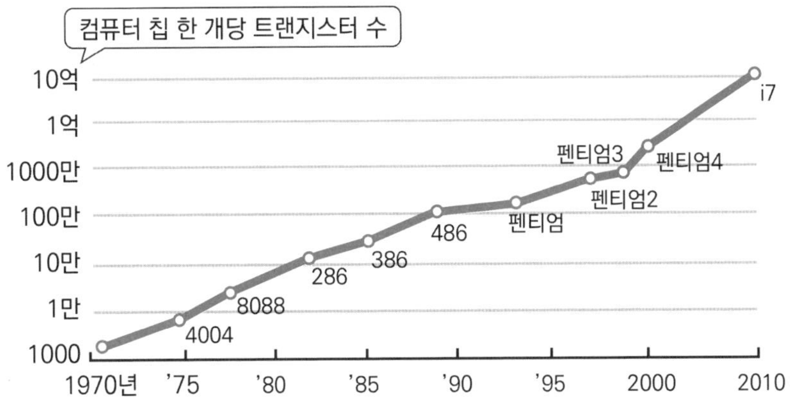

2. 컴퓨터의 분류

컴퓨터는 처리능력, 사용 목적, 취급 데이터에 따라 분류된다. 처리능력은 중앙처리장치(CPU)의 성능 및 기억장치의 용량에 따른 것이고, 사용목적은 그 쓰임이 어디에 있는가에 따른 것이다. 취급 데이터에 따른 분류는 데이터의 종류에 따라 분류된다.

1) 처리 능력에 따른 분류

중앙처리장치(CPU)와 기억용량 즉 메모리 용량에 따라 분류된 컴퓨터는 크게 4가지로 구분된다. 중앙처리장치와 메모리 용량이 가장 큰 슈퍼컴퓨터

(Super Computer), 메인 컴퓨터(Main Computer), 미니컴퓨터(Mini Computer), 워크스테이션(Workstation), 마이크로컴퓨터(Microcomputer) 순으로 나누어진다.

슈퍼컴퓨터는 복잡한 계산을 초고속으로 처리하는 초대형 컴퓨터로 처리속도는 메기 플롭이란 나노초(1/10억분의 초) 또는 초당 백만 개의 실수 연산을 하는 것을 의미하는 것으로 슈퍼컴퓨터는 초당 200메가 플롭 이상의 성능을 지닌다. 사용범위는 원자력 개발, 항공우주, 기상예측, 환경공해문제, 예측 시뮬레이션, 자원탐색, 유체해석, 구조해석, 계량경제 모델, 화상처리 등이 있다. 종류로는 ILLIAC-IV, STAR-100, CRAY 시리즈(CRAY-1, CRAY-2, CRAY-3 등), CYBER-205, HITAC S-810/20, FACOM VP시리즈, NEC SX 등이 있다.

메인컴퓨터는 슈퍼컴퓨터보다 한 단계 낮은 것으로 대형 컴퓨터라고 하며 기억용량이 크고 처리속도가 빠르다. 단말기(터미널) 등을 이용하여 다수의 사용자가 동시에 사용 가능한 다중사용자 시스템이다. 사용범위는 병원, 대학, 대기업, 은행 등이 있다. 종류는 IBM360 계열이다.

미니컴퓨터는 대형컴퓨터보다는 성능이 떨어지고 마이크로컴퓨터보다는 우수한 컴퓨터이다. 대형컴퓨터인 메인프레임과 비슷한 역할을 하되, 그 크기와 성능을 간소화한 컴퓨터이다. 오늘날에는 중형컴퓨터(Midrange Computer)라고 부르기도 한다. 다중 사용자가 시스템으로 기업체, 학교, 연구소 등에서 많이 사용한다. 종류는 DEC사의 PDP-8, PDP-11, VAX 계열 등이 있다.

워크스테이션은 대부분이 RISC 마이크로프로세서를 채택해서 사용하며, 고속으로 작업 할 수 있는 컴퓨터로 고속 연산장치, 대용량의 주기억장치, 고해상도 디스플레이, 키보드와 마우스 등을 갖춘 장치로 다양한 형태의 보조기억장치를 가지고 있다. 고성능 컴퓨터로 그래픽, 미디(MIDI), 멀티미디어 제작용으로 사용되거나 네트워크망에서 주로 서버(Server)역할을 하는 컴퓨터로 사용되기도 한다. 고도의 맨-머신 인터페이스, 화상처리, 파일링(Filing), 메일링(Mailing), 네트워크 기능이 있다.

마이크로컴퓨터는 일반 PC를 의미하는 것으로 미니컴퓨터에 비해서 크기가 작고 값이 저렴한 편이다. 컴퓨터를 8bit, 16bit, 32bit, 64bit와 같이 워드(Word)길이에 따라 구분하며, 숫자가 클수록 처리 속도가 빠르다. 마이크로컴퓨터는 탁상용과 휴대용으로 구분하는데, 전자는 책상위에 설치해서 사용하는 일반적인 컴퓨터를 의미하며, 후자는 다시 노트북보다 조금 더 크고 먼저 나온 랩톱(Lap Top), 일반 노트크기로 무릎위에 올려놓고 사용 가능한 노트북(Notebook), 피코 컴퓨터(Pico computer)라 하면서 손바닥위에 올려놓고 사용 가능한 컴퓨터 팜톱(Palmtop＝PDA)으로 나누어진다. 크기순으로 보면 데스크 톱, 랩톱, 노트북, 팜톱 순으로 작아진다.

2) 데이터 취급에 따른 분류

여러 종류의 데이터를 사용용도에 따라 분류하는 방식으로 디지털 컴퓨터(Digital computer), 아날로그 컴퓨터(Analog computer), 하이브리드 컴퓨터(Hybrid computer)로 구분한다.

특히 디지털 컴퓨터는 가장 일반적인 컴퓨터로 범용성 컴퓨터라고 하며, 이산적 데이터 처리에 적합하다. 또한 아날로그 컴퓨터는 특수 목적용 컴퓨터로 연속적인 물리량을 이용해서 데이터를 처리하는 것이다. 하이브리드 컴퓨터는 또한 특수한 용도로 사용되는 것인데 이는 아날로그와 디지털 컴퓨터의 장점을 혼합한 것이다. 디지털 컴퓨터와 아날로그 컴퓨터를 비교하면 입력, 출력, 연산장치, 회로, 계산 형식, 정밀도, 프로그램, 가격, 기억기능에 따라 차이가 난다.

[표 2-3] 디지털 컴퓨터 vs. 아날로그 컴퓨터

구분	디지털 컴퓨터	아날로그 컴퓨터
입력	숫자, 문자	전류, 전압, 길이
출력	숫자, 문자	곡선, 그래프
연산장치	사칙연산	미적분 연산
회로	논리 연산	증폭회로
계산형식	이산적 데이터	연속적 데이터
정밀도	필요한 한도까지	제한적임
프로그램	필요	필요가 없음
가격	고가	저가
기억 기능	있음	없음

3) 사용 목적에 따른 분류

사용용도에 따라 분류하는 것은 크게 특수(전용) 컴퓨터와 범용 컴퓨터로 나누어진다. 특수 컴퓨터는 특수 목적용 컴퓨터로 한 가지 업무만을 위해 설계된 컴퓨터를 말하며, 특정 업무를 수행하기 위해 전용 프로그램이 컴퓨터 내에 상중하고 있으므로 처리 속도가 빠르다. 특수 목적용이다 보니 다른 업무는 사용 불가능한 것이 단점이다. 잠수함, 미사일, 항공기 등의 궤도를 추적하는 군사용 및 산업 공정제어나 예약 시스템과 같은 민간용 등에 응용된다. 범용 컴퓨터는 우리가 일반적으로 많이 사용하고 있는 디지털 컴퓨터를 의미한다. 사무처리나 과학계산 등 여러 분야에서 다목적으로 사용 가능하다.

3. 컴퓨터 처리 방식

컴퓨터는 전기적인 데이터처리 장치(EDPS: Electronic Data Processing System) 또는 자동데이터 처리장치(Automatic Data Processing System)라고 하는데, 이는 주어진 데이터를 프로그램이라는 정해진 루틴(routine)에 의해 수행함으로서 원하는 정보를 출력해 내는 전자시스템을 의미한다. 즉 컴퓨터는 프로그램이 가능한 전자장치로 입력 데이터(input data)를 수용할 수 있고, 수용된 데이터를 처리(Process), 저장(Store), 검색(Retrieve)할 수 있으며, 출력(Output)을 생산할 수 있다. 이 같은 컴퓨터 처리에 대한 정의를 좀 더 상세하게 설명 하면 다음과 같다.

1) 프로그램 가능성(Programmable)

프로그램 가능성이란 어떠한 작업을 수행하기 위하여 컴퓨터가 가져야 하는 단계적인 지침을 의미하며, 이런 일련의 지침을 프로그램(program)이라고 한다. 컴퓨터를 운영하고 실행시키기 위해서는 여러 가지 프로그램이 필요하며, 사람들이 컴퓨터를 이용하여 특정한 데이터 처리 문제를 해결하기 위해서는 소프트웨어(software)라는 명령과 절차의 집합체를 필요로 한다.

2) 전자장치(Electronic device)

전자장치란 우리가 실제로 컴퓨터라는 단어를 연상케 하는 칩(chip), 전자회로(electronic circuitry), 키보드(keyboard)와 같은 컴퓨터의 기계장치를 의미한다. 실제로 대다수의 컴퓨터는 입력, 처리, 출력 그리고 추가적인 데이터의 저장을 위하여 별도의 기계를 사용하고 있는데, 이런 기계를 종합하여 하드웨어(Hardware)라고 한다.

3) 데이터 입력(Input)

원시 데이터나 그림을 컴퓨터에 입력시켜 처리할 수 있도록 하는 것이다.

4) 처리(Process), 저장(Store), 검색(Retrieve)

처리, 저장, 검색은 컴퓨터가 데이터를 유용한 정보로 변환시키는 활동이다.

5) 출력(Output)

출력은 처리된 결과를 보고하는 것으로 바로 컴퓨터의 존재 이유가 되는 부분이다.

[그림 2-7] 컴퓨터 처리 절차

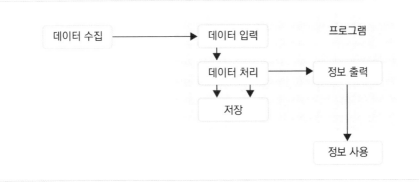

이들 외에 컴퓨터 처리를 정의하는 데 필요한 특징들은 다음과 같다. 첫 번째로 컴퓨터는 시스템(system)이다. 즉 특정 목표를 달성하기 위하여 서로 상호

작용하는 요소들의 집합이다. 만약 시스템의 어느 한 요소라도 없으면 시스템은 작용하지 않는다. 우리가 이미 언급한 컴퓨터 시스템의 요소는 데이터, 하드웨어, 소프트웨어인데 가장 중요한 네 번째 요소는 인간(people)이다. 시스템을 설계조립하고, 프로그램을 준비하고, 데이터를 수집하고, 기계를 작동하고, 출력을 사용할 수 있는 유능한 사람이 없으면 컴퓨터는 무용지물이 될 수밖에 없다. 또한 컴퓨터 처리에 있어서 지녀야 할 속성은 정확성(신뢰성), 신속성, 기억성, 고속성, 대량성, 범용성, 호환성이 있다. <그림 2-7>은 컴퓨터 처리과정이 어떻게 운영되고 있는가를 잘 묘사하고 있다.

4. 데이터(Data)

1) 데이터 정의

데이터(data)는 컴퓨터에 의하여 처리되어야 할 원시자료(raw materials)이다. 처리된 데이터는 정보(information)가 된다. 데이터는 그 자체로 사람들에게 흥미를 끌지 못하지만, 정보화되면 효과적인 의사결정에 사용할 수 있다. 데이터를 정보로 가공하는 것은 새로운 활동은 아니며 컴퓨터를 이용하지 않고도 행할 수 있었다. 수천 년 전에는 손으로 데이터를 처리했다. 데이터를 컴퓨터로 처리하든 손으로 처리하든 간에 데이터는 논리적인 순서 즉 데이터 환기(Date cycle)에 따라 진행된다.

2) 데이터 환기(Data Cycle)

데이터 환기의 단계는 <그림 2-8>에서 보듯이 입력(input), 처리(processing), 출력(output)으로 이루어지며, 저장(store)도 이 환기(cycle)의 일부분이 될 수 있다.

데이터 환기의 입력 단계에서는 데이터를 수집하고 수집된 데이터의 정확성을 점검하는 활동을 포함한다. 만약 처리가 전산화되어 있으면, 입력 단계는 데이터를 컴퓨터가 인식할 수 있는 기계어로 코딩하는 작업이 필요하다. 일단 코딩 작업이 완성되고 나면, 데이터는 처리될 준비가 되어있다. 처리 작업의 형태는 필요로 하는 출력의 형태에 따라 결정된다. <그림 2-8>에서와 같이 원하는 출력을 얻기 위해서는 하나 이상의 처리 작업이 필요하다.

처리된 데이터에 의한 정보는 직접 필요로 하는 사용자에게 전달되거나 장래의 필요를 위하여 저장된다. 전산화된 데이터처리 시스템에서 정보의 저장은 추가적인 작업과 비용을 필요로 한다. 왜냐 하면 저장장치에서 데이터를 검색하려면 특별한 프로그램이 필요하며 정보를 파일에 저장하는 것이 추가 비용을 지불하는 만큼 가치가 있는지를 결정하여야 한다.

출력은 데이터 환기의 마지막 단계이다. 이것은 정보를 필요로 하는 사람에게 정보를 전달하는 것이며, 정보는 반드시 적시에 적당한 사람에게 정확하게 전달되어야 한다. 만약 이것이 지켜지지 않으면 정보는 쓸모없는 것이 된다. 만약 처리가 컴퓨터에 의하여 진행되는 경우에는 컴퓨터로 처리된 기계어의 출력이 사람들이 인식할 수 있는 형태로 재코딩되어야 한다.

[그림 2-8] 데이터 환기 단계

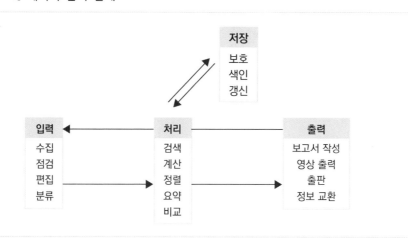

정보의 전달은 구두 메시지나 문자 보고서를 전달하는 것처럼 간단하다. 그러나 데이터 통신시스템(data communication system)은 보다 복잡한 장치이다. 이 시스템에서는 컴퓨터 기술과 통신기술이 결합하여 한 장소에서 다른 장소로 전자기호의 형태로 데이터를 신속하게 전달한다. 이 시스템에 사용되는 통신기술은 우리에게 매우 친숙한 전화시스템이다. 데이터 통신시스템은 점점 데이터 환기의 모든 단계에서 정보와 데이터 전달의 보편적인 수단이 되어 가고 있다.

3) 데이터 편성과 처리

컴퓨터를 이용하여 데이터를 처리하는 장점은 매우 뚜렷하다. 컴퓨터는 데이터 처리를 빠르고 정확하게 할 뿐만 아니라 방대한 양의 정보에 정확하고 신속하게 접근할 수 있도록 한다. 그러나 전산화된 데이터 처리는 수동적인 데이터 처리에서 발견되지 않은 몇 가지 제약을 가지고 있다. 첫째, 입력 데이터는 컴퓨터가 읽을 수 있는 형태를 갖추어야 하며, 둘째, 산술적 · 논리적인 운영이 컴퓨터가 할 수 있는 오직 두 가지 유형의 처리 방법이기 때문에 모든 문제는 반드시 산술적(arithmetic) 문제나 논리적(logical)문제로 기술되어야 한다.

[그림 2-9] 데이터 편성과 처리

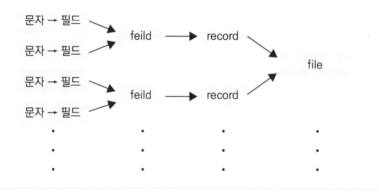

전산화된 데이터 처리를 위한 다른 필요요건은 컴퓨터가 찾아내고 처리할 수 있도록 데이터가 편성되어야 한다는 것이다. 설사 컴퓨터를 이용하지 않는 수동적 데이터처리 시스템이라고 하더라도 만약 우리가 저장된 장소에서 정보를 쉽게 찾아낼 수 있으려면 어떠한 방법으로든지 데이터를 편성할 필요가 있다. 라벨을 이용한 폴더(folder)나 파일 캐비닛 등이 전통적으로 서류를 저장하는 일반적인 수단이었다. 컴퓨터를 통하여 원시데이터를 처리하기 위해서는 문자, 필드, 레코드, 파일, 데이터베이스로 편성되어야 한다. 필드(field)는 데이터의 속성을 표시하며, 레코드(record)는 연관된 필드의 집합이며, 파일은 관련된 레코드의 집합이며, 그리고 데이터베이스(database)는 같이 저장된 상호 연관된

데이터의 집합으로, 데이터의 중복성을 줄이고, 그리고 데이터베이스는 정보 검색 및 갱신을 용이하게 하기 위하여 편성이 구조화되고 통합된다.

레코드는 다양한 응용 분야에서 발생하는 특수한 처리에 대한 요구를 충족하기 위하여 각기 다른 방법으로 파일 속에 설치되어 있다. 순차파일 편성(Sequential file organization)과 직접파일 편성(Direct file organization)은 파일 편성하는 가장 일반적인 방법이다. 순차파일 편성은 데이터에 순차 접근을 허용한다. 컴퓨터는 레코드를 찾을 때 전형적으로 파일의 첫 레코드를 검토한 다음 필요한 레코드를 찾을 때까지 순차적으로 나머지 레코드를 검토한다. 자기 테이프와 같은 저장 매체는 오직 순차적 편성만을 허용한다. 순차파일 편성에서는 레코드가 어떤 순서에 따라 설치가 되는데 여기서 순서는 항상 레코드의 특정 필드에 의하여 결정된다. 레코드 순서의 결정에 기초가 되는 필드를 특히 키 필드(key field)라고 한다.

레코드가 순차적으로 편성되었을 때 컴퓨터는 하나하나 차례로 데이터를 처리하여야 하는데 이것을 순차처리(Sequential processing)라 하며, 순차파일 편성과 처리는 파일 속의 모든 레코드가 처리될 경우에는 매우 능률적이다. 그러나 컴퓨터가 파일 속의 각 레코드를 차례로 읽어야 하기 때문에 순차파일 편성과 처리는 개별 레코드가 무작위로 처리될 필요가 있을 때 순차파일 편성 및 처리는 비능률적이다.

직접파일 편성과 직접처리(Direct processing)는 개별 레코드를 무작위로 처리할 때에는 매우 비능률적인 대안이다. 직접파일 편성은 파일 내의 개별 레코드에 즉시적이고 직접적인 접근을 허용한다. 자기 디스크는 직접파일 편성에 가장 널리 사용된다. 직접파일 편성에서는 키필드가 각 레코드의 정확한 위치를 지정하는 데 사용된다. 따라서 컴퓨터 파일 속의 모든 레코드를 읽지 않고 필요한 레코드에 직접 접근하여 처리할 수 있다. 직접파일 편성에서 키필드가 사용되기 때문에 각 레코드는 고유한 키를 가져야 한다. 이 같은 방법으로 편성되고 처리된 파일은 직접 접근 저장장치(Direct access storage device)에 저장되어야 하는데 이 장치는 컴퓨터가 원하지 않는 데이터는 뛰어 넘고 필요한 데이터에 직접 접근할 수 있도록 한다.

이 밖에도 컴퓨터가 데이터를 처리하는 방법에는 여러 가지가 있다. 일괄처리(Bach Processing)에서 파일에 대한 변경 및 질의는 일정기간 동안 저장된다. 그 다음 파일을 갱신하고 질의에 대한 반응을 산출하기 위한 처리가 주기적으로 이루어진다. 즉각처리(immediate processing)에서 거래는 실세계의 사상이 발생하자마자 즉각적으로 파일을 갱신하기 위하여 처리된다. 즉각 처리 방식을 사용하는 정보처리 응용업무는 흔히 실시간 응용업무들이다. 실시간 응용업무는 진행 중인 사상이나 과정에 대한 데이터를 즉각적으로 획득할 수 있고 그것을 관리하는 데 필요한 정보를 제공할 수 있다.

[그림 2-10] 데이터베이스

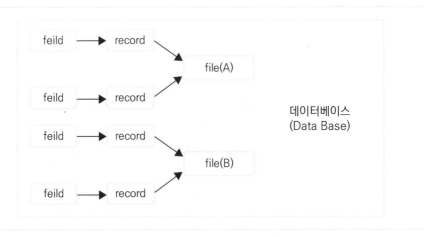

데이터베이스는 데이터를 편성하는 또 다른 방법이다. 이것은 좀 복잡하긴 하지만, 파일 편성보다 유용한 접근방법이다. <그림 2−10>에서 데이터베이스는 여러 개의 다른 처리 요구를 만족시킬 수 있는 여러 개의 파일로 구성되어 있다. 데이터 필드는 독립적으로 유지되지만 처리를 위해 필요하다면 연결될 수 있다. 각 데이터 필드는 원래 레코드의 다른 필드와 연결할 수 있는 키를 가지고 있다. 이 같은 형태의 파일 편성은 데이터의 각 항목은 단지 한 번만 저장되어 있기 때문에 파일 사이의 데이터 중복을 피할 수 있다. 예를 들면, 순차 혹은 직접 파일편성에서는 각 학생들에 관한 개인정보가 기숙사 파일, 성적 파일, 학생 파일 등에 반복적으로 존재하는데 반하여, 데이터베이스 편성에서는 각 필드가 오직 한 번만 존재하면 된다.

4) 데이터와 정보

우리가 컴퓨터를 논할 때는 흔히 데이터와 정보라는 용어를 사용한다. 데이터는 원시자료(raw material) 혹은 사실(fact)로서 컴퓨터에 입력하기 위하여 수집되고 사용되는 것이다.

정보(Information)는 유용한 형태로 처리되고 편성된 데이터이다. 데이터를 유용한 형태로 수집하고 편성하는 시스템을 정보시스템(Information System)이라 한다. 잘 설계된 정보시스템은 근로자의 생산성에 기여 하며 작업장의 능률성을 증가시킬 수 있을 것이다.

5. 하드웨어(Hardware)

컴퓨터의 개념을 완전하게 이해하기 위해서는 컴퓨터가 여러 하드웨어로 구성되어 있는 것을 인식하는 것이 중요하다. 대규모의 컴퓨터에서는 이 하드웨어가 수백 개에 달하지만 일반적으로 우리가 생각하는 컴퓨터는 몇 개의 부분으로 구성되어 있다. 포괄적으로 정의된 하드웨어의 구성요소는 입력 장치(Input unit), 중앙처리장치(Central processing unit), 출력 장치(Output)가 있다. 수동적인 데이터처리 시스템과 마찬가지로 컴퓨터시스템도 동일한 데이터 처리 활동을 한다. 즉 이 활동은 데이터의 입력, 입력된 데이터의 처리, 저장, 검색, 출력이다. 수동적 시스템과의 차이점은 컴퓨터가 사람이 하는 것보다 훨씬 빠르고 정확하게 작업을 수행한다는 것이다. 컴퓨터는 분명 데이터 처리에 대한 우리들의 인식을 변화시켰다. 이제 아무리 복잡한 상황에도 정확하고 빠른 처리를 기대 할 수 있게 되었다.

컴퓨터 하드웨어는 <그림 2-11>와 같은 장치로 구성된다. 각 장치는 컴퓨터 회사마다 다르고 또한 과학 기술의 발달에 따라서 그 성능과 형태가 달라진다. 여기서는 구체적인 장치의 형태나 이름보다는 각 장치가 수행하는 기능을 중심으로 하여 장치를 설명한다.

[그림 2-11] 하드웨어

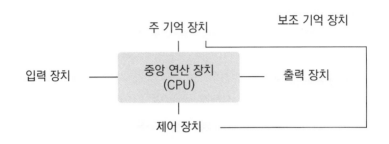

1) 입력 장치

입력 장치는 사람이 읽고 들을 수 있는 형태로 되어 있는 자료를 컴퓨터가 읽을 수 있는 형태로 바꾸어 주는 장치이다. 여기서 사람이 처리할 수 있는 형태의 자료란 우리가 일상생활에서 이용하는 모든 종류의 자료를 말한다. 물론 숫자, 문자, 소리, 그림 등이 모두 포함된다. 그렇다면 컴퓨터가 처리할 수 있는 형태의 자료는 어떤 것일까? 이 질문에 대한 해답은 컴퓨터를 정의할 때 사용한 "전자의 원리에 의하여"란 말에서 찾을 수 있다. 즉 0과 1이라는 두 종류의 기호로 된 자료만을 처리한다. 입력 장치는 보통 우리가 사용하는 다양한 기호로 되어 있는 정보를 컴퓨터가 처리할 수 있는 형태로 전환시켜 주는 기능을 수행하는 모든 장치를 말한다. 일반적으로 마우스와 키보드가 있으며, 그 외 데이터를 입력 할 때 키보드 대신 특정 위치를 클릭해서 사용할 수 있는 장치들로 라이트 펜, 마우스, 트랙볼, 터치스크린, 펜 기반 시스템, 디지타이징, 태블릿, 조이스틱 등이 있고, 데이터 스캐닝 장치로 컴퓨터가 인쇄된 문서를 스캐닝해서 인식 가능한 패턴으로 변환하는 것으로 MICR, 바코드, OMR, 광학 스캐너 등이 있다. 각각을 구체적으로 살펴보면 다음과 같다:

① 스캐너(scanner)는 빛의 반사 작용을 이용해서 사진이나 그림 등을 디지털 데이터로 변화하는 데 사용되는 것으로 종류로는 핸드(Hand-held)스캐너, 낱장 공급(Sheet-fed)스캐너, 플렛베드(Flatbed) 스캐너 등이 있다.

② 디지타이징/태블릿(Tablet)은 문자나 도형의 위치 좌표를 디지털적으로 검출하여 정보를 입출력하는 장치이다. CAD/CAM이나 설계도면, 지도

와 같이 정밀하고 복잡한 데이터를 입력할 때 사용하는 장치로 입력 받을 데이터를 올려 놓고 테이블과 입력 펜 또는 마우스 등으로 구성되어 있다.

③ 마우스는 모니터 화면에 나타나 있는 내용 중 원하는 항목을 선택하기 위해 사용되는 입력 장치이다. 마우스를 컴퓨터에 연결하려면 직렬포트를 사용하는 데 최근에는 PS/2나, USB로 연결한다. 마우스의 동작 방식에는 볼 마우스, 광 마우스, 레이저 마우스 등이 있다.

④ 트랙볼(Track Ball)은 마우스와 유사한 것으로 볼을 돌려 볼이 이동한 거리만큼 화면에 커서를 이동 가능하게 한 것이다.

⑤ 터치 패드는 노트북 등에서 장착되는 마우스와 유사한 기능을 수행하는 입력장치이다. 패드에 손가락으로 그림을 그리 듯이 움직이면 포인터가 손가락을 따라 움직이면서 작업을 수행한다. 노트북 등에서 많이 사용하는 마우스 대용의 도구로 터치패드, 트랙볼, 트랙패드 등이 있다.

⑥ 광펜은 펜 모양의 입력 장치로 화면에 나타나는 정보를 선택하거나 직접 그리거나 써서 컴퓨터에 입력하는 전자장치이다.

⑦ 바코드는 굵기가 서로 다른 선을 조합시켜 코드화해서 특정 물품들을 구분하기 위해 사용하는 것으로 마트나 백화점 등에서 물품관리에 이용하는 POS(Point of Sale)시스템에 사용한다.

⑧ 터치스크린은 접촉식 화면이라는 뜻으로 키보드나 마우스의 조작 없이 사람이 손가락으로 화면에서 물체를 선택하여 데이터를 입력할 수 있게 하는 장치이다.

⑨ 키보드는 가장 많이 사용하는 표준 입력장치 중 하나로 키보드 판에 있는 문자나 숫자를 눌러 데이터를 입력하는 장치이다.

⑩ 광학마크 판독기(OMR)는 컴퓨터용 연필이나 펜으로 특정 형식의 용지나 카드에 쓴 데이터를 광학적으로 판독하여 컴퓨터에 입력하는 장치로 예로 시험 답안용으로 활용된다.

⑪ 자기잉크 문자 판독기(MICR)는 자성잉크를 사용해서 인쇄된 문자들을 판독하여 헤드가 지나면서 신호를 감지하여 판독하는 장치로 자기앞 수표, 지로 영수증에 쓰인다.

2) 출력 장치

출력 장치는 입력 장치와 반대로 컴퓨터가 처리할 수 있는 이진 형태의 자료를 사람들이 읽어서 처리할 수 있는 다양한 형태의 자료로 전환시켜 주는 장치이다. 앞에서 언급한 대로 컴퓨터가 처리한 결과는 1과 0의 조합으로 되어 있어서 사람들이 그대로 이해할 수 없다. 이것을 사람이 읽을 수 있는 문자, 숫자, 그림, 음성 등으로 전환시켜 주는 기능을 수행하는 장치를 출력 장치라고 부른다.

출력 장치에는 플로터(Plotter), 모니터(Monitor), 프린터(Printer), 마이크로필름 출력 장치(COM) 등이 있다. 각각을 구체적으로 살펴보면 다음과 같다:

① 플로터는 펜을 상하좌우로 움직여 가면서 단순문자에서부터 그래프나 도형, 복잡한 설계도면까지 인쇄용지에 출력할 때 사용하는 장치이다.

② 모니터는 화면에 내용을 표시하는 장치로 컴퓨터에서는 CRT 디스플레이, 액정(LCD), 디스플레이 플라즈마 디스플레이어(PDP)를 주로 사용하고 있다(<표 2-4> 참조).

[표 2-4] 디스플레이 종류

디스플레이 종류	특성
CRT (음극선관)	• 일반적으로 가장 많이 사용하는 모니터로 입출력 속도가 빠르고, 가격이 비교적 저렴함 • 전력 소모가 크고 눈이 쉽게 피로해질 수 있음
LCD (액정)	• CRT 디스플레이보다 전력 소모가 적고, 가볍고 휴대하기가 편리함 • CRT 보다 화면에 나타내는 속도가 느리고 눈에 피로를 적게 줌
PLASMA (플라즈마)	• 눈의 피로가 적고 해상도가 뛰어 나며, 두께가 얇고 가벼움 • 가격이 고가이며 전력 소모가 큼

③ 프린터는 컴퓨터 작업한 내용을 종이에 인쇄하는 장치로 크게 충격식과 비충격식 프린터로 분류한다. 충격식 프린터는 도트 매트릭스 방식과 활자 방식(시리얼 프린터와 라인 프린터)이 있고, 비충격식 프린터는 열전사 방식, 감열방식, 잉크젯 방식, 레이저 방식 등이 있다.

④ 마이크로필름 출력장치는 컴퓨터로 작업한 내용을 저장하는 장치 중 하

나로 많은 양의 정보를 적은 부피로 보관 및 관리하기가 용이하다.

3) 중앙처리장치

컴퓨터시스템 전체를 제어하는 장치로서 다양한 입력장치로부터 자료를 받아서 처리한 후 그 결과를 출력장치로 보내는 일련의 과정을 제어하고 조정하는 일을 수행한다. 모든 컴퓨터의 작동과정이 중앙처리장치의 제어를 받기 때문에 컴퓨터의 두뇌에 해당한다. 중대형 컴퓨터에서는 이를 중앙처리장치(CPU: Central Processing Unit)라 하지만, 소형 컴퓨터에서는 때로 마이크로프로세서(Micro Processing) 또는 줄여서 프로세서라 부르기도 하는데, 명칭만 다를 뿐 기본적으로 동일한 기능을 수행한다. 범용 마이크로프로세서를 구성하는 요소에는 명령 세트, 레지스터, 메모리 공간 등이 있다. 이중 명령세트는 형태에 따라 두 가지 종류가 있다. CISC(Complex Instruction Set Computer, 복잡명령집합컴퓨터)는 마이크로 프로그래밍을 통행 다양한 명령어 형식을 제공하지만 구조가 복잡해서 생산 단가가 비싸다. 따라서 자주 쓰이지 않는 명령어들은 소프트웨어로 구현하고 자주 쓰이는 명령어만 간략화하여 CPU의 성능을 높인 RISC(Reduced Instruction Set Computer, 명령어 축소형 컴퓨터)가 고안되었다. RISC는 연산속도를 향상시키기 위해 제어논리를 단순화해서 CISC에 비해 가격이 저렴하다. 펜티엄을 포함한 인텔 계열의 모든 프로세서는 CISC프로세서이다. RISC프로세서는 IBM의 System/60000 기종과 매킨토시 컴퓨터에 사용되고 있다.

[표 2-5] CISC & RISC

종류	특징
CISC	• 명령어 집합이 커서 많은 명령어들을 프로그래머에게 제공해 주므로 작업이 쉬움 • 구조가 복잡하므로 생산 단가가 비싸며 전력 소모가 많음
RISC	• 전력 소모가 적고 CISC구조보다 처리속도가 빠름 • 필수적인 명령어들만 제공되므로 CISC 구조 보다 덜 복잡하고 생산 단가가 낮음 • 복잡한 연산을 수행하기 위해서는 RISC가 제공하는 명령어들을 반복 수행해야 하므로 프로그래머의 작업이 복잡함 • 중형 컴퓨터나 UNIX 워크스테이션과 같은 고급 마이크로컴퓨터 들이나 몇몇의 프린터 등에 사용되고 있음

CPU는 컴퓨터의 유형에 상관없이 일반적으로 주기억 장치(primary storage unit), 산술 논리 장치(arithmetic/logic unit), 제어 장치(control unit)로 구성되어 있다. 흔히 주기억 장치와 다른 두 장치와 구별하는데, 주기억 장치는 실제로 데이터를 처리하지 못하고 대신에 처리될 데이터를 저장하는 기능을 하기 때문에 사람들은 제어 장치와 산술논리 장치를 CPU의 개념으로 사용하기도 한다.

그러나 컴퓨터가 데이터를 처리하는 능력은 이 3가지 모든 기능에 의존하고 있고, 또한 이 3가지 기능은 물리적으로 같은 장치에 내장되어 있기 때문에 이 3기능을 통합하여 CPU라고 하는 것이 바람직하다.

중앙처리 장치에서 제어 장치에 대한 기능은 입출력 장치와 기억 장치 및 연산 장치 등을 제어하고 디코더(Decord)를 통해서 명령어를 해독하고 제어신호에 따라 동작하는가를 감시·감독한다. 즉 연산 장치가 산술적 혹은 논리적 기능을 할 것인지 혹은 데이터를 입력 장치에서 기억장치로 옮길 것인지를 결정하는 것이 제어 장치이다. 제어 장치는 프로그램으로부터 받은 각 명령어를 해독하고 명령에 따라 활동한다. 각 명령어를 번역하여 실행해야 할 행동을 결정하고 그 다음에 필요한 명령을 CPU의 다른 요소와 연락한다. 프로그램 명령어와 데이터가 CPU에 입력될 때는 주기억 장치에 입력된다. 제어 장치는 프로그램이 실행되는 동안 적절한 순서에 따라 그들을 저장하거나 검색하는 역할을 한다. 프로그램이 실행되고 데이터가 주기억 장치에 입력됨에 따라 제어 장치는 적절한 산술 혹은 논리회로를 점화시키는 각 프로그램 명령어와 기호를 해석한다. 즉 기계어로 되어 있는 명령어와 기호를 해독하게 된다. 산술 논리 장치가 계산을 완료하고 나면, 제어 장치는 그 결과를 주기억 장치의 적당한 장소에 배치한다. 처리의 결과를 표시하거나 기록할 때 제어 장치는 단말기, 프린터 혹은 다른 출력이나 보조기억 장치에 기호를 보낸다. 사용 레지스터의 종류에는 프로그램 카운터(PC), 명령 레지스터(IR), 명령 해독기, 기억 번지 레지스터(MAR), 기억 버퍼 레지스터(MBR) 등이 있다. 연산 장치는 산술 논리 장치로 자료의 비교, 판단과 산술 연산, 논리 연산, 관계 연산, 이동 등을 수행한다. 산술 논리 장치는 컴퓨터에서 모든 계산이 수행되는 곳이다. 여기서 사칙연산과 같은 계산이 프로그램의 통제 하에 이루어진다. 사용 레지스터의 종류로는 누산기, 데이터 레지스터, 가산기, 상태 레지스터 등이 있다. 여기에서 레지스터에 대해서 알아보면 데이터를 일시적으로 기억할 수 있는 중앙처리장치 내의 임시 기억장치를 말하며, 종류에는 다음과 같다.

[표 2-6] 사용 레지스터의 종류

종류	의미
누산기 (Accumulator)	연산기의 입출력 데이터를 임시적으로 기억하는 연산용 레지스터
프로그램 카운터 (Program Counter)	프로그램의 수행순서를 제어하는 레지스터로 다음에 실행할 명령의 번지 기억
메모리 주소 레지스터 (Memory Address Register)	현재 수행중인 명령의 내용을 기억하는 레지스터
상태 레지스터 (Status Register)	CPU에서 수행되는 연산에 관련된 여러 가지 상태 정보를 기억하기 위해 사용되는 레지스터
메모리 버퍼 레지스터 (Memory Buffer Register)	기억 장치를 통해 접근되는 정보가 기록되는 CPU의 레지스터

CPU의 처리속도에 영향을 미치는 요소들에는 버스, 주메모리의 크기, 클록 속도, 캐시 메모리, 수치연산 보조 프로세서가 있다.

기타 장치로 CPU와 함께 운영을 위하여 컴퓨터는 다른 요소도 가지고 있다. 세 가지 일반적인 요소에는 다음과 같다. 버스는 전자회로로서 데이터와 메시지를 시스템의 다른 요소들로 보내는 것이다. 포트는 화면, 키보드, 프린터와 같은 입력과 출력 장치를 컴퓨터에 연결하는 곳이다. 대부분의 컴퓨터는 내장되어 있는 확장 슬롯을 가지고 있다. 이것은 기타 장치의 추가적인 기능을 보완하고 있다.

4) 주기억 장치

주기억 장치(Main Memory)는 임의 접근 방식의 기억장치로, 프로그램이나 데이터처리 결과를 기억하는 곳이다. 다시 말해서 컴퓨터가 처리하려는 자료와 처리결과를 임시로 보관하는 이른바 작업 장소를 말한다. 이 장치의 이름이 기억장치이기 때문에 여기에 보관된 자료는 영원히 보관되는 것으로 이해하기 쉬우나 사실은 그렇지 않다. 즉, 우리가 기억장치라고 부르는 이 상치는 사실은 임시 작업 장치이기 때문에 작업이 끝나서 전기를 끄면 기억내용이 모두 지워진다. 또 동일한 장소에 다른 사람이 다른 자료를 입력시키면 그전에 기억해 두었던 자료는 소멸된다. 따라서 우리는 기억장치를 앞으로 작업 장치 또는 더 정확히 임시 기억 작업 장치라고 불러야 한다. 기억장치의 크기는 컴퓨터의 성능과 밀접한 관련을 갖는다.

기억장치는 처리될 명령이나 자료가 저장되는 장치이다. 흔히 ROM과 RAM의 두 가지로 구분된다. ROM(Read−Only Memory)은 미리 기록된 내용을 읽기만 할 수 있는 장치이다. 즉 기억되고 있는 데이터를 읽기만 가능한 비휘발성 메모리를 말한다. 흔히 컴퓨터를 움직이는 데 필요한 가장 본질적이고 원천적인 명령이 회사기계에 의하여 ROM안에 기록된다. 프로그래머는 이 장소의 내용을 변경할 수 없다. 비유적으로 ROM은 기록을 못하도록 한 녹음테이프에 해당된다.

[표 2-7] ROM(Read-Only Memory)의 종류 및 특징

종류	특징
MASK ROM	한번 기억된 내용은 변경할 수 없는 메모리로 컴퓨터 제조 회사에서 제작해 줌
PROM	한 번에 한해서 사용자가 원하는 정보를 기록할 수 있는 메모리
EPROM	ROM Writer에 의해 데이터를 기록하고 자외선과 같은 특수 장치를 사용해서 내용을 지우고 새로 프로그램을 등록할 수 있는 메모리
EEPROM	전기적으로 기억된 내용을 지울 수 있어 여러 번 쓰고 지울 수 있는 메모리

RAM(Random−Access Memory)은 기록하고 읽기도 할 수 있는 기억 장치로 보통의 기억장치를 의미하며 전원이 켜진 상태일 경우에 한해서 읽고 쓰기가 가능한 휘발성 메모리로 SRAM(정적 RAM)과 DRAM(동적 RAM)으로 분류한다. SRAM과 DRAM의 차이는 <표 2−8>과 같다.

[표 2-8] SRAM vs. DRAM

구분	SRAM	DRAM
사용범위	캐시 메모리	주기억 장치
가격	비싸다	싸다
속도	빠르다	느리다
구조	복잡하다	단순하다
용량	작다	크다
재충전(Refresh)	불필요	필요

그 외 기타 기억장치에는 플래시 메모리(Flash Memory), 캐시 메모리(Cache Memory), 가상기억 장치(Virtual Memory), 연관 기억장치(Associative Memory) 등이 있다. 플래시 메모리는 EEROM이라고도 하며 RAM처럼 저장된 정보를 변경하거나, ROM처럼 한번 기억된 정보를 유지할 수 있다는 장점이 있다. 전원과 무고한 기록된 내용이 유지되는 비휘발성 메모리로 휴대용 컴퓨터나 노트북의 하드 디스크 역할 또는 BIOS와 같이 적은 양의 정보를 써넣을 수 있다. 캐시 메모리는 CPU와 DRAM으로 구성된 주기억 장치와의 처리속도 차이를 줄이기 위해 SRAM으로 구성된 캐시 메모리를 두어 CPU의 작업을 돕는 데 사용한다. 가상기억장치는 기억장치의 용량을 보다 크게 사용하기 위한 것으로 디스크의 메모리를 주기억 장치와 같이 사용할 수 있도록 하는 것이다. 연관기억 장치는 CAM(Content Addressable Memory)라고도 하며 기억된 내용의 일부를 이용하여 데이터를 직접 접근할 수 있는 메모리이다.

5) 보조기억 장치

보조기억 장치는 주기억 장치의 기억 한계를 확장시켜서 컴퓨터의 기억능력을 보조해 준다는 의미로 등장한 것이다. 사실 컴퓨터의 기억장치, 즉 임시작업장치의 규모가 크지 않았던 시절에는 이러한 의미가 설득력을 가졌으나 최근 들어서는 기억장치의 규모가 상상을 초월하여 확장됨에 따라 보조기억 장치의 기능이 자료를 오랫동안 보관하는 용도에 더 초점이 맞추어지게 되었다. 대표적인 보조기억 장치로는 자기 테이프와 자기디스크 장치와 자기드럼 등이 있다. 자기테이프는 우리 주위에서 쉽게 찾을 수 있는 녹음테이프이다. 폴리에스테르 필름의 표면에 자성물질을 입힌 대용량의 저장 매체로 IBG(Inter Bock Gap: 블록과 블록 사이의 공백), IRG(Inter Record Gap: 레코드와 레코드 사이의 공백), 트랙(Track: 8 트랙 또는 9트랙으로 구성), Read/Write Head(정보를 읽고 쓸 수 있는 헤드), BOT(Beginning of Tape: 테이프의 시작 위치를 나타냄), EOT(End of Tape: 테이프의 끝 위치를 나타냄), BPI[Byte(Bit) Per Inch: 기록 밀도로 1인치에 기록할 수 있는 문자 수(또는 비트수)], TPI(Track Per Inch: 1인치에 기록되는 트랙 수), TM(Tape Mark: 특수 문자 1개로 레이블과 파일을 구분하기 위해 사용)으로 구성된다. 차이점은 소리 대신 자료를 기억한다는 점이다. 자기디스크는 대량의 데이터를 기록할 수 있는 저장 매체로 둥근 원판의 양면에 자성물질을 입혀 자기화된 상태를 읽고/쓰기 헤드(Read/Write Head)가 감지한다. 기능면에서 비유적으로 설명하면 레코드판을 여러 개 겹쳐 놓은 것으로 볼 수 있다.

자기디스크는 트랙(Track: 디스크상의 동심원을 의미), 실린더(Cylinder: 디스크의 중심축으로부터 동일한 거리에 위치하고 있는 트랙의 모임), 섹터(Sector: 실제 데이터가 기록되는 위치로 트랙을 여러 구역으로 분리한 것), 읽고/쓰기 헤드(Read/Write Head: 디스크에 데이터를 읽거나 쓰기 위한 장치), 액추에이터(Actuator: 디스크 상에 있는 자료를 꺼내기 위해 읽고/쓰기 헤드를 이동시키는 데 사용되는 장치), 디스크 팩(Disk pack: 여러 장의 디스크를 하나로 묶어 사용하는 것)으로 구성되어 있다. 프로그램 라이브러리를 통해서 여러 사용자들이 공유할 수 있도록 여러 유형의 프로그램을 저장해 두는 것으로 가격도 적당하고 임의 접근이 가능한 자기 디스크를 많이 사용한다. 두 장치의 차이점은 테이프는 테이프의 가운데 있는 자료를 찾을 때, 처음부터 그 자료가 있는 지점까지를 순차적(sequentially)으로 읽어야 하나, 디스크의 경우는 우리가 원하는 자료에 직접 접근(direct access)할 수 있다는 데서 찾을 수 있다. 그래서 전자를 순차적 접근장치(Sequential Access Device)라고 하고 후자를 직접 접근장치, 또는 임의 접근장치(Direct Access Device: Random Access Device)라고 부른다.

자기드럼은 직경 20~30cm인 금속 원통의 표면에 자성물질을 입힌 것으로 수십에서 수 백 개의 읽고/쓰기 헤드가 각 트랙마다 고정된 형태로 배치되어 있어, 데이터를 액세스(Access)하는데 자기디스크나 자기테이프보다 속도가 빠르다.

세 가지 기억장치에 대하여 비교해 보면 전체적으로 주기억 장치를 보조해 주는 기억장치로 대량의 데이터 저장 가능하고, 주기억 장치에 비해 처리속도가 느리고 반영구적으로 저장 가능하다. 반면에 처리속도에서 자기드럼, 자기디스크, 자기테이프 순으로 느려지며, 기억용량에서 자기테이프, 자기디스크, 자기드럼 순으로 용량이 적어진다. 실제로 업무를 처리하는 데서 어느 장치를 사용할 것인가는 처리하려는 업무의 성격에 따라서 달라졌다. 예를 들어 수시로 문의가 들어오는 민원업무는 직접 접근장치를 이용하고, 주기적으로 일괄처리를 하는 업무는 순차적 접근장치를 사용하는 것이 유리하다. 그러나 최근에 와서는 접근장치의 값이 저렴해졌기 때문에 순차적 접근장치인 자기테이프는 사라지고 하드 디스크(Hard Disk), 광학 디스크(Compact-Disc Read Only Memory), 광자기 디스크(MOD: Magnetic Optical Disk), DVD[Digital Video (또는 Versatile) Disk] 등이 있다.

하드 디스크(Hard Disk)는 개인용 컴퓨터에 가장 많이 사용되고 있는 고정 디스크 장치로 대용량의 데이터를 비순차적으로 처리 가능하며 처리속도가 빠르다.

광학 디스크는 일반적으로 CD-ROM으로 알려져 있다. 광학 디스크는 멀티미디어 PC의 핵심 장비중 하나로 대용량의 데이터 저장이 가능한 읽기 전용 저장 매체로 플라스틱 원판에 금속 표면을 입힌 CD-ROM의 직경은 12cm, 두께는 1.2mm로 연속된 나선형의 트랙을 사용하며 섹터의 길이가 일정하다. 8배속, 16배속, 32배속… 등은 전송속도를 의미하는 것으로 숫자가 클수록 초당 전송되는 데이터의 전송률이 높아진다. 그러나 하드 디스크에 비해 접근시간(Access Time)이 느리고 데이터 전송률도 낮다. 인터페이스로 저가형의 AT-BUS, IDE와 고성능의 SCSI 방식 및 USB 등이 있다.

[표 2-9] 광학 디스크

종류	규격	종류
CD-MA	레드북	디지털 오디오로 사용하기 위해 만든 것으로 일반적으로 음악용 CD
CD-ROM	옐로우 북	• 문자나 숫자, 음악, 동영상의 데이터 저장 • 컴퓨터 데이터를 저장하기 위한 읽기 전용 CD-ROM
CD-I	그린 북	TV와 연결해서 사용 가능/대화형 CD
CD-DV	화이트 북	영화를 기록한 CD
CD-R	오렌지 북	• 한 번에 한해서 쓰기가 가능한 CD-R • 오디오나 데이터 CD의 원본을 만들 때 사용
CD-G	-	• CD에 음악과 정지 화상을 기록한 것 • WORM(Write-Once Read Many disk)CD

광자기 디스크(MOD: Magneto Optical Disk)는 CD－ROM과 유사한 기억장치로 레이저를 이용해서 하드 디스크나 플로피 디스크 보다 작은 면적에 대용량의 데이터를 기록 가능하다. 데이터 전송속도는 하드 디스크와 유사하지만 데이터를 저장할 때는 이전의 데이터를 지운 다음 저장하게 되므로 속도가 느리다.

DVD[Digital Video(or Versatile) Disk]는 고해상도와 높은 화질을 제공하는 차세대 영상 정보 매체이다. 지금 보다 일반화되어가고 있다. 화질과 음질이 뛰어난 영상을 저장할 수 있으며 4.7GB 정도의 대용량의 데이터가 저장 가능(135분 이상의 디지털 영상저장 가능)하다.

6. 컴퓨터 언어의 이해

1) 컴퓨터 언어

컴퓨터 언어는 사람과 기계사이의 대화를 위해서 사람들이 인위적으로 만든 인공어(artificial language)이다. 이에 대하여 사람과 사람 사이의 대화에 이용되는 언어는 자연스럽게 형성된 언어라는 의미에서 자연어(natural language)라고 부른다. 한국어, 영어, 일본어, 독일어 등은 자연어이다. 흔히 프로그래밍 언어라는 용어의 뜻을 확장한 용어로 볼 수 있다. 즉 협소한 의미에서 프로그래밍 언어는 컴퓨터 언어의 부분 집합이다.

좀 더 포괄적으로 컴퓨터 언어는 프로그래밍 언어, 스크립팅 언어, 스페시피케이션 언어, 기계어(다른 언어로부터 변환됨. 간혹 온 더 플라이 변화됨), 바이트 코드(특히 '가상 기계' 코드-가상 기계에서 수행됨), 쿼리 언어(예 SQL, XQuery), 마크업 언어(예 HTML-일반적으로 문서 생산에 사용), 변환언어(예 XSLT), 틀 처리 언어, 제4세대 프로그래밍 언어(4GL), 하드웨어 디스크립션 언어(HDL), 설정 파일 포맷들(예 INI 파일) 등이 있다.

2) 프로그래밍

(1) 프로그래밍 언어의 조건

언어의 구조와 개념은 단순하고 명료해야 하며, 개념은 확장성 및 신뢰성이 있어야 한다. 또한 다른 기종과 호환이 되어야 하며, 다른 언어에 쉽게 이식해야 하고 추상적인 것을 지원함과 동시에 검증하기 쉬워야 한다.

(2) 프로그래밍 언어의 종류

프로그래밍 언어는 크게 저급 언어(Low-level)와 고급 언어(High-level)로 구분한다. 저급 언어는 기계중심의 언어로 기계코드를 잘 알아야 하므로 프로그래밍 하기 어려우며, 에러 발생 시 수정하기 힘들다. 다른 기계와 호환하기 어렵지만, 기계자체의 언어이므로 번역할 필요가 없어 수행시간이 빠르다. 저급 언어에는 기계어, 어셈블리 등이 있다. 고급 언어는 사용자가 중심이 되는 언어로 일반적으로 프로그래밍 언어를 의미하며 컴파일러 언어라고 한다. 프로그램 작성하기 쉽고 이해하기 쉬우며 다른 기계와 호환이 가능하다. 그러나 실행하기 위해 기계어로 번역해야 하므로 수행시간이 오래 걸린다. 고급 언어에는 FORTRAN, COBOL, ALGOL, PASCAL, C 등이 있다.

(3) 프로그램 언어의 발전과정

프로그래밍 언어는 기계 중심에서 사람 중심 언어로 발전되고 있다. 특히 윈도우 같은 그래픽 인터페이스(GUI: Graphic User Interface)가 강조되고 있으며 발전단계를 보면 기계어, 어셈블리어, 고급 언어(절차적 언어), 4세대언어(4GL: 문제 중심 언어), 인공 지능(자연어)이다. 세대별로 분류해서 보면 다음과 같다.

1세대 언어(1950년)는 2진수를 이용한 기계어나 어셈블리 언어를 이용하여 프로그래밍을 하였다. 2진법 언어이므로 기계에 대한 이해가 부족하면 프로그램을 하기 힘들고 에러가 발생할 경우 수정하기 어렵다. 개발된 언어의 종류로는 저급 언어인 기계어, 어셈블리, 수치 과학용 언어 FORTRAN Ⅰ, ALGOL 58, 자료 처리용 언어 FLOWMATIC, 리스트 처리용 언어 IPL 5가 대두 되었다. 기계어(Machine Language)는 기계가 이해할 수 있는 2진수, '0'또는 '1'을 이용하여 프로그래밍 하는 언어이고, 어셈블리언어(Assembly Language)는 기계어에 1:1로 대응하는 기호 언어를 이용하여 프로그래밍 하는 언어를 말한다.

2세대 언어(1950년 말~1860년 초)는 그 당시 프로그램 언어 개발이 가장 많이 발달된 시기이다. 주요 언어는 FORTRAN Ⅱ, ALGOL 60, COBOL, LISP 등이 있다. 각 언어의 특징을 보면 FORTRAN은 FORmula TRANslation의 약자로 과학 기술용 언어이다. 프로그램간의 자료 전달 기법은 실매개 변수, 형식 매개 변수가 있으며, 자료 공유기법으로는 COMMON, EQUIVALENCE 등이 있다. ALGOL 60은 ALGOrithimic Language의 약자로 최초의 블록 중심 언어로 수치 자료와 동질의 배열을 강조한 과학 계산용 언어이다. COBOL은 Common Business Oriented Language의 약자로 인사, 자재, 판매, 회계, 생산 관리 등에 주로 사용되는 상업용 자료처리 언어이다. LISP는 List Processing의 약자로 인공 지능 분야에 사용되는 언어로 프로그램과 자료를 동일하게 표현하는 새로운 개념이 도입되었다.

3세대 언어(1960년 중반~1970년대)는 언어 번역시 발생되는 컴파일러의 각종 문제점들이 해결되어 기존 언어의 발전 및 수많은 새로운 언어가 개발된 시기이다. 개발된 언어는 PL/Ⅰ, ALGOL 80, SNOBOL 4, APL, BASIC, PASCAL, C 등이 있다. PL/Ⅰ는 Programming Language One의 약어로 FORTRAN, COBOL, ALGOL 등의 장점을 포함하려고 시도한 범용 언어이다. 또한 직교(Orthogonality) 개념을 보유한 언어로 발생 가능한 제한을 최소화하기 위한 범용언어이며, 모드(Mode)에 대한 융통성이 많은 프로시저를 포함한 언어이다. SNOBOL 4는 어떤 기계에도 종속되지 않는 매크로 언어를 가진 인터프리터

형 언어이다. APL은 A Programming Language의 약어로 배열을 기본요소로 하여 배역 자체의 연산을 지원하는 언어이다. BASIC은 Beginner's All-purpose Symbolic Instruction Code의 약어로 초보자 들이 배우기 쉬운 대화형 인터프리터 언어이다. PASCAL은 학생들에게 쉽게 프로그래밍 언어를 가르치기 위한 언어로 구조화 프로그래밍을 가능하게 하는 언어로 교육용 언어로 많이 쓰인다. C언어는 UNIX 운영 체제를 위해 개발한 시스템 프로그램 언어로, 발전 단계를 보면 CPL, BCPL, B, C로 저급 언어와 고급 언어의 특징을 모두 갖춘 언어가 되었다.

4세대 언어(1980년대)에서는 생산성을 증가시켜 주는 언어로 '제4세대 언어', '고생산성(High-productivity)언어', '비절차적(Non-procedural)언어'라 불린다. 온라인 환경에서 응용 개발을 지원하는 언어, 문제 해결형 언어로 원하는 결과를 컴퓨터에 지정한 후 접근시키는 비절차적 언어, 응용문제를 빠르게 구현시키기 위한 언어로 디버깅(Debugging)을 최소화하기 위한 언어로 종류에는 MULTIPLAN, Super Calc, Lotus1-2-3, dBASE, SAS, ADF 등과 같은 데이터베이스 및 질의 언어, 스프레드시트, 프로그램 생성기와 같은 매우 고수준의 언어들이 개발되었다.

5세대 언어(1990년대)는 인공지능 분야에 기반을 둔 언어로 자연어(Natural Language)라고 한다. 전문가 시스템(Expert System), 지식기반 시스템(Knowledge-based System), 추론 엔진(Inference Engines), 자연어 처리(Processing of Human Language) 등의 특징을 가진다.

최근 프로그래밍 언어의 흐름은 두 가지로 흐르고 있다. 우선 객체지향 프로그래밍 언어로 1964년 Norwegian Computing Center에서 모의실험을 목적으로 한 Simula에서 시작된 언어로 그 후 1972년 객체지향 언어의 완전한 모델인 Smalltalk에서 완성되었다. 종류 및 특징을 살펴보면 객체, 클래스, 상속성 등으로 표현되고 종류는 Smalltalk, C++, Actor, Object, C, Pascal 등이 있다. 다음으로 비주얼(Visual) 프로그래밍 언어로서 기존 프로그래밍 언어의 개념에 아이콘, 메뉴와 같은 시각적인 요소를 더하여 GUI 환경의 인터페이스(Interface)를 결합한 프로그래밍 언어이다. 프로그래밍 언어를 아이콘 형태로 표현하여 사용자가 아이콘을 선택하면 해당 구문이 나타나는 시각적인 인터페이스를 제공, 쉽게 프로그램을 할 수 있게 해준다. 종류에는 Visual Basic, Visual C++, VennLisp, CANTATA 등이 있다.

(4) 프로그램 언어의 번역과 번역기

[그림 2-12] 프로그램 언어

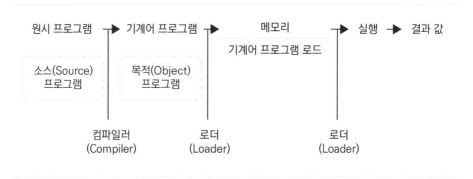

어떤 문제를 컴퓨터로 해결하기 위해서는 그 문제를 해결하기 위한 논리적인 처리방법을 컴퓨터 언어로 미리 작성하여 컴퓨터에 기억시켜 놓아야 한다. 이때 사람이 컴퓨터 언어를 이용하여 작성한 프로그램을 원시 프로그램이라 한다. 즉 컴파일러에 의해 목적 프로그램(Object Program: 기계언어 프로그램)으로 번역되기 전의 프로그램을 의미한다. 종류에는 하위 언어(Low level language)인 어셈블러 언어로 작성된 프로그램이나 상위 언어인 FORTRAN, COBOL, PASCAL 등으로 작성된 프로그램이다. 목적 프로그램으로 가기 위해서는 기계어로 번역하는데, 이때 컴파일러와 어셈블러 두 가지로 나누어진다. 컴파일러는 사용자가 고급 언어로 작성한 프로그램을 2진수 기계어로 번역해 주고, 어셈블러는 어셈블리 언어로 작성한 프로그램을 기계어로 번역해 준다. 이렇게 기계어로 번역되면 기계어 프로그램인 목적 프로그램은 링커를 통해서 기계어를 메모리에서 불러들인다. 여기에서 링커(Linker)는 기계어로 번역된 목적 프로그램을 실행 프로그램 라이브러리를 이용해서 실행 가능한 형태의 로드 모듈로 번역하는 번역기이다. 이렇게 메모리에 상주되어 있는 로드 모듈로 번역된 기계어는 로더를 통해서 실행 프로그램으로 갈 수 있게 번역한다. 로더는 로드 모듈을 수행하기 위해 메모리에 적재시켜 주는 기능을 수행한다.

기타 번역기로 인터프리터와 크로스 컴파일, 전(前) 처리기(preprocessor)가 있는데 특징을 보면 인터프리터는 고급 언어나 코드화된 중간언어를 입력 받아 목적 프로그램 생성 없이 직접 기계어를 생성하여 실행 해주는 프로그램이다. 크로스 컴파일은 원시 프로그램을 다른 컴퓨터의 기계어를 번역하는 프로그램이다. 마지막으로 전 처리기(Preprocessor)는 원시 프로그램을 번역하기 전에 미리 언어의 기능을 확장한 원시 프로그램을 생성시키는 시스템 프로그램이다.

7. 소프트웨어

모든 컴퓨터가 제 기능을 하기 위해서는 프로그램이 필요하다. 컴퓨터가 주어진 작업을 완료하기 위해서는 프로그램의 명령에 따라야 한다. 이러한 프로그램을 소프트웨어라 부르는 이유는 이것이 하드웨어처럼 물리적인 물체가 아니기 때문이다. 소프트웨어가 없으면 성능이 좋은 컴퓨터는 쓸모가 없다. 소프트웨어는 컴퓨터가 필요로 하는 프로그램을 포함하고 있을 뿐만 아니라 사용자가 컴퓨터를 통해서 자신이 원하는 출력을 얻기 위하여 필요한 명령어와 절차를 포함하고 있다. 프로그램은 컴퓨터가 필요로 하는 시간만 기억장치 속에 있으며 기억장치 속의 프로그램은 저장장치로부터 읽어온 것의 복사이기 때문에 프로그램은 컴퓨터가 반복해서 사용할 수 있다.

초창기 컴퓨터 사용자들은 컴퓨터의 내부 작용에 대하여 많이 알고 있는 기술적으로 훈련된 프로그래머들 이었다. 따라서 기업의 관리자들은 단순히 데이터를 제공하고 컴퓨터가 어떻게 작업을 하였는가를 알 필요가 없이 그 결과만을 받았다. 그러나 오늘날 많은 관리자들은 컴퓨터를 직접적으로 사용하여 작업을 수행할 줄 알아야 한다. 이렇게 기술적인 지식을 많이 알지 못하더라도 컴퓨터를 효과적으로 사용할 수 있게 된 것은 시스템 소프트웨어 혹은 응용 소프트웨어로 알려진 프로그램의 덕택이다.

1) 시스템 소프트웨어

시스템 소프트웨어는 컴퓨터를 작동시키고 효율적으로 사용하기 위한 프로그램으로서 사용자들이 컴퓨터를 보다 편리하게 이용할 수 있도록 도와준다. 컴퓨터 사용자는 하드웨어의 구조나 특성을 잘 알지 못하더라도 시스템 소프트웨어의 사용방법만을 알면 컴퓨터를 이용할 수 있다. 시스템 소프트웨어의 종류에는 시스템 관리 소프트웨어(운영체제: OS: Operation System), 시스템지원 소프트웨어(유틸리티 프로그램), 시스템 개발 소프트웨어(언어 번역 프로그램)가 있는데, 각각의 개념, 기능과 종류에 대해 살펴보도록 하겠다.

2) 시스템 관리 소프트웨어

(1) 개념

시스템 관리 소프트웨어는 컴퓨터 하드웨어와 컴퓨터 사용자 간에 중재적 역할을 하는 프로그램의 집합을 의미하여 운영체계(OS: Operating System)라고도 한다. 하드웨어와 소프트웨어의 자원을 관리하는 프로그램의 집합으로 CPU, Memory, Disk와 같은 자원들을 최대한 효율적으로 사용하게 하여 편이성을 도모하려는 목적을 가지고 있다. 컴퓨터가 일반인들에게 보급되지 않았던 초기에는 사용자가 공유하는 네트워크용 대형 컴퓨터의 효율적인 운용을 위해 만들어 졌지만, 지금은 일반 컴퓨터에도 모두 장착되어 나온다.

(2) 시스템 관리 소프트웨어의 기능

시스템관리 소프트웨어는 다양한 기능을 통해서 사용자의 편이성과 효율적인 자원관리를 도모한다. 그 기능을 살펴보면 다음과 같다.

① 사용자 인터페이스(User Interface) 기능

명령어 추진 방식, 메뉴 추진 방식, 그래픽 사용자 환경(GUI: Graphic User Interface) 방식 등을 사용하여 사용자가 편리하게 컴퓨터를 이용하도록 한다.

② 작업 관리(Job Management) 기능

운영체계는 여러 프로그램이 컴퓨터에서 작동할 때 각 프로그램의 작업순서를 지시해주며, 컴퓨터에서 계속적으로 작업을 처리하기 위한 준비, 계획, 그리고 통제 기능, 작업의 처리 순서를 결정하는 스케줄링 기능, 각 작업의 처리 운영자에게 알려주는 통신기능 등을 수행한다. 예를 들어, 엑셀 프로그램을 이

용하여 자료를 계산하고, 워드프로세서를 사용하여 글을 쓰고, 인쇄를 지시하면 프린트에 명령문을 보내 마지막 장에서 첫 장까지 출력되도록 하는 일련의 작업순서를 지정해 주는 것이다.

③ 자원관리(Resource Management) 기능

시스템 관리 소프트웨어는 자원할당자의 역할을 한다. CPU, 메모리, 저장장치, 입출력 장치 등의 자원을 관리하고 할당하는 것이다. 이는 인간이 신체의 각 부분에 어느 정도의 에너지를 배분하는 가의 문제와 같다. 운영체계인 윈도우즈는 그 자체 프로그램이 많은 자원을 필요로 한다. 윈도우즈가 응용프로그램 90%의 자원을 할당할 수 있는 반면, UNIX는 99%까지 자원을 할당할 수 있다.

④ 파일 관리(File Management) 기능

운영체계에는 자료 파일과 프로그램 파일의 생성, 삭제, 접근을 통제하는 파일 프로그램이다. 자기 디스크 및 기타 보조 기억 장치에 저장되어 있는 파일의 위치와 특성에 관한 정보 목록을 유지 관리하여 파일을 관리한다.

⑤ 자료 관리(Data Management) 기능

자료의 입출력, 저장위치, 검색 등을 통제하는 기능으로 데이터베이스 관리시스템 소프트웨어의 데이터베이스 처리에 관한 활동을 지원한다. 또한 주기억장치의 관리뿐만 아니라 보조 기억장치의 할당, 주기억 장치와 보조 기억 장치 간의 자료 이동 등을 통제하는 기능을 수행한다.

(3) 시스템 관리 소프트웨어의 기술

초기 운영 체계는 컴퓨터가 처리해야 할 작업을 일정기간 모아 두었다가 한 번에 전체적으로 하나의 CPU에서 처리 하는 방식인 배치(Batch)프로세싱, 하나 이상의 CPU를 보유하여 여러 작업을 동시에 처리하는 방식인 다중 처리(MultiProcessing)방식, 그리고 네트워크에서 컴퓨터와 연결을 위한 온라인(On-Line System) 방식을 사용하였다. 그러나 현재에는 시분할 방식과 멀티태스킹 방식을 사용하고 있다.

시분할(Time-Sharing) 방식은 하나의 컴퓨터를 시간별로 나누어서 사용하는 것이다. 즉 프로그램을 돌리면서 여분의 시간에 다른 자료를 입력하든가 다른 프로그램을 돌리기 위한 준비를 하는 것이다. 예를 들어, 프린터에 인쇄를 지

시한 후 다른 입력 작업을 할 수 있는 것이 시분할 방식이다. 시분할 방식은 가상 메모리(Virtual Memory)를 사용하는데, 이는 큰 용량의 프로그램을 메모리(Primary Memory)에서 다룰 수 없는 경우 이차 저장장치의 일부를 메모리와 같은 역할로 할당하는 것이다.

멀티태스킹(Multi-tasking)방식은 순차적인 처리 방식인 시분할과는 달리 하나의 CPU에 이미 여러 개의 프로그램이 같이 동시에 돌아가고 있는 것이다. 다중 처리의 경우 여러 개의 CPU를 사용하지만 멀티태스킹은 하나의 CPU를 사용한다. 이는 CPU의 처리 능력이 급속도록 발전했기에 가능하다고 할 수 있다.

(4) 시스템 관리 소프트웨어의 종류

초기의 운영체계는 시스템 조작자(Operator)가 일일이 스위치를 작동하여 프로그램 하나하나를 실행시켰다. 이러한 운영체계로는 컴퓨터 이용의 효율성을 높일 수 없어 그 이후 사용자들로 하여금 컴퓨터 이용을 보다 더 쉽게 하고 처리 능력을 제고 시킬 수 있는 수많은 운영체계들이 개발되었다. 이러한 운영체계 역시 소프트웨어이므로 많은 회사들의 제품이 나와 있다. 더구나 PC의 보급이 확대되면서 운영체계 또한 수요가 확대되어 여러 회사들의 경쟁적으로 신제품을 출시하여 경쟁하고 있다. 컴퓨터의 종류에 따라 다른 운영체계를 사용하는데 몇 가지 대표적인 운영체계를 알아보자.

① 도스(DOS)

도스는 IBM컴퓨터와 IBM 호환 기종에 사용될 수 있는 운영체계로 마이크로소프트사에서 만든 것이다. 1981년 IBM-PC가 처음 발표되었을 때부터 사용되었으며 많은 변화를 거쳐 왔다. 1990년대 중반 윈도우즈가 나오기 전까지 개인용 컴퓨터의 표준 운영체계라고 할 수 있다.

② 윈도우즈(Windows)

윈도우즈는 마이크로소프트에서 만든 것으로 윈도우즈 3.1에서 95, 97, 98, Me, 2000, XP, Vista까지는 출시되었고, 현재 OS7은 베타 버전으로 상용화를 앞두고 있다. XP는 현재 가장 일반화되었으며, VISTA의 경우 XP와 비교해서 차세대 운영체계로서 일반화되지 않을 것으로 본다. GUI를 제공하면서 마우스를 사용하여 쉽게 프로그램을 사용할 수 있는 장점이 있다.

③ IBM의 OS/2

OS/2는 윈도우즈보다 많은 특색을 가지고 장점도 많다. 그러나 하드웨어의 성능이 뛰어나야 프로그램의 성능이 제대로 발휘된다는 단점이 있다. 과학자, 엔지니어 등 특수 전문직의 복잡한 작업이 필요한 사람들이 주로 사용하며 서버의 운영체계로도 많이 사용한다.

④ 유닉스(UNIX)

유닉스는 AT&T사의 Bell연구소에서 멀티유저 시스템으로 설계되었으며 멀티태스킹과 GUI를 제공한다. 워크스테이션이나 서버에서 많이 사용하고 소형 컴퓨터(Minicomputer)에 주로 사용된다. 윈도우즈보다 자원을 많이 차지 않아 효율적인 운영체계이며 다른 기계에 이식(Potable)이 쉽고 배우기 쉽다. 그러나 표준화 되지 않았고 사무처리 응용 프로그램이 부족하다는 단점이 있다.

⑤ 윈도우즈 엔티(Windows NT)

윈도우즈 엔티는 중형 컴퓨터와 서버에 많이 사용되고 있고, 유닉스(UNIX)와 경쟁하기 위해 마이크로소프트사에서 만든 것이다. 주로 네트워크용으로 사용되며, RISC를 기본으로 사용하는 컴퓨터를 생산하는 회사들은 모두 윈도우즈 엔티를 장착한다.

⑥ 매킨토시 OS(MAC OS)[1]

매킨토시 컴퓨터의 운영 체계(OS), 매킨토시 OS라고도 한다. 맥 OS는 당초 매킨토시 시스템 소프트웨어의 일반적인 호칭이었으나 현재는 매킨토시용 OS의 이름으로 정식 채용, 상표가 되었다. 1984년에 처음으로 매킨토시를 발매한 이래 매킨토시의 OS는 마우스 조작에 의한 그래픽 사용자 인터페이스나 윈도 표시를 재빨리 채용한 것으로 주목을 끌었다.

3) 시스템 지원 소프트웨어

(1) 개념

컴퓨터의 사용을 편리하게 하기 위하여 일반적인 시스템 지원업무를 수행하는 프로그램으로 유틸리티 프로그램(Utility Program)이라고 한다. 이는 프로그

---

1) 한국정보통신기술협회 정보통신 용어사전

램을 미리 작성하여 내부에 저장해 두었다가 필요할 때 사용자에게 서비스를 해주는 프로그램으로서 하드웨어의 관리, 파일의 관리, 백신, 파일의 압축·해제 기능을 가지고 있다. 컴퓨터 시스템 구입 시 운영체계와 함께 제공되는 것이 일반적이다.

(2) 시스템 지원 소프트웨어의 기능

유틸리티 프로그램은 다음과 같은 기능을 한다. (i) 파일의 레코드를 정해 진 순서에 따라 정렬, (ii) 디스크에서 특정 프로그램이나 자료 파일을 탐색, (iii) 디스크에 특정 프로그램이나 자료파일 탐색, (iv) 프로그램이나 자료 파 일을 복사, (v) 시스템의 성능을 진단, (vi) 포맷을 수행, (vii) 시스템 보안 등 다양한 기능을 지원한다.

(3) 시스템 지원 소프트웨어의 종류

① 매체 변화

한 매체가 저장된 데이터나 프로그램을 다른 매체로 이동할 수 있게 하는 프로그램이다. 예를 들어 카세트테이프에 있는 데이터를 하드 디스크로 옮기거 나 카세트테이프의 내용을 프린터로 이동시키는 기능을 수행한다.

② 디버깅

프로그램 개발 시 발생하는 에러를 교정하는 기능을 한다. 프로그램 개발 시 발생할 수 있는 에러에는 문법적 에러와 논리적 에러가 있다. 문법적 에러 란 프로그래밍 언어의 문법 규칙을 어긴 에러이고, 논리적 에러란 프로그램이 정확한 결과를 낼 수 없도록 잘못 구성된 경우를 의미한다. 이러한 에러를 교 정하는 작업을 도와주기 위한 유틸리티를 통틀어 디버거(Debugger)라 하고, 프 로그래머는 디버거를 이용하여 프로그래밍 작업을 수월하게 할 수 있다.

③ 텍스트 에디터

텍스트를 새로 만들거나 기존 텍스트를 수정하는 데 이용되는 프로그램이다. 여기에서 텍스트란 일반적인 문자를 의미하며, 프로그램이나 데이터 등을 가리 킨다. 이외에도 실제 프로그래밍 과정에서는 수많은 유틸리티 프로그램들이 제 공되어 보다 편리하게 프로그래밍 작업을 할 수 있다.

4) 시스템 개발 소프트웨어

(1) 시스템 개발 소프트웨어의 개념

프로그래밍 언어로 작성된 프로그램을 컴퓨터가 인식할 수 있는 기계어 명령어 코드로 번역하는 소프트웨어이다. 따라서 언어번역 프로그램(Language Translation Program)이라고 한다. 대부분의 시스템 개발 소프트웨어는 원시 프로그램을 번역하는 역할 외에도 사용자의 편의를 위하여 문서 편집기, 디버거 등의 프로그램 개발 통합 환경을 제공하고 있다.

(2) 시스템 개발 소프트웨어의 종류

① 컴파일러

컴파일러는 고급 언어로 쓰여진 원시 프로그램(source)명령들을 컴퓨터가 이해할 수 있는 기계어(Machine Language) 명령들로 바꾸어 목적 프로그램 (Object Program)을 생성시키는 프로그램이다. 예를 들어, 원시언어가 파스칼이나 코볼과 같은 고급 언어이고 목적 언어가 어셈블리 언어나 기계어일 경우 이를 번역해 주는 프로그램을 컴파일러라고 한다. 목적 프로그램은 전체가 기계어 명령들로 표현되어 있고, 프로그램의 실행을 위해서는 컴퓨터의 주기억 장치에 기억되어 있어야 한다. 컴파일러는 컴퓨터의 제조업체나 또는 소프트웨어 개발 판매 회사들에 의해 제공되며, 대부분의 고급 언어에는 컴파일러를 필요로 한다. 컴파일러 프로그램은 주로 디스크에 저장되어 있다.

② 인터프리터(Interpreter)

원시 프로그램을 처리하기 위한 또 하나의 방법이 인터프리터 방식이다. 인터프리터 컴퓨터의 주기억 장치에 저장된 프로그램이나 ROM의 형태로 되어 있으며, 원시 프로그램을 한 번에 한 문장씩 읽고 번역하여 그 문장을 수행하게 한다. 인터프리터는 목적 프로그램이 생성되지 않으므로 목적 프로그램을 위한 디스크 저장 공간이 요구되지 않으나 목적 프로그램에 의해 수행되는 것보다 프로그램의 수행속도가 훨씬 늦다. 왜냐하면 통역관처럼 각 명령들을 매번 통역해야 하기 때문이다. 인터프리터 방식을 채택하고 있는 언어로는 Basic, Prolog 등이 있다.

③ 어셈블러(Assembler)

어셈블러는 영자를 조합한 기호, 즉 기호언어(Symbolic Language)로 쓰인 프로그램을 컴퓨터가 직접 해독할 수 있는 기계어로 고치기 위한 프로그램이다. 어셈블러 작업은 컴파일러 작업과 유사하다. 어셈블러에 의해 기계어로 번역할 수 있는 프로그램 언어를 어셈블러어라고 한다. 컴퓨터의 명령 코드나 데이터의 주소를 영자 등으로 기호화하여 프로그래밍을 용이하게 하고 해독하기 쉽게 하여 기계어로 고치는 작업을 컴퓨터 자신이 하도록 한 것이 어셈블러의 시초다. 초기의 어셈블러에는 IBM650의 SOAP나 IBM704의 SAP등이 있다.

5) 응용 소프트웨어

시스템 소프트웨어가 사용자에 대한 컴퓨터의 편리한 활용을 지원하기 위한 목적으로 만들어지는 프로그램들인 반면, 응용소프트웨어는 컴퓨터 사용자들이 시스템 소프트웨어들을 바탕으로 특정 분야를 응용을 할 수 있도록 개발된 프로그램이다. 응용 소프트웨어는 응용범위에 따라 일반 목적용인 범용 소프트웨어와 특수 목적인 전용소프트웨어로 나뉜다.

범용 소프트웨어는 일반적으로 워드프로세싱, 스프레드시트, 데이터베이스, 그래픽 프로그램 등이 있다. 특수 목적용인 전용 소프트웨어는 대표적으로 과학 응용 프로그램이 있는데, 자연과학, 사회과학, 수학 등 각종 연구 개발에 관련된 작업을 하기 위한 프로그램이 있다.

그리고 기타 응용 프로그램으로는 교육, 오락, 음악, 예술 분야 등에 이용되는 프로그램으로 교육 분야에서 쓰이는 CAI(Computer Assisted Instruction)과 오락 분야에서 비디오 게임 프로그램이 있다. 우리의 일상생활에 필요한 정보처리 작업을 위하여 공통으로 사용되는 소프트웨어의 종류에 대하여 알아보도록 하자.

(1) 워드프로세서 프로그램

문서의 작성, 수정, 편집, 인쇄 등을 쉽게 처리할 수 있도록 한다. 최근에는 도표와 그래프까지 그릴 수 있는 프로그램들이 많이 나와 있다. 워드프로세서에는 흔글, MS워드 등이 있다.

(2) 데이터베이스 프로그램

대량의 자료를 저장하고, 저장된 자료를 신속하게 접근하여 검색하는 데 사용된다. 데이터베이스 프로그램을 사용함으로서 대량의 자료를 공유할 수 있게 되고, 사용자들은 별도의 프로그램을 작성할 필요가 없이 간단한 질의어(Query Language)를 통하여 원하는 자료를 쉽게 검색 할 뿐만 아니라 원하는 형태의 보고서를 쉽게 출력할 수 있다. 대형 컴퓨터를 위한 IBM사의 DB2, Oracle 등과 개인용 컴퓨터를 위한 Microsoft Access, dBase, FoxPro, Clipper 등이 있다.

(3) 그래픽 프로그램

그래프, 차트, 그림 등을 그리는 데 사용되는 프로그램으로 산술적인 숫자 자료를 그대로 표현하기 보다는 꺾은 선 그래프, 바 차트, 또는 파이 차트 등과 같은 그래픽 디스플레이로 변형하여 효과적으로 나타내는데 쓰이는 소프트웨어이다. 최근에는 사진 편집과 웹디자인을 위한 프로그램들도 나와 있다. 대형, 중형 컴퓨터를 위한 SASgraph, Tella-graph 등과 개인용 컴퓨터를 위한 어도브 포토샵, 일러스트레이터, 나모 웹에디너, 코렐 드로우, 프론트 페이지 등이 있다.

(4) 스프레드시트 프로그램

행과 열로 구성된 표에 숫자를 기록하여 계산할 수 있도록 지원함으로서 데이터의 분석 및 처리, 그래프 작성을 쉽게 할 수 있도록 만들어진 소프트웨어이다. 오늘날의 스프레드시트 기술은 눈부시게 발전하여 여러 파일을 동시에 한 화면에 표시 할 수 있고, 파일 간의 내용을 연결시켜 복사, 이동, 연산을 할 수 있다. 또한 2차원과 3차원 그래프 등 다양한 형태의 그래프 작성을 할 수 있다. 대표적인 것은 대형 컴퓨터와 중형 컴퓨터를 위한 Lotus1-2-3M, IFPS, Focus 등과 개인용 컴퓨터를 위한 Excel, Lotus1-2-3, Quattro Pro 등이 있다.

(5) 통계처리 프로그램

각종 통계 및 문서에 사용하는 프로그램으로 SAS, SPSS, AMOS, 미니탭, 엑셀 등이 있다. 사회과학에서는 SPSS, 자연과학은 SAS를 사용하고 있으며 여러 분야에 다양하게 사용되어지고 있다.

(6) 프레젠테이션 프로그램

과거에는 그래픽의 한 분야였으나, 지금에는 연설회나 발표회 등에서 각종 그림이나 도표, 그래프 등을 이용해 만든 문서를 슬라이드 형식으로 보여줌으로서 그 비중이 커지면서 한 분야로 발전하게 된 프로그램이다. 대표적으로 파워포인트, 프리렌스, 키노트, 프레지 등이 있다.

(7) 통신 프로그램

컴퓨터가 사용자들 간에 문서, 음성, 화상 등의 데이터를 자유롭게 주고받을 수 있도록 해주는 소프트웨어이다. 인터넷 접속을 위한 MS Explorer, Netscape 등이 널리 사용되고 있으며, Talnet 기반의 이야기, 새롬 데이터맨 Pro 등의 프로그램이 있다.

(8) 통합된 패키지 프로그램

최근에는 문서 작성, 스프레드시트, 데이터베이스 , 프레젠테이션, 통계, 통신 등 다양한 응용프로그램을 통합하여 프로그램 간의 호환성 및 안정성, 보안성을 높이기 위한 패키지 프로그램이 출시되고 있다. 그 예가 MS Office, 한컴 Office 등이 있다.

6) 기타 유틸리티 소프트웨어

(1) 파일 압축 프로그램

압축프로그램이란 데이터를 백업하여 보전하고자 할 경우나 컴퓨터 통신을 이용하여 데이터를 전송하고자 할 경우 저장 공간을 줄이고, 데이터 송수신 시간을 줄이기 위해 파일 크기를 작게 줄여 주는 프로그램이다. WINzip, PKZIP, RAR, LHA, ARJ, 알집 등이 있다.

(2) 백신 프로그램

운영 체제나 데이터에 치명적인 손상을 주는 일종의 불법프로그램, 부트 섹터의 내용이 파괴되거나 파일이 비정상적으로 커지거나 또는 시스템 수행 속도가 현저히 느려지거나 프로그램 수행 도중에 전혀 예기치 못한 일이 생기면 바이러스를 의심해 보아야 한다. 바이러스 퇴치 프로그램인 백신에는 V3, TV, ANTIVIRUS, SCAN/CLEAN 등이 있다.

7) 기타 소프트웨어

그 밖에 소프트웨어를 정의하면 네트웨어, 그룹웨어, 셰어웨어, 프리웨어가 있다. 네트웨어는 무료로 사용하는 소프트웨어나 사용자 등록을 하지 않고 사용하면 경고 메시지를 내보내는 소프트웨어이다.

그룹웨어는 특정 소프트웨어로 사용자 그룹이 공동으로 사용하는 소프트웨어로 통신망에 여러 사람이 동시에 하나의 작업을 지원해 주는 것이다.

셰어웨어는 많은 사람들이 일정 기간 동안 공짜로 사용하거나 복사 할 수 있는 소프트웨어로 일정 기간이 지난 후에는 제작자에게 돈을 내고 정식으로 등록한 후 사용하는 소프트웨어이다.

프리웨어(공개소프트웨어)는 일반 사용자들의 소프트웨어를 저작권 없이 공짜로 자유롭게 사용할 수 있는 프로그램이다.

통 신

Ⅲ 통 신

1. 네트워크

1) 데이터 통신의 개요

데이터 통신은 정보화 사회를 실현하는 수단으로 전기통신과 컴퓨터의 결합체이며 컴퓨터에 의한 정보처리 기술과 데이터 전송 기술이 통합된 형태를 의미한다.

(1) 데이터 전송 방식

① 오프라인 방식(Off-Line Processing)

단말기와 컴퓨터 사이에 연결된 통신회선이 없으므로 사람이나 기록매체를 경유해서 작업을 수행한다. 급여 관리, 재고 관리, 원가계산 등의 일괄처리 방식에 이용한다.

② 온라인 방식(On-Line Processing)

단말기가 통신회선을 통해 주컴퓨터에 바로 연결되어 데이터가 발생하면 곧바로 중앙컴퓨터에 입력되어 처리되는 시스템을 말한다. 은행업무, 좌석, 예약, 전화교환의 제어 등의 실시간 처리에 이용된다.

(2) 데이터 처리 방식

① 일괄 처리(Batch Processing)

다량의 데이터를 일정한 기간 동안 모아서 처리하는 방식을 말한다.

② 실시간 처리(Real-Time Processing)

데이터의 발생과 동시에 통신회선을 통해 즉시 처리되는 방식을 말한다.

③ 시분할 처리(Time Sharing Processing)

다양한 데이터를 각각 시간을 분할하여 처리하는 방식으로 여러 데이터를 동시에 돌려 처리할 수 있다.

2) 주기억 장치(Main Memory)

(1) 위상(Topology)

① 별형(Star)

네트워크의 모든 노드들이 중심의 노드와 1:1로 직접 연결된다. 중심 노드가 고장 나면 전체 네트워크가 작동하지 못한다.

[그림 3-1] **별형**

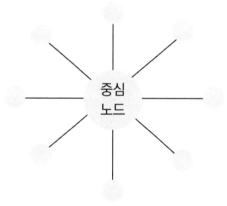

② 링형(Ring)

네트워크의 노드들이 링 모양으로 연결된다. 일정한 지역이나 조직 내에서만 통신하는 근거리 통신망(LAN)에서 주로 사용한다. 어떤 노드가 고장 나면 전체 네트워크가 작동하지 못한다.

[그림 3-2] 링형

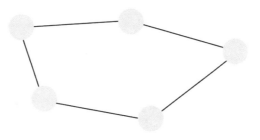

③ 그물망형(Mesh)

네트워크의 모든 노드들이 하나의 통신회선에 연결된다. 한 노드의 고장이 전체 네트워크 동작을 방해하지 않으나 노드의 추가는 전체 네트워크의 성능을 저하시킨다.

[그림 3-3] 그물망형

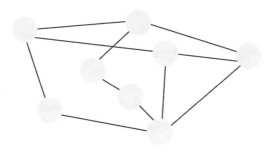

④ 트리형(Tree)

허브(Hub)구조라고 하며 중앙의 노드에서 일정지역까지 근처에 있는 노드부터 다시 회선을 연장시켜 데이터를 전송한다.

[그림 3-4] 트리형

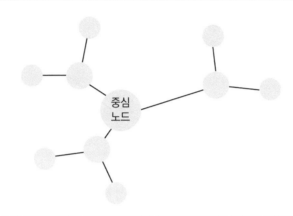

중심
노드

(2) 전송 매체에 따른 분류

(2-1) 유도 매체

① 트위스티드 페어(Twisted Pair)

가장 값싼 매체로 잡음의 영향을 받기 쉽고 거리와 속도에 제약이 있다. 가정용 전화기와 개인용 컴퓨터 연결에 주로 사용된다.

② 동축 케이블(Coaxial Cable)

고속이며 먼 거리까지 이용이 가능하고 잡음에도 강하지만 설치 공간을 많이 차지한다. 광대역 아날로그나 고속디지털 전송에 주로 사용된다.

③ 광섬유 케이블(Optical Fiber Cable)

저손실, 대용량, 경량성, 고속성, 비전도성 그리고 잡음에 대한 안정성 등의 특징을 지닌다. 전화 교환망, 데이터 통신망, 광대역 통신망 등에 적합하다.

(2-2) 비유도 매체

① 지상 마이크로파(Terrestrial Microwave)

마이크로파 안테나는 전송거리를 최대화하고 장애물을 극복하기 위해 고지대에 설치한다. 폐쇄회로 TV, 근거리 통신망 사이의 데이터 링크에 사용한다.

② 위성 마이크로파

지구궤도를 도는 위성체를 이용하여 지상의 지구국들과 교신하는 위성무선
통신이다. 위성 TV, 장거리 전화, 기업의 사설망 등에 사용한다.

(3) 전송 방식에 따른 분류

① 베이스 밴드(Base Band) 방식

여러 사용자를 한 케이블에 할당함으로써 여러 개의 통신채널이 생성되게
하는 다중화주파수 방식이다.

(4) 연결 방식에 따른 분류

① 회선 교환

데이터 전송은 항상 일정한 경로를 사용하므로 길이가 긴 연속적인 데이터
전송에 적합한 방식이다.

② 패킷[1] 교환

하나의 논리적인 메시지를 여러 개의 고정 길이 패킷으로 나누어 전송하고
수신 후에 다시 하나의 메시지로 재결합한다.

③ 셀 교환

ATM(Asynchronous Transfer Model) 망에서 사용하는 교환기술로 전송하는 정
보를 53바이트의 고정길이 셀(Cell)로 세분화하여 전송하는 방식이다.

(5) 네트워크 구성 방식

① 클라이언트 – 서버(Client – Server) 방식

자원을 제공하는 서버와 자원을 요구하여 이용하는 클라이언트가 결합하여
작업하는 네트워크 결합 방식이다. 클라이언트는 독자적인 중앙처리장치를 가
지고 데이터를 처리하는 분산시스템이다.

② 피어 투 피어(Peer – to – Peer)

네트워크를 관리하는 서버가 없이 컴퓨터들이 동등하게 연결되는 방식이다. 컴

---

1) 데이터 전송 시 에러 검증과 전송을 용이하게 하기 위해 적절한 크기로 나누어진 데이터의
   조각

퓨터는 클라이언트인 동시에 서버가 되며, 소규모 네트워크를 구축할 때 사용한다.

3) 통신망의 종류

(1) 근거리 통신(LAN: Local Area Network)

가까운 지역 내에서 컴퓨터 시스템을 연결하는 네트워크로 한 건물이나 일정지역 내의 데이터 전송을 목적으로 설치된 통신망이다.

(2) 광역 통신망(WAN: Wide Area Network)

원거리 데이터 전송을 목적으로 하며 넓은 지역의 수많은 컴퓨터가 연결되어 있는 통신망이다.

(3) 도시권 정보 통신망(MAN: Metropolitan Area Network)

대도시와 같은 넓은 영역을 서비스하는 네트워크이다.

(4) 부가가치 통신망(VAN: Value Added Network)

회선을 직접 보유하거나 통신 사업자의 회선을 빌려서 단순한 전송기능 이상의 부가가치를 부여한 음성이나 데이터 정보를 제공하는 정보통신망이다.

(5) 종합 정보 통신망(ISDN: Integrated Service Digital Network)

음성 및 데이터, 화상 등의 다양한 통신서비스를 디지털 통신망을 근간으로 하여 종합적으로 제공할 수 있는 통신시스템이다. 고속통신망 서비스가 가능하며 통신비용을 절약할 수 있다.

(6) 초고속 통신망(Information Superhighway)

모든 시설을 광대역화, 쌍방향화, 디지털화하여 음성, 문자, 영상, 정보를 자유롭게 주고 받을 수 있는 멀티미디어 서비스를 국민 누구나 쉽게 이용할 수 있도록 하는 정보통신망으로서 전송방식은 비동기 전송모드(ATM: Asynchronous Transfer Mode)이며, 전송기술은 코드 분할다중방식(CDMA: Code Division Multiple

Access)을 사용하고 있다.

(7) 광대역 종합정보 통신망(B-ISDN: Broadband ISDN)

ISDN보다 진보된 형태로 고화질의 동영상과 CAD/CAM 데이터를 손쉽게 전송하는 통신망이다. 전송방식은 비동기 전송모드(ATM: Asynchronous Transfer Mode)이며, 연결방식으로 패킷교환 방식이다.

(8) DSL(Digital Subscribe Line)

일반 전화선을 사용하면서 고속데이터 전송을 지원하는 디지털 가입자 회선으로 ADSL(비대칭), SDSL(대칭), RASDL(속도 적응), VDSL(초고속) 등으로 분류할 수 있다.

4) 네트워크 장비

(1) 리피터(Repeater)

LAN상에서 신호의 전송거리를 연장하기 위해 신호를 증폭하는 장치이다.

(2) 브리지(Bridge)

같은 프로토콜을 사용하는 두 개의 LAN 사이를 접속하는 장치이다.

(3) 허브(Hub)

LAN 전송로의 중심에 위치하여 단말장치를 접속하는 형태의 전송로 중계 장치이다. 허브는 더미 허브(Dummy Hub)와 스위칭 허브(Switching Hub)로 분류된다. 스위칭 허브는 통신망 관리에서 서버 간의 통신량이 많고 서버들이 동일 허브에 접속되어 있는 경우, 보통의 중계기 허브 대신 스위칭 허브로 대체하면 성능을 개설할 수 있다. 즉, 서버 접속용의 고속 접속구를 가진 스위칭 허브가 있다면 1대의 서버에 다수의 클라이언트로부터 접속 요구가 집중되어도 성능 저하 등의 현상은 발생하지 않는다.

(4) 라우터(Router)

둘 이상의 네트워크 연결을 관리하는 장비로 전송된 패킷이 어떤 경로로 가는 것이 최적 코스인지 판단한다.

(5) 게이트웨이(Gateway)

프로토콜 변화기로서 호환되지 않는 네트워크를 연결하는 응용 프로그램 지정 노드(교환기)로 데이터 코드와 전송 프로토콜을 상호 운용할 수 있도록 변환한다.

5) OSI 7계층

개방형시스템 상호연결(OSI: Open System Interconnection) 모델로서 한글 그대로 시스템 상호연결에 있어 개방모델을 뜻한다. 일반적으로 상호 이질적인 네트워크 간의 연결에 어려움이 많은데 이러한 호환성의 결여를 막기 위해 국제표준화기구(ISO: International Standardization Organization)에서는 OSI 참조모델을 제시하고, 실제 인터넷에서 사용되는 TCP/IP는 OSI 참조 모델을 기반으로 상업적이고 실무적으로 이용될 수 있도록 단순화된 현실화의 과정에서 채택된 모형이다.

[그림 3-5] OSI 7계층의 목적

표준(호환성)
여러 장비 간의 호환성으로 인한 비용절감

학습도구
정보통신기술 학습에 좋은 도구

일반적으로 여러 정보통신업체 장비들은 자신의 업체 장비 간만의 연결이 되는 등 호환성이 없어서 ISO 단체에서 1984년에 OSI 참조모델을 발표하게 되었다. OSI는 모든 시스템들의 상호 연결에 있어 문제가 없도록 표준을 만드는 것이며 7개의 계층으로 구분이 된다.

OSI 7계층의 가장 중요한 목적은 표준과 학습도구 2가지이다. 비용절감은 표준화를 통해 장비별로 이질적인 포트의 문제나 프로토콜 등으로 인한 문제를 해결하기 위함이다. 비용절감의 예로서 3계층 장비인 라우터를 제작하였는데 그에 따른 1, 2, 3, 4, 5, 6, 7 모두 제작해야 하는 것이 아니라 프로토콜에 맞춰서 사용하게 되면 일일이 모두 제작하지 않아도 되기 때문에 비용 절감이 되는 것이며 표준화 목적 중 하나이다. OSI 7계층은 응용, 표현, 세션, 전송, 네트워크, 데이터링크, 물리계층으로 나누어진다. 데이터를 전송할 때 각각의 층마다 인식할 수 있어야 하는 헤더를 붙이게 되는데 이러한 과정을 캡슐화(captured)라고 한다. 데이터를 전송하고 전송매체를 통해 전송된 후 다시 1계층부터 7계층으로 올라가게 되면서 헤더가 벗겨지는데 이러한 과정을 디캡슐레이션(de-captured)이라고 한다. 또한 각각의 층마다 요청과 응답을 하면서 상호작용을 하기 때문에 서버와 클라이언트 관계라고 할 수 있다.

[표 3-1] OSI 7계층

	계층	기능	프로토콜
1	물리 계층(Physical Layer)	데이터 비트를 물리적 매체를 통해 전송	Ethernet/ Token ring
2	데이터 링크(Data Link Layer)	오류 제어, 흐름 제어	
3	네트워크 계층(Network Layer)	송수신자 간의 전송 경로 설정 (Routing)	IP
4	전송 계층(Transport Layer)	양단간의 신뢰성 있는 데이터 전송 보장	TCP/UDP
5	세션 계층(Session Layer)	송수신의 동기 제어	
6	표현 계층(Presentation Layer)	암호화와 부호화 담당	
7	응용 계층(Application Layer)	사용자에게 통신을 위한 응용 서비스 제공	FTP/Telnet/ SMTP/HTTP

OSI란 1977년 국제표준화 기구 ISO에 의해 정의된 데이터 통신 프로토콜의 표준을 말한다. 통신기능을 7개의 층으로 분류하고 각 계층마다 기능적인 정의에 적합한 표준화된 서비스의 정의와 프로토콜을 규정한 규격을 의미한다.

2. 인터넷

1) 인터넷의 개요

(1) 인터넷(Internet)이란?

세계 최대의 컴퓨터망으로 전세계의 컴퓨터망이 연결되어 있으며, TCP/IP, 프로토콜로 접속된 네트워크의 집합체이다. 인터넷은 1969년 미국 국방성이 군사용으로 구축한 ARPANET[2)에서 유래 되었다.

(2) TCP/IP(Transmission Control Protocol/Internet Protocol)

네트워크로 연결된 시스템 간의 데이터 전송을 위해 인터넷에서 사용되는 표준 프로토콜이다. TCP/IP를 이용하면 컴퓨터의 기종에 관계없이 인터넷 환경에서의 정보교환이 가능하다. TCP/IP는 OSI 7계층의 전송 계층(Transport Layer)에 해당되고, IP는 네트워크 계층(Network Layer)에 해당된다. TCP는 전송 데이터의 흐름을 관리하고 데이터의 에러 유무를 검사한다. IP는 데이터 패킷(Packet)을 전송하는 역할을 한다.

2) 인터넷의 서비스

(1) 전자우편(e-Mail)

전 세계의 인터넷 사용자들이 편지를 주고받거나 파일 등을 전송하는 기능이다. 전자우편 주소 표시는 "발신자 ID @ 도메인 네임, 예 Gildong@sch.ac.kr"로 한다.

---

2) 미국방부 안에 있는 ARPA(advanced research project agency; 고등연구 계획국) computer network는 미국 각지에 있는 대학과 비영리기관을 중심으로 완성한 전국적인 컴퓨터 네트워크

(2) FTP(File Transfer Protocol)

한 컴퓨터에서 다른 컴퓨터로 파일 전송을 지원하는 통신규약으로 인터넷으로 연결된 컴퓨터에 존재하는 파일을 빠른 속도로 송·수신할 수 있다.

(3) 원격 접속(Telnet)

원격 접속용 소프트웨어로 먼 거리의 컴퓨터를 자신의 컴퓨터처럼 사용할 수 있는 서비스를 제공하며 다른 인터넷 서비스를 이용하기 위한 도구이다.

(4) 고퍼(Gopher)

텍스트 중심의 방대한 인터넷 정보를 빠르고 효율적으로 검색하기 위한 서비스로 메뉴 방식으로 짜여 있어 이용하기 쉽다.

(5) 유즈넷(Usenet: User's Network)

뉴스 서버를 통한 토론 그룹으로 정치, 경제, 문화 등의 다양한 분야에 대해 세계 각국의 사람들과 토론을 하거나 자신의 의사를 표현하는 글을 올릴 수 있다.

(6) 웨이즈(WAIS: Wide Area Information Service)

특정한 데이터베이스 등을 키워드로 고속 검색하는 환경을 제공한다. 다양한 주제에 걸친 갖가지 정보가 담긴 수백 개의 데이터베이스를 접근할 수 있다.

(7) 후이즈(Whois)

인터넷 사용자, 도메인. 네트워크, 호스트 이름 등의 개인정보를 검색할 수 있는 서비스이다.

(8) IRC(Internet Relay Chat)

인터넷에 연결된 다른 사람과 자유롭게 서로의 의견을 주고받을 수 있도록 해주는 서비스를 말한다.

(9) 월드 와이드 웹(WWW: World Wide Web)

하이퍼텍스트(Hyper Text)로 구성되어 보고 있는 문서와 연관된 정보를 연결하여 이동해 볼 수 있으며, 그래픽, 비디오, 이미지, 음성, 문서 등의 각종 문서들을 손쉽게 볼 수 있는 화상정보 검색서비스이다.

① URL(Uniform Resource Locator)

인터넷에 있는 정보의 위치를 표기하기 위한 방법으로 웹에서 사용되고 있는 표준방법이며, 표기방법은 다음과 같다.

[표 3-2] 표기방법

형식	프로토콜://서버의 주소[:포토 번호]/[디렉토리명]/[파일명]
웹 주소	http://www.sch.ac.kr/
파일 전송 서비스	ftp://ftp.netscape.com
전자 우편 서비스	Gildong@sch.ac.kr

② HTTP(Hyper Test Transfer Protocol)

HTML 문서를 웹상에서 교환하기 위한 TCP/IP 프로토콜이다.

③ HTML(Hyper Text Markup Language)

하이퍼텍스트 문서를 만드는 데 사용되는 간단한 언어의 규약이다.

④ CGI(Common Gateway Interface)

외부 데이터베이스에 접근하거나 인터넷 호스트 내에서 다른 프로그램을 별도로 수행한 결과를 홈페이지에서 받아볼 때 사용한다. 홈페이지에 일방적인 내용을 표시하는 것이 아니라 카운터, 방명록, 게시판과 같이 방문자 상호 간의 정보를 주고받는 기능을 추가해 준다.

⑤ 자바(Java)

WWW 환경에 가장 잘 맞는 프로그래밍 환경을 제공하는 객체 지향 프로그래밍 언어이다. 자바 프로그램은 자바 어플리케이션, 자바 애플릿, 자바 스크립보드로 구분된다.

(ⅰ) 자바 어플리케이션(Java application)

웹브라우저를 통하지 않고 자체만으로 실행이 가능한 프로그램이다. 클래스가 존재하며 변수를 선언해야 한다.

(ⅱ) 자바 애플릿(Java Applet)

웹브라우저에서 실행되는 프로그램이다. HTML 문서에 해당 애플릿을 지정하면 사용자의 시스템에 다운로드 되어 실행된다. 클래스가 존재하며 변수를 선언하여야한다.

(ⅲ) 자바 스크립트(Java Script)

HTML 문서에 소스 코드를 직접 기술하여 웹브라우저에서 실행되는 프로그램이다. 클래스가 존재하지 않으며 변수 선업 없이 사용한다.

3) 인터넷 주소 체계

(1) IP 주소(IP Address)

인터넷에서 연결된 수많은 컴퓨터들이 갖는 고유한 주소를 말한다. 현재 사용하는 IP 주소는 IPv4(Internet Protocol version 4)로 32비트 체계이다. 32비트의 숫자를 8비트씩 나누고 각 부분을 점(.)으로 구분한다.

192.215.54.29와 같이 0~255사이의 10진수로 표시한다. 차세대 IP 주소 체계로는 IPv6(Internet Protocol version 6)가 있으며 고갈되어 가는 IP 주소를 32비트에서 128비트로 확장하였다.

(2) 도메인 이름(Domain Name)

IP 주소는 숫자로 구성되어 식별이 어렵기 때문에 의미가 있는 단어를 사용하여 사용자가 알기 쉽게 표기한다. 형식은 "호스트 이름, 소속기관, 소속기관의 종류, 소속 국가(단 미국은 제외)"로 표시한다.

[표 3-3] IP 주소 비교

미국		한국	
도메인	기관	도메인	기관
com	영리를 목적으로 하는 기업/기관	ac	전문대학이상의 교육기관
net	네트워크를 관리하는 기관	co	영리를 목적으로 설립한 기업
org	비영리 기관	or	비영리 기관 또는 단체
edu	4년제 단과 대학/종합대학	go	정부 조직도상의 기관
gov	미국연방정부 기관	ne	네트워크 제공 기관
mil	미국연방군사 기관	re	연구를 목적으로 설립된 기관
int	국제적인 특성을 가진 기관	pe	개인

(3) DNS(Domain Name System)

도메인 이름을 IP 주소로 바꿔 주는 작업을 하는 것이 DNS이다.

3. 웹브라우저(Web Browser)

하이퍼미디어 방식의 WWW를 이용할 수 있게 해주는 프로그램으로 그래픽 기반의 익스 플로어가 대표적이다. 그 외 텍스트 기방의 링스(LYNX), 그래픽 기반 브라우저의 모자이크(Mosaic), 네스케이프(Netscape), 핫자바(Hot Java)가 있다.

4. 검색 엔진

WWW에 분산되어 있는 정보 중에서 키워드를 포함한 웹사이트를 알려주고 이동하게 해주는 도구를 말한다.

1) 주제별 검색 엔진(Directory Search Engine)

웹사이트를 주제별 카테고리(Category)로 분류하여 사용자가 순서대로 검색해 나가는 방식이다. 데이터베이스의 양은 적지만 고급 정보를 제공한다.

예 야후(Yahoo)

2) 키워드 검색 엔진(Keyword Search Engine)

로봇 에이전트(Robot Agent)가 정보를 수집하고 분류하여 데이터베이스를 사용자가 키워드를 입력하여 검색하는 방식이다. 자료의 양은 방대 하지만 원하는 결과를 찾기 힘들 경우가 많이 있다.

> **예** 네이버(Naver)

3) 메타 검색 엔진(Meta search Engine)

자체적으로 데이터베이스를 가지고 있지 않고 여러 개의 검색 엔진을 대상으로 정보를 검색하는 방식이다.

5. 인트라넷과 전자상거래

1) 인트라넷(Intranet)

인트라넷은 인터넷 관련 기술과 통신규약을 조직 내부의 정보시스템에 적용한 것을 말한다. 별도의 통신망을 구축하지 않더라도 세계 각지의 지사나 거래처와 연결하여 정보를 교환할 수 있다. 차세대 정보기술로 빨리 전환할 수 있으며, 조직 내·외부의 정보를 결합하기 쉽다. 그러나 정보보안의 문제점을 가지고 있다.

2) 전자상거래(EC: Electronic Commerce)

인터넷에 구축된 상점을 통해 실시간으로 상품을 사고파는 것으로 편리함과 저비용을 목표로 하는 새로운 거래의 형태이다.

[표 3-4] 전자상거래

분류	특징
B to E(Business to Employee)	기업 내부의 전자 우편, 화상 회의, 전자 게시판 등을 통하여 직원관계개선, 업무의 의사 결정과 생산성 향상에 기여하는 형태

B to B(Business to Business)	기업과 기업 간의 조달, 운송, 판매, 고객 서비스 등을 인터넷을 통해 지원하는 형태
B to C(Business to Customer)	기업이 소비자를 상대로 인터넷에 상점을 개설하고 상품을 판매하는 형태
B to G(Business to Government)	정부 조달 업무, 세금 부과 및 징수, 부가가치세 환급 등
B to C(Business to Consumer)	민원서류 발급, 공과금 고지 및 납부, 정부 공시에 의한 사이버 경매

(3) 전자지불 시스템의 종류

① 지불브로커 시스템(Payment Broker System)

신용카드나 은행의 계좌를 이용하여 대금을 지불하는 방식으로 CyberCash와 FV(First Virtual)가 있다.

② 전자화폐 시스템(Electronic Cash System)

은행에 현금을 입금하고 그에 해당하는 디지털 머니를 지급 받아 디지털 머니를 이용하여 대금을 지불하는 방식으로 NetCash와 DigiCash가 있다.

IV

사무관리 및 공문서 작성

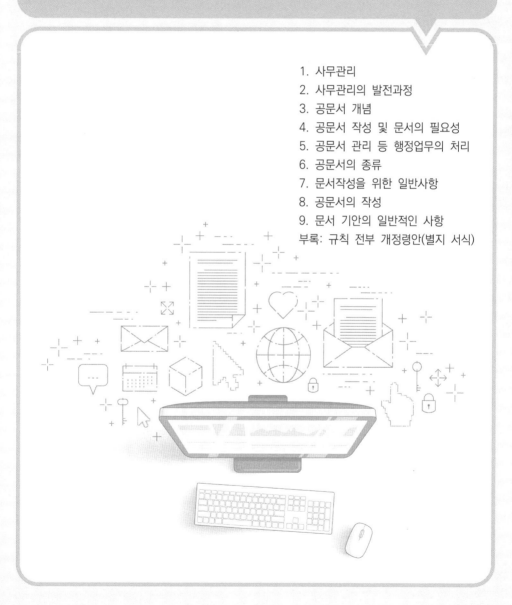

Ⅳ 사무관리 및 공문서 작성

1. 사무관리[1)]

1) 사무관리 개념

사무의 본질을 서류에 관한 작업으로 생각하여 왔었다. 그 이후 산업화와 정보사회화에 따라 사무량이 증가하고 사무 질의 복잡·다양성이 요구되고 있다. 따라서 행정활동 촉진과 정보 처리하는 기능적인 측면에서 많은 변화가 생성되고 있다. 첫 번째, 작업적인 측면(소극적인 자세): 사무실에서 이루어지는 문서의 생산, 유통, 보존 현상과 서류에 관한 작업(paper work, desk work). 두 번째, 기능적인 측면(적극적인 자세): 행정목적 달성을 위한 정보 수집, 가공, 저장 등의 정보처리 기능이 이루어지고 있다.

사무의 기능으로서 행정활동의 보조 및 촉진, 관련분야의 연계성 유지, 정보처리 기능, 업무수행 기능 등이 요구되고 있다. 이를 위한 사무의 종류에는 목적에 의한 분류로서 본래사무, 지원사무, 그리고 사무의 난이도별에 따라 판단사무, 작업사무로 분류된다. 특히, 작업사무에는 숙련을 요하는 작업사무인 통계작성, 문서기안, 반숙련을 요하는 작업사무로 장부에로의 전기 및 계산, 미숙련 기능사무로 문서의 접수 및 운반이 있다.

사무관리의 목적으로 사무의 간소화, 표준화, 과학화, 정보화를 통해 행정의 능률을 향상시키고, 사무관리의 원칙으로 용이성, 정확성, 신속성, 경제성이 존재한다. 사무관리의 개념으로 정보처리 활동을 효율적이고 합리적으로 수행하

---

1) [행정자치부령 제76호 법제명 변경 및 일부개정 2016.07.11.("행정업무의 효율적 운영에 관한 규정 시행규칙"에서 변경)]에서 발췌한 "행정효율과 협업 촉진에 관한 규정 시행규칙"을 참조하여 작성하였다.

기 위한 제반 관리활동으로 조직체 운영에 필요한 정보 생산, 유통, 활용, 보존하기 위한 활동이 요구된다. 근본적으로 사무작업을 능률화하고 사무비용을 경제화하기 위한 각종 관리활동이 있다.

2) 사무작업의 능률화

사무작업의 능률화를 위해 작업능률, 정신능률, 균형능률로 구분할 수 있다. 작업능률은 육체적 작업이 주가 되는 능률이고 가능한 힘을 덜 들이고 작업수행을 하는 것이며 다음과 같은 사항들이 요구된다: 작업의 용이화 및 작업과정의 간소화, 표준화, 동작의 경제화, 사무적인 이동거리(흐름)의 최소화, 사무의 자동화 및 기계화, 각종 사무집기의 인체공학적 설계 등이다. 정신능률은 사무작업에 있어 정신적인 요소의 최적화, 스트레스를 가볍게 하는 정신능률 저해요인으로 다음과 같다: 위험성이 수반되는 작업방법, 많은 동작에 연속되는 작업과정, 적절하지 못한 인사관리, 조직 구성원의 불화 및 비협조 등이다. 균형능률은 일정한 목적을 달성하는데 필요한 수단이 적절하게 조화된 상태이며 균형능률을 극대화하기 위한 고려사항은 다음과 같다: 적재적소에 배치, 능력에 적합한 사무분담, 피로, 과로요인의 제거, 공정한 사무관리 등이다.

3) 사무비용의 경제화

사무처리에 경제원칙을 도입하여 최소의 비용으로 최대의 효과를 기대하는 것이다. 이를 위해 사무제품, 사무처리방법, 인적요소, 사무시설과 환경이 요구된다. 사무비용 경제화를 위한 구체적인 사항으로 비용절감을 위해 소모품비, 인건비, 사무기기, 비품비 등 직접적인 비용이 고려된다. 또한 낭비제거를 위해 타성에 의하여 비판 없이 선례를 답습하는 태도를 없애고, 사무를 표준화, 전문화 및 자동화하도록 노력하며, 관리층에 있는 사람들이 진지한 노력을 기울여야 한다.

4) 사무관리의 대상

합리적인 사무관리를 위해 사무환경적인 측면에서 사무공간(사무실 배치 면적기준 등), 물리적 환경(조명, 온도, 습도 등), 사무집기(인체공학적 설계와 안전성이 고려된 디자인), 사무장비적인 측면으로 전자문서시스템, 행정정보시스템, 정보통신망, OA기기, 사무용품 등이며, 관리기법으로 문서관리, 서식관리, 관인관리, 사무표준화 및 간소화, 보고, 협조심사 등이다.

2. 사무관리의 발전과정

2016년도 『행정 효율과 협업 촉진에 관한 규정』에 따른 사무관리의 발전과정을 살펴보면 15개의 단계로 구분할 수 있으며 다음과 같다.
  ① 1948년 – 1961년, (구) 일본총독부의 사무관리제도 활용
  ② 1961년 – 1984년, 문서분류체계의 개편
  ③ 1984년 – 1991년 9월, 사무의 기계화 및 자동화 모색
  ④ 1991년 – 1996년 4월, 사무관리규정 제정
  ⑤ 1996년 5월 – 1999년 8월, 전산화 체제 도입
  ⑥ 1999년 9월 이후, 전자정부구현 기반 구축
  ⑦ 2000년 1월 이후, 공공기관의 기록물관리에 관한 법률 규정
  ⑧ 2001년 7월 이후, 전자관인의 사용 및 인증관리센터
  ⑨ 2004년 1월 – 2006년 3월, 사무관리규정 전면적 개편
  ⑩ 2006년 3월 – 2008년 8월, 사무관리규정 중 일부 개정
  ⑪ 2008년 9월 – 2011년 11월, 사무관리규정 중 일부 개정
  ⑫ 2011년 12월 21일, 행정업무의 효율적 운영에 관한 규정 제정
  ⑬ 2014년 2월, 정부 3.0의 전략과 추진과제를 이행 지원 및 정책실명제 보완
  ⑭ 2015년 8월, 개정서식 승인권 부처 이관 및 협업조직 설치 근거 신설
  ⑮ 2016년 4월, 『행정 효율과 협업 촉진에 관한 규정』으로 일부 개정
  ⑯ 2018년 – 『행정업무운영 편람』, 행정안전부
1991년 「사무관리규정」 이후, 2011년 「행정업무의 효율적 운영 규정」으로 개정, 2016년 다시 『행정효율과 협업 촉진에 관한 규정』으로 개정되었으며, 2017년 10월 17일 내용이 일부 개정되고 2018년 『행정업무운영 편람』이 발간되었다.
「행정 효율과 협업 촉진에 관한 규정」은 기존 '능률성', '효과성' 중심의 행

정에서 더 나아가 행정기관 상호간의 기능을 연계하거나 시설·정보를 공동으로 활용하는 등 '행정협업'의 원활한 수행과 지식행정을 활성화하고, 정책연구관리 업무의 효율성을 높이는데 중점을 두고 있다. 또한『행정업무운영 편람』은 첫째, 행정업무운영의 개요: 업무의 의의, 운영의 의의, '행정업무의 효율적 운영'의 의의, 행정업무운영제도의 발전과정, 둘째, 공문서 관리 등 행정업무의 처리: 공문서의 작성 및 처리, 업무관리시스템의 구축·운영, 서식의 제정 및 활용, 관인의 관리, 셋째, 행정업무의 효율적 수행: 행정협업의 촉진, 행정협업 조직의 설치·운영, 지식행정의 활성화, 정책연구의 관리, 영상회의의 운영, 행정업무의 관리, 질의 및 답변, 넷째, 행정 효율과 협업 촉진에 관한 규정 및 시행규칙 등으로 구성된다.

『행정 효율과 협업 촉진에 관한 규정』과 <표 4-1> 공문서의 종류를 종합하여 사무관리의 발전과정을 기능에 따라서 6개의 단계로 구분하면 다음과 같다.

1) 제1기(1948~1961): (구)일본총독부의 사무관리제도 활용

① 문서의 종서, 한자혼용, 기관별 및 월·일별 문서분류방법, 문서보관, 보존 관리 및 장표 서식관리
② 한글의 전용, 가로쓰기, 문서통제, 십진분류 등 활용

2) 제2기(1961~1984): 문서분류체계의 개념

군대조직에서 활용되어 오던 사무관리 기술이 대폭 일반행정기관에 도입
① 1961년: 정부공문서규정 개정: 공문의 횡서, 한글전용, 문서통제제도 채택
② 1962년: 서식제정 절차규정 및 보고통제 규정 개정
  • 문서의 십진식 분류방법 채택
  • 홀더(Holder)를 사용한 문서편철
  • 파일링시스템(Filing System)을 채택한 문서의 보관·검색
③ 1978년: 문서분류체계를 업무기능별 십진분류방법에 따라 전면 개편

3) 제3기(1984년 말~1991년 8월까지): 사무의 기계화 · 자동화 검색

① 정보사회의 발전과 사무기기의 현대화; 사무자동화 촉진
② 행정사무: 타자기에서 컴퓨터 활용으로 변화
③ 문서보관: 마이크로필름에 의거 보존 관리
④ 문서발송: 무사전송(Fax)에 의거 처리
⑤ 공직사회: 컴퓨터 보급이 보편화, 모든 행정사무를 전산처리

4) 제4기(1991년 말~1996년 4월): 사무관리규정 제정

종전 개별법령에 분산되어 있던 정부공문서 관리, 보고사무, 협조사무, 관리인 관리 및 서식에 대한 사항과 자료관리, 업무편람, 사무자동화, 사무환경에 관한 사항을 신규제정 · 추가하여 사무관리규정(1991.6.19. 대통령령제 13390)으로 통합하였다.

① 자동화, 전산화 체제로 전면 개편
② 컴퓨터, 프린터 등을 통한 문서처리

5) 제5기(1996년 5월-2003년 말)

제5기를 세부기능에 따라 5가지의 영역으로 구분화하였다.

(1) 1996.5~1999.8: 전산화체제 도입

① 전자결재제도 도입과 전자문서 유통근거 마련
  • 전자문서의 성립요건 및 효력발생요건 규정
  • 20년 이상 문서는 컴퓨터파일 및 출력물의 동시 보존
  • 전산망 유통문서에는 전자관인을 사용
② 공문서 보존 및 폐기절차의 체계적 정비
  • 준영구 보존기간을 폐지하고 20 · 30년 보존기간제도 도입
  • 역사적 사건 · 사고에 관한 문서는 『보존대상기록물』로 지정하여 정부 기록보존소에서 영구보관

③ 전결권의 대폭적인 하향조정
- 단순·경미한 사항에 대해서는 담당자도 전결할 수 있도록 한다.
④ 행정간행물 발간 및 제출제도 개선:
- 행정간행물 제출기간의 단축
  (ⅰ) 발간과는 발간일로부터 10일 이내 자료과 제출
  (ⅱ) 자료과는 납본일로부터 20일 이내 중앙자료 기관에 제출
  (ⅲ) 발간기관은 발간일로부터 10일 이내 지역대표 도서관에 제공
- 행정간행물의 일반국민에게 판매할 수 있는 근거 마련
⑤ 기관 간 업무협조
- 부처 간 협조 부진 시
  (ⅰ) 관계기관 실·국장, 차관 등의 보조기관회의 또는 장관회의에서 조정
  (ⅱ) 최종에는 국무회의 및 총리에게 보고하여 조정을 받음

(2) 1999.9~12: 전자정부구현 기반구축

① 사무의 인계·인수의 구체화
② 전자정부의 구현을 위한 기반조성
- 전자문서관리체계 구축
- 전자문서의 보안 및 전자서명의 인증 도입
③ 공문서 관리체계 개선
- 한글전용과 한자 기타 외국어 병기
- 발의자와 보고자 표시
- 기안용지 확대
- 후열제도 폐지
- 보조기관 또는 보좌기관 등의 검토 생략 가능
- 문서수발 업무 및 문서심사 업무의 처리과 이관
④ 관인제도 개선
- 관인모양의 다양화
- 관인날인 개선

⑤ 보고사무 개선: 법령보고 의무부과 및 정기보고 지정 시 협의제 폐지

⑥ 행정혁신사무 근거 마련 및 목표관리제 도입

(3) 2000년 1월 이후: 기록물 보존

① 공공기관의 기록물 관리에 관한 법률 제정

- 사무관리규정 중 기록물 보존에 관한 조항을 삭제하고 동법에 규정
  (i) 문서의 등록, 분류, 편철, 보존, 폐기
  (ii) 대통령기록물 보존
- 공문서분류 및 보존에 관한 규칙 폐지

② 기록물(문서)의 등록·분류 및 편철의 경과규정

- 공공기관의 기록물관리에 관한 법률시행령 및 동법시행규칙 부칙 제2
  조(경과 규정)의 규정에 의하여 기록물(문서)의 등록·분류 및 편철 등
  에 관한 규정은 2000.12.31.까지 종전의 예(사무관리규정 및 동규정 시행
  규칙)에 의하여 기록물(문서)을 등록·분류 및 편철한다.
- 경과규정의 연장(3년 연장): 2003년 12월 31일까지
  (i) 공공기관의 기록물관리에 관한 법률시행중 개정령(대통령령 제
  17050호, 2000.12.29.) 부칙 제2조 및 동법시행규칙중 개정령(행정
  자치부령 제118호, 2001.1.5.) 부칙 제2조의 경과조치

(4) 2001년 2월 14일 이후: 전자관인의 인증 및 인증센터 설치

행정사무처리가 종이문서 기반에서 비대면 온라인 방식의 전자문서 기반으
로 전환되어 감에 따라 행정기관의 전자문서의 유출·위조·변조 및 훼손 등을
방지하기 위하여 전자문서에 대한 전자관인의 인증체계를 구축하려는 것이다.

① 전자문서의 인증범위 확대: 행정기관 간, 보조(좌)기관 간에서 행정기관
  과 국민 간으로 확대(전자문서의 인증을 암호화방식의 "전자관인"으로 한다)

② 전자관인의 효력 명시: 전자관인은 일반관인(공인)의 효력과 동일한 것으
  로 간주

③ 용어변경

[표 4-1] 전자관인의 인증 변화

현행	개정
서명, 전자이미지 서명	좌동
전자서명 (행정기관간, 행정기관내 보조간 전자문서 적용)	전자관인 (행정기관의 장 명의로 발송하는 모든 전자문서로 확대)
전자관인	전자이미지 관인

④ 결재수단의 축소
- 서명, 전자이미지서명, 전자서명에서 서명, 전자이미지서명으로 축소
- "전자서명"이 "전자관인"으로 용어가 변경됨에 따라 "전자서명"은 결재수단에서 제외됨

⑤ 정부전자관인 인증센터 설치 근거 마련
- 전자공문서의 효율적 유통을 위하여 전자관인의 인증사무 추진에 필요한 정부전자관인 인증센터 설치 운영
- 정부전자관인 인증센터 기능 수행: 정부전산정보 관리소

(5) 2001년 7월 이후 ~ 2003년 말: 전자관인의 사용 및 인증관리센터

① 전자관인의 사용: 전자공문서에는 전자관인을 사용하고, 조달 EDI 등 전자거래의 경우 전자서명 사용 가능
② 정부전자관인 인증센터: 행정자치부에 정부전자관인 인증센터를 두되, 정부전산정보 관리소가 그 기능을 수행한다.
③ 전자관인의 인증업무(령 제3장)
- 행정자치부에 정부전자관인 인증관리센터를 두되, 정부전산정보 관리소(GCC)가 그 기능을 수행
- 정부전산정보 관리소(GCC)는 전자관인 최상위 인증기관(Root CA) 및 전자서명 공인인증기관과의 연계 방안 마련
- 인증업무의 효율적 운영을 위해 중앙행정기관 또는 지방자치단체에 전자관인 인증업무의 일부를 위탁

6) 제6기(2004년 1월 1일 이후-현재까지): 전자정부대비 전자문서관리체계 재구축

(1) 공문서 및 전자문서시스템 등 관리체제 대폭 개선(2004. 1. 1.)

① 문서처리 전 과정을 전자화에 맞도록 재설계
- 전자문서의 원활한 유통을 위해 기안문과 시행문을 편지형식으로 설계·통합하고 전자문서에 사용하는 서명(전자문서서명)을 추가하며, 전자관인의 명칭을 행정전자서명으로 변경하고 검토자 수를 2인 이내로 제한하는 규정과 문서 심사절차에 관한 규정 등을 폐지하였다.

② 전결(대결) 및 서명표시 방법 변경
- 종전까지 전결(대결)표시는 전결(대결)표시는 전결(대결)권자의 서명란에, 서명표시는 기관장란에 하던 것을 정책결정 관련자가 누구인지 곧바로 알 수 있도록 전결(대결)표시와 서명표시를 전결(대결)권자의 서명란에 표시하는 것으로 변경하였다.

③ 공문서 수신처 표시방법 변경
- 공문서를 발송할 경우 수신기관명을 쓰도록 한 것을 수신자의 직위를 쓰도록 일원화하고, '수신처기호'를 '수신자기호'로 변경하였다.

④ 국민편의를 위한 문서처리절차 개선
- 정책결정참여자의 실명 공개 확대(기안자, 검토자, 협조자 및 결재자 모두 문서상에 서명 표시), 기관의 상세한 주소·홈페이지 및 전자우편주소 표시, 민원회신문서에 민원인 성명 외에 우편번호·주소 기재를 의무화하였다.

⑤ 전자문서시스템·행정정보시스템 등 관련 근거 마련
- 전자문서관리를 위한 전자문서시스템 도입 및 인증제 실시 근거 마련, 지식관리시스템 등 행정정보시스템 도입 근거 마련, 전자문서시스템과 행정정보시스템 간 연계조치 등 관련 근거 규정을 신설하였다.

⑥ 관인등록기관 변경 및 전자이미지관인 관보공고 의무화
- 관인등록기관을 직근 상급기관에서 자체 행정기관으로 변경(단, 3차 소속기관은 직근 상급기관에 등록 가능)하고 전자이미지관인을 등록·재등록·폐기할 경우에도 관보에 공고하도록 하였다.

⑦ 행정진단 실시 및 행정진단 전문인력 양성 근거마련
- 업무수행방법 등을 재설계하는 행정능률진단을 실시하고, 인사·조직·행태·문화 등 행정업무 전반에 대한 혁신진단기법을 개발·보급하며 행정진단 전문인력을 양성할 수 있는 근거 규정을 신설하였다.

(2) 업무처리의 효율적 관리를 위한 업무관리시스템 도입(2006. 3. 29.)

① 업무관리시스템 도입·운영 근거 마련
- 업무관리시스템의 도입, 과제관리카드·문서관리카드 등 업무관리시스템의 구성·운영, 행정정보시스템 등과의 연계, 규격표준 및 유통표준의 제정·고시 등에 관한 근거 규정을 신설하였다.
② 정부전자문서유통지원센터의 지원범위 확대
- 전자문서의 유통범위를 행정기관 간의 유통에서 행정기관과 행정기관 외의 기관 및 단체 등 간의 유통까지 확대하였다.

(3) 행정내부규제 폐지를 위한 보고사무 및 협조사무 개선(2008. 9. 2.)

① 보고사무·협조사무 심사 승인제 폐지
- 불필요한 행정규제인 보고·협조사무의 심사대상, 심사관, 보고·협조의 지정 및 심사 등 사전 심사제 관련 규정을 삭제하였다.
② 보고사무·협조사무의 일반적인 근거규정 보완
- 기관 간 원활한 보고·협조사무 추진을 위한 보고·협조사무의 원칙, 처리기간, 보고·협조의 촉구 등에 관한 근거 규정을 보완하였다.
③ 업무관리시스템 기능개선에 따른 개선사항
- 업무관리시스템의 기본 구성요소인 과제관리카드 및 문서관리카드의 개념을 보완하고 업무관리시스템을 통한 문서의 발송·접수·처리 등에 관한 규정을 신설하였다.
④ 전자문서시스템 인증제[2] 폐지
- 행정기관 내에 표준화된 전자문서시스템의 보급·활용이 정착됨에 따

---

[2] 인증제는 전자문서시스템의 규격, 유통표준 등에 부합하는지 시험하여 인증해 주는 제도로 다른 기종 간 호환성 확보를 위해 실시함.

라 시스템에 대한 인증제가 불필요하게 되어 인증제 관련 규정을 삭제하고 표준에 적합한 전자문서시스템을 사용하도록 하였다.

(4) 시행완료 문서의 추가발송 근거 마련 등(2010. 3. 23.)

① 시행완료 문서의 추가발송 근거 마련
  - 시행을 완료한 문서의 수신자를 추가하거나 변경하여 다시 시행해야 할 필요가 있을 때 동일한 내용의 문서를 새로 기안하지 않고 추가 또는 변경된 수신자를 표시하여 과장 승인만으로 재발송할 수 있게 하였다.

② 업무 인계·인수 실시 대상 명확화
  - 기관·부서 간 통합, 폐지 또는 업무이관 등의 경우에도 문서에 의해 인계·인수하도록 하고, 인계·인수서는 전자문서로 작성하도록 하였다.

③ 전자이미지관인 제출 및 관리 근거 신설
  - 둘 이상의 행정기관이 공동으로 사용하는 행정정보시스템을 구축·운영하는 행정기관의 장은 그 시스템을 사용하는 행정기관의 전자이미지관인을 전자입력하기 위하여 해당 행정기관에게 전자이미지관인의 제출을 요구할 수 있도록 명문화하였다.

④ 법령서식 승인권자 조정
  - 중앙행정기관이 제·개정하는 법령서식의 승인권자를 국무총리에서 행정자치부장관으로 조정하고 입법예고와 동시에 승인을 신청하도록 명문화 하였으며, 지방자치단체 또는 지방교육행정기관이 조례 또는 규칙으로 제·개정하는 서식은 지방자치단체 또는 지방교육행정기관의 장이 정하도록 하였다.

(5) 디자인 개념 도입, 서식설계기준 개선(2010. 8. 4.)

① 디자인 개념 도입, 이해하기 쉽고 작성은 편리하게 서식설계 기준 개선
  - 국민들이 민원서식을 작성할 때 어려운 용어, 좁은 기재 공간 등으로 겪어야 했던 불편을 해소하기 위해 디자인 개념을 도입하여 '쓰기 쉽고 보기 좋게' 민원서식을 만들 수 있도록 서식설계기준을 개선하였다.

② 외국어 병기 또는 번역 사용 근거 마련
- 재외공관에서 사용하는 서식에는 그 국가의 언어를 병기하여 사용하게 하거나 그 국가의 언어로 번역한 서식을 사용할 수 있도록 하는 근거 규정을 신설하였다.

(6) 관인의 글꼴 개선(2011. 3. 22.)

획을 임의로 늘이거나 꼬불꼬불하게 구부려서 무슨 글자인지 한 눈에 알아보기 어려웠던 관인의 '한글 전서체' 글꼴을 폐지하고 국민이 쉽고 간명하게 알아볼 수 있는 다양한 글꼴의 한글로 조각하여 사용할 수 있도록 개선하였다.

(7) 「행정업무의 효율적 운영에 관한 규정」으로 전부개정(2011. 12. 21)

① 협업시스템 규정 신설
- 출장 없이 사이버 공간에서 원거리 기관 간 협업을 원활하게 수행할 수 있도록 지원하는 협업시스템을 구축·운영하도록 하고, 협업시스템 활용 실태 평가·분석 및 지원 등에 관한 근거 규정을 신설하였다.

② 융합행정의 촉진 규정 신설
- 업무 효율성을 높이고 행정서비스에 대한 국민만족도를 높이기 위해 다른 기관과 공동의 목표를 설정하고 상호 기능을 연계하거나 시설·장비·정보 등을 공동 활용하는 융합행정 촉진계획을 수립·시행하도록 하고, 융합행정 과제의 점검·관리 및 지원 등에 관한 규정을 신설하였다.

③ 지식행정의 활성화 규정 신설
- 지식관리시스템에 행정지식을 등록하고 이를 정책결정에 활용할 수 있도록 지식행정 활성화 계획을 수립·시행하도록 하고 우수사례 발굴 및 포상, 활용실태 점검 등에 관한 근거를 마련하였다.

④ 정책연구의 관리 규정 신설
- 정책연구 관리의 투명성 제고를 위한 심의위원회 구성·운영 및 정책연구 관리시스템 구축·운영, 연구결과 공개·활용 촉진을 위한 성과 점검 등에 관한 국무총리훈령의 해당 규정을 상향 입법하였다.

⑤ 영상회의의 운영 규정 신설
  • 영상회의 운영의 실효성 확보를 위해 다른 행정기관 등의 영상회의시스템과 연계·운영할 수 있도록 기술규격 제정, 영상회의 운영현황 점검·평가 및 지원 등에 관한 국무총리훈령의 해당 규정을 상향 입법하였다.
⑥ 전자문서 중심으로 정비
  • 문서 접수일과 접수등록번호를 전자적으로 표시하는 등 문서 작성 관련 규정을 전자문서를 원칙으로 하고 보완적으로 종이문서에 관하여 규정하였다.

(8) 정부 3.0의 전략과 추진과제 이행 지원 및 정책실명제 보완(2014. 2. 18.)

① 전자적 협업지원시스템 구축·운영
  • 안전행정부장관은 행정기관 간 업무협조가 원활하게 수행되도록 실시 간 의사소통이 가능하고 공동작업 및 실적관리가 필요한 업무를 등록·관리할 수 있는 전자적 협업지원시스템을 구축·운영하도록 하였다.
② 행정지식의 공동 활용·관리
  • 행정기관의 장은 전자문서시스템, 업무관리시스템, 행정지식관리시스템 등 각종 행정정보시스템과 안전행정부장관이 구축·운영하는 정부통합지식행정시스템을 연계하도록 하였다.
③ 정책연구 공개 대상 기관의 확대
  • 중앙행정기관뿐만 아니라 지방자치단체가 수행한 정책연구의 결과에 대해서도 공유하여 활용할 필요가 있으므로, 지방자치단체가 수행한 정책연구결과를 정책연구 관리시스템을 통하여 공개하도록 하였다.
④ 영상회의 이용 활성화
  • 행정기관의 장은 각종 회의를 개최하기 위하여 영상회의실을 설치·운영할 수 있도록 하고, 원격지에 위치한 기관 간 회의를 개최하는 경우에는 영상회의를 우선적으로 활용하도록 하였다.

⑤ 정책실명제 운영

- 행정기관의 장은 주요 국정 현안에 관련되거나 대규모 예산이 투입되는 사업 등을 정책실명제 중점관리 대상 사업으로 선정·관리하도록 하고, 그 추진실적을 해당 기관의 인터넷 홈페이지 등을 통하여 공개하도록 하는 등 정책실명제 운영에 필요한 사항을 정하였다.

(9) 개정서식 승인권 부처 이관 및 협업조직 설치 근거 신설(2015. 8. 3.)

① 개정서식 승인권 부처 이관

- 서식 승인에 관한 업무를 효율적으로 처리하기 위하여, 종전에는 서식을 제정 또는 변경하려는 경우 행정자치부장관의 승인을 받던 것을 서식을 변경하려는 경우에는 해당 중앙행정기관의 장이 서식 설계기준에 따라 자체심사를 하도록 하였다.

② 협업조직 설치 근거 신설

- 행정기관 간 협업과 소통을 활성화함으로써 행정의 효율성을 높이고 국민의 편의를 증진하기 위하여, 다수의 행정기관이 수행하는 사무의 목적, 대상 또는 관할구역 등이 유사하거나 연관성이 높은 경우에는 관련 기능, 업무처리절차 등을 연계·통합하거나 시설·인력 등을 공동으로 활용하는 협업조직을 설치·운영할 수 있도록 하였다.

(10) 「행정 효율과 협업 촉진에 관한 규정」으로 일부 개정(2016. 4. 26.)

① 융합행정을 행정협업으로 용어 정비

- 행정기관 상호 간의 기능을 연계하거나 시설·장비 및 정보 등을 공동으로 활용하는 방식의 행정을 '융합행정'에서 '행정협업'으로 변경하는 등 관련 용어를 정비하였다.

② 행정협업과제의 등록 및 추가 발굴

- 행정기관의 장은 관련 행정기관의 장과 사전 협의를 거쳐 발굴한 행정협업과제를 행정협업시스템에 등록하도록 하고, 사전 협의를 요청 받은 관련 행정기관의 장은 협조하도록 하였다. 또한 행정자치부장관은 행정기관의 장이 발굴한 행정협업과제 외에 행정협업과제를 추가로

발굴할 수 있도록 하고, 이를 위하여 관련된 행정협업의 수요, 현황, 애로사항 등을 조사할 수 있도록 하며, 조사의 전문성 및 효율성을 위하여 필요한 경우에는 관련 학회 등에 조사를 의뢰할 수 있도록 하였다.

③ 행정기관 간 이견에 대한 협의 지원

• 행정자치부장관은 행정협업과제의 발굴 및 수행 과정에서 관련 행정기관 간 이견이 발생하는 경우 관련 행정기관의 협업책임관 간의 회의 등을 통하여 원활한 협의가 이루어지도록 지원을 할 수 있도록 하였다.

④ 협업책임관 신설

• 행정기관의 장은 소속 기획조정실장 또는 이에 준하는 직위의 공무원을 해당 행정기관의 행정협업에 관한 업무를 총괄하는 협업책임관으로 임명하고, 그 사실을 행정협업시스템에 등록하도록 하였다.

⑤ 행정협업우수기관 포상 등

• 행정자치부장관은 행정협업성과가 우수한 행정기관을 선정하여 포상 또는 홍보할 수 있고, 행정기관의 장은 행정협업에 이바지한 공로가 뚜렷한 공무원 등을 포상하고 인사상 우대할 수 있도록 하였다.

(11) 민관협업 총괄부서 지정·운영, 공간혁신 근거 규정 마련 등(2017. 10. 17.)

① 민관협업 총괄부서 지정·운영

• 행정기관이 공공기관, 기업, 단체 등과의 협업을 원활하게 수행할 수 있도록 협업 책임관이 공공기관, 기업, 단체 등과의 협업을 총괄하는 부서를 지정·운영하도록 하였다.

② 공간 혁신 근거 규정 마련

• 행정협업 활성화를 위하여 행정안전부장관이 사무 공간 혁신 등 조직문화 조성사업을 추진할 수 있도록 하고, 행정기관의 장은 행정협업이 원활하게 수행되도록 조직 내 활발한 소통을 유도하는 사무 공간 마련에 노력하도록 하였다.

③ 정책연구의 집단지성 활용 및 지자체의 정책연구결과 공개의 조례 위임 근거 신설

• 정책연구결과의 품질을 높이기 위하여 정책연구과제 심의 신청 시 국

민의 의견을 수렴한고 신청서에 의견 수렴여부를 표기하도록 하였다. 또한 지방자치단체의 정책연구 결과를 정책연구관리시스템을 통하여 공개할 때 해당 지방자치단체의 조례로 정하는 바에 따라 공개하도록 하였다.

④ 지식행정활성화계획 수립·시행시기 명시
  • 정부 지식행정 활성화제도의 체계적 운영과 예측가능성 향상을 위하여 행정기관의 장은 기관의 지식행정활성화계획을, 행정안전부장관은 정부지식행정활성화계획을 매년 수립·시행하도록 명시하였다.

(12) 전자문서 관리 체계 재구축(2004년 1월 1일 이후-현재까지)

① 사무관리규정 개정(2002.12.26.) 및 동시행규칙 개정(2003.7.14.)으로 2004. 1.1.부터 전면적으로 시행한다. 다만, 전자문서시스템 및 행정전자서명의 시범적용을 위하여 2004.1.1. 시행 전에 개정된 내용을 적용할 수 있다.

② 업무처리 효율적 관리 위해 2006년 3월 사무관리규정 중 일부 개정
  (ⅰ) 업무관리시스템 도입, 운영 근거 마련
      업무관리시스템의 도입, 과제관리카드·문서관리카드
      업무관리시스템의 구성·운영, 행정정보시스템의 구성·운영
      규격표준 및 유통표준의 제정·고시
  (ⅱ) 정부전자문서유통지원센터의 지원 범위 확대
      전자문서의 유통범위: 행정기관 간의 유통에서 행정기관과 행정기관 외의 기관 및 단체 확대

③ 2008년 9월 – 현재
  (ⅰ) 각 기관의 자율성 확대, 행정의 효율성 높이기 위해 보고사무 및 협조사무심사제 제시를 통한 불필요한 행정절차 개선, 문서의 접수·처리 및 발송 등 업무관리시스템상 수행 기능 개선
  (ⅱ) 개정된 주요 내용
    • 과제관리카드, 문서관리카드 개념 보완: 업무관리시스템상 문서의 접수, 처리 발송 가능: 기능 개선: 업무처리의 법적 근거 마련
    • 보고사무, 협조사무 심사제: 행정의 비능률 초래하는 불필요한 절차

로 인식, 현재 개별 법령에 따라 기관 간의 보고 및 업무 협조 등 이
루어지고 있어 거의 사문화된 제도, 개선 필요, 불필요한 행정절차
개선, 행정의 효율성 높임
- 행정기관 내 표준화된 전자문서 시스템의 보급, 활용, 정착
  시스템에 대한 인증제 불필요, 인증제 관련 규정 삭제
  표준에 적합한 전자문서 시스템 지속적으로 사용, 가능하게 개정
  인증제: 전자문서 시스템의 규격, 유통표준 등에 부합하는지 시험하
  여 인증해 주는 제도로 다른 기종 간 호환성 확보 위하여 실시

2004년에 시작하여 업무에 영향을 미치고 있는 사무자동화는 첫째, 사회·
경제적인 요인으로 노동인구의 고학력화 및 고령화, 선진국에서의 영향, FA,
OA, HA 효율성과 편리성, 둘째, 오피스 자체의 요인으로 오피스 부문의 저생
산성, 정보량의 증대 및 복잡화, 오피스 종사자의 증가, 셋째, 기술적인 요인으
로 컴퓨터 기술의 발달, 음성, 화상, 데이터 통합화를 포함한 통신기술의 발달
등의 결과라고 할 수 있다. 또한 단계별로 행정전산화와 사무자동화의 변화 상
황을 살펴보면 아래의 표와 같다.

[표 4-2] 행정전산화와 사무자동화

정보화	행정전산화	사무자동화
개화기 1980 년대 이전	제1차 행정전산화 기본계획 (1978)	구 일본 총독부의 사무관리제도 활용(1948-1961) 정부 공문서 규정 개정(1961) 서식제정절차규정 및 보고통제규정개정(1962) 문서 분류체계를 업무 기능별 십진분류 방법에 따라 전면 개편(1978)
도약기 1980 년대	제2차 행정전산화 기본계획(1983) 제1차 국가기간 전산망 기본계획 수립(1987)	사무의 기계 자동화 모색(1984-1991.9)

확산기 1990 년대	제2차 국가기간 전산망 기본계획 수립(1992) 초고속 정보통신기반 구축 종합계획 수립(1995) 정보화 촉진 기본법 제정(1996) 정보화 추진 위원회 설치(1996) 제1차 정보화 촉진 기본계획 수립(1996) 정보화 촉진 기금의 설치(1996) 정보통신망 고동화 추진 계획 수립(1998) Cyber Korea21 수립(1999)	사무관리규정 제정(1991년 말-1996.4) 전산화 제도 도입(1996.5-1998) 전산정보 구현 기반 구축(1999.9-12)
성장기 2000 년대	초고속 정보통신망 고도화 기본계획 수립(2001) E-Korea VISION 2002수립(2002) Broadband IT Korea 2007 수립	기록물 보존(2000.1) 전자관인의 인증 및 인증센터 설치(2001.2) 전자관인의 사용 및 인증관리센터(2001.7) 전자정부 대비 전자문서 관리 체계 구축(2004.1)
성숙기 2008년 ~ 2012년	제4차 국가정보화 기본계획 발표(2008) 국가정보화 실행계획 발표(2009)	행정내부규제 폐지를 위한 보고사무 및 협조사무 개선(2008.2) 시행완료 문서의 추가발송 근거 마련(2010.3) 디자인 개념 도입, 서식설계 기준 개선(2010.8) 행정업무의 효율적 운영에 관한 규정으로 개정(2011.12)
재도약기 2013년 ~ 2018년	제5차 국가정보화 기본계획 발표(2013) 국민행복을 위한 디지털 창조한국 실현전략	정보화를 통한 창조경제 견인 국가사회의 창의적 ICT 활용 국민의 창조역량 강화 디지털 창조한국 인프라 고도화

특히, 사무자동화의 기본적인 개념은 사무자동화, 사무환경의 요소, 사무자동화의 목표, 사무자동화의 사용자, 사무자동화의 단계, 사무자동화의 제약 등을 포함하고 있으며, 사무자동의 필요성은 컴퓨터 전문가와 관리자 간의 상호작용, 정보에 대한 요구의 증가, 사무자동화의 요소, 보다 생산적인 관리, 새로운 사무구조와 새로운 관리접근법을 포함하고 있는 사무자동화의 기대 효과 등이라고 할 수 있다.

3. 공문서 개념

공문서란 회사, 단체, 공공기관 등에서 내부 또는 대외적으로 업무상 작성하여 발송하고 수신하는 공식문서를 의미한다. 회사에서는 주로 업무협조의 목적으로 작성하는 경우가 일반적이며, 공문서는 작성한 기관을 대표하는 공식적인 문서이므로 외부로부터 접수받는 공문과 대외적으로 발송하는 공문 모두 체계적인 관리가 요구된다. 일반적으로 작성하는 공문서의 목적은 다음과 같다.

① 업무상 지시, 협조
② 고시, 공고, 회람 등의 업무연락
③ 보고, 건의, 제안 등의 업무진행
④ 법령이나 각종 규정 등의 근거에 의하여 필요한 경우

위에서 언급한 공문서의 목적의 내용을 분야별로 살펴보면 행정상 공문서, 법률상 공문서, 형사소송법상 공문서로 구분화할 수 있다.

1) 행정상 공문서

행정기관에서 작성, 처리하고 있는 모든 문서이며, 행정기관 또는 공무원이 공무상 작성 또는 시행되는 문서 및 행정기관이 접수한 모든 문서를 의미한다. 사무관리규정 제1장 제3조의 "공문서라 함은 행정기관 내부 또는 상호 간이나 대외적으로 공무상 작성 또는 시행되는 문서(도면, 사진, 디스크, 테이프, 필름, 슬라이드, 전자문서 등 특수매체 포함) 및 행정기관이 접수한 모든 문서를 말한다.[3]"

공문서가 유효하게 성립되기 위한 일반적인 요건은 (ⅰ) 당해기관의 의사표

---

3) 행정 효율과 협업 촉진에 관한 규정

시가 명확하게 표시될 것, (ⅱ) 위법·부당하거나 시행 불가능한 사항이 없을 것, (ⅲ) 당해기관의 권한 내의 사항 중에서 작성될 것, (ⅳ) 법령에 규정된 절차에 따라 형식이 정리될 것 등이다.

2) 법률상의 공문서의 의의

형법상의 공문서는 (ⅰ) 공무소 또는 공무원이 그 명의로써 권한 내에서 소정의 형식에 따라 작성한 문서이며, (ⅱ) 공문서 위조, 변조, 허위공문서 등의 작성 및 행사 등 공문서에 관한 죄(제225조 내지 제230조, 제235조 및 제237조)를 규정하여 공문서의 진정성을 보호하며, (ⅲ) 일반적으로 공문서에 관한 죄는 사문서에 관한 죄보다 무겁게 처벌하는 것이다.

민사소공법상의 공문서는 "문서의 방식과 취지에 의하여 공무원이 직무상 작성한 것으로 인정한 때에는 이를 진정한 공문서로 추정한다"(제327조)로 규정한다. 공문서는 그 방식·취지에 의하여 공무원이 직무상 작성한 것으로 인정되는 때에는 진정한 공문서로 추정하여 증거 능력을 부여한다.

3) 형사소송법상의 공문서

"호적의 등본 또는 초본, 공정증서등본, 기타 공무원 또는 외국공무원의 직무상 증명할 수 있는 사항에 관하여 작성한 문서 등은 당연히 증거능력이 있는 서류(제315조)로서 증거로 할 수 있다"로 규정한다. 동법 제147조의 규정은 공무원 또는 공무원이었던 자를 증인으로 직무상의 비밀에 관한 사항을 심문할 경우에는 법원은 당해 관청 또는 감독관청의 승인을 얻어야 하도록 규정한다.

4. 공문서 작성 및 문서의 필요성

공문서란 문서의 문자 또는 기호를 사용하여 어떤 특정인의 구체적 의사를 연속적인 상태로 표시한 것이라 할 수 있으며, 기관의 정책사항은 그 기관의 의사의 결정 표시로서 나타나며, 기관의 의사는 특별한 경우를 제외하고는 문서의 형태로 표시되는 것이다.

공문서는 각급 기관이 그 직무상 작성 시행 보존하는 등 행정기관의 활동과정에서 생산된다. 따라서 공문서가 유효하게 성립되기 위한 일반적 요건은 다음과 같다.

① 당해 기관의 의사표시가 정확하게 표시될 것

② 내용적으로 위법 부당하거나 시행 불가능한 사항이 없을 것

③ 당해 기관의 권한 내 사항 중에서 작성될 것

④ 법령에 규정된 절차에 따라 형식이 정리될 것

"모든 행정사무는 문서에서 시작하여 문서로 끝난다." 문서는 인체의 혈액처럼 행정사무를 수행하는 과정에서 필수적인 요소이며, 문서의 주요기능은 의사전달 및 의사보존이다. 문서가 필요한 경우는 (i) 내용이 복잡하여 문서가 없이는 당해 업무의 처리가 곤란할 때이며, (ii) 사무처리 결과의 증빙자료로서 문서가 필요할 때, (iii) 사무처리의 형식상 또는 체제상 문서의 형식이 필요한 때, (iv) 사무처리에 대한 의사소통이 대화로서 불충분하여 문서에 의한 의사소통이 필요한 때, 그리고 (v) 사무처리 결과를 일정기간 동안 보존할 필요가 있을 때이다.

1) 문서처리의 원칙

① 즉일처리의 원칙: 효율적인 업무수행을 위해 그날로 처리하는 것이 바람직하다.

② 책임처리의 원칙: 정해진 사무분장에 따라 각자가 직무의 범위 내에서 책임을 가지고 관계 규정에 따라 신속·정확하게 처리하는 것이다.

③ 법령적합의 원칙: 법령의 규정에 따라 일정한 형식 및 요건을 갖추어야 하고, 권한있는 자에 의하여 작성·처리되어야 한다.

2) 문서의 종류

① 작성주체에 의한 구분

• 공문서: 행정기관 또는 공무원이 공무상 작성한 문서 또는 시행되는 문서 및 접수한 문서

• 사문서: 개인이 사적인 목적을 위하여 작성한 문서

• 사문서도 각종 신청서 등과 같이 행정기관에 제출하여 접수 ⇒ 공문서

- 공문서에 관한 제규정에 따라 취급, 문서 제출자도 접수된 문서를 임의로 회수할 수 없다.

② 유통대상에 의한 구분

- 대내문서: 당해 기관내부에서 협조를 하거나 보고 또는 통지를 위하여 보조기간 또는 보좌기관 상호간에 수발하는 문서
- 대외문서: 국민이나 단체 또는 다른 행정기관 간(소속기관 포함)에 수발하는 문서
- 대내문서와 대외문서 구분: 발신명의, 형식, 결재방법 및 처리절차의 구분이 필요하기 때문에 구분한다.
- 전자문서: 컴퓨터 등 정보처리능력을 가진 장치에 의하여 전자적인 형태로 작성, 송·수신 또는 저장된 문서

③ 문서의 성질에 의한 분류

- 사무관리규정 제7조: 문서의 성질에 따라 법규문서, 지시문서, 공고문서, 비치문서, 민원문서와 일반문서 5종으로 구분
- 법규문서: 법규사항을 규정하는 문서로서 헌법, 법률, 대통령령, 총리령, 부령, 조례 및 규칙
- 지시문서: 행정기관이 그 하급기관 또는 소속공무원에 대하여 일정한 사항을 지시하는 문서, 훈령, 지시, 예규 및 일일명령, 행정법에서는 행정규칙 또는 행정명령이란 용어로 사용
  - (ⅰ) 훈령: 상급기관이 하급기관에 대하여 장기간에 걸쳐 그 권한의 행사를 일반적으로 지시하기 위하여 발하는 명령
  - (ⅱ) 지시: 상급기관이 직권 또는 하급기관의 문의에 의하여 하급기관에 개별적, 구체적으로 발하는 명령
  - (ⅲ) 예규: 행정사무의 통일을 기하기 위하여 반복적 행정사무의 처리기준을 제시하는 법규문서 외의 문서
  - (ⅳ) 일일명령: 당직, 출장, 시간외근무, 휴가 등 일일업무에 관한 명령

훈령	상급기관이 하급기관에 대하여 장기간에 걸쳐 그 권한의 행사를 일반적으로 지시하기 위하여 발하는 명령
지시	상급기관이 직권 또는 하급기관의 문의에 의하여 하급기관에 개별적·구체적으로 발하는 명령
예규	행정업무의 통일을 기하기 위하여 반복적인 행정업무의 처리기준을 제시하는 문서로서 법규문서를 제외한 문서
일일명령	당직·출장·시간외근무·휴가 등 일일업무에 관한 명령

- 공고문서: 행정기관이 일정한 사항을 일반에게 알리기 위한 문서로서 고시, 공고
  (i) 고시: 법령이 정하는 바에 따라 일정한 사항을 일반에게 알리는 문서, 고시사항은 개정이나 폐지가 없는 한 효력이 계속된다.

    예 민원사무처리에 관한 법률 제9조의 규정에 의한 민원사무처리기준표 고시, 도시계획법 제13조의 규정에 의한 지적고시

  (ii) 공고: 일정한 사항을 일반에게 알리는 문서, 그 내용의 효력이 단기적이거나 일시적인 것이다.

    예 사무관리규정 제40조의 규정에 의한 관인등록공고, 공무원임용시험령 제22조 규정에 의한 공무원공개경쟁채용시험, 공개경쟁승진시험시행 공고

고시	법령이 정하는 바에 따라 일정한 사항을 일반에게 알리는 문서
공고	일정한 사항을 일반에게 알리는 문서

- 비치문서: 행정기관이 일정한 사항을 기록하여 행정기관 내부에 비치하면서 업무에 활용하는 비치대장, 비치카드 등의 문서이다.
- 민원문서: 민원인이 행정기관에 허가, 인가, 기타 처분 등 특정한 행위를 요구하는 문서 및 그에 대한 처리문서를 말한다. 민원사무처리에 관한 법률시행령 제2조제 2항 규정에 의한 민원사무는 다음과 같다:
  (i) 허가, 인가, 특허, 면허, 승인, 지정, 인정, 추천, 시험, 검사, 검정 등의 신청
  (ii) 장부, 대장 등에의 등록, 등재의 신청 또는 신고

(iii) 특정한 사실 또는 법률관계에 관한 확인 또는 증명의 신청

(ⅳ) 법령, 제도, 절차 등 행정업무에 관한 질의 또는 상담형식을 통한 설명이나 해석의 요구

(ⅴ) 정부시책이나 행정제도 및 운영의 개선에 관한 건의

(ⅵ) 기타 행정기관에 대하여 특정한 행위를 요구하는 사항

• 일반문서: 위 각 문서에 속하지 않는 일반적으로 처리되는 문서이며, 다만, 일반문서 중 특수한 것으로서 회보 및 보고서가 있다.

(ⅰ) 회보: 행정기관의 장이 소속공무원 또는 하급기관에 업무연락, 통보 등 일정한 사항을 알리기 위한 경우에 사용하는 문서로서 행정기관 단위로 회보사항을 일괄 수록하여 문서과 등에서 발행한다.

(ⅱ) 보고서: 특정한 사안에 관한 현황 또는 연구, 검토결과 등을 보고하거나 건의하고자 할 때 작성하는 문서

회보	행정기관의 장이 소속 공무원이나 하급기관에 업무연락·통보 등 일정한 사항을 알리기 위한 경우에 사용하는 문서
보고서	특정한 사안에 관한 현황 또는 연구·검토 결과 등을 보고하거나 건의하고자 할 때 작성하는 문서

3) 문서의 작성형식

① 법규문서: 조문형식, 누년 일련번호 사용(예 법률 제1234호)

② 훈령: 조문 형식 또는 시행문 형식, 누년 일련번호 사용(예 훈령 제5호)

③ 지시: 시행문 형식, 연도표시 – 일련번호 사용(예 지시 제2017-5호)

④ 예규: 조문형식 또는 시행문 형식, 누년 일련번호 사용(예 예규 제5호)

⑤ 일일명령: 시행문 형식 또는 회보 형식, 연도별 일련번호 사용

⑥ 고시: 연도표시 – 일련번호 사용(예 고시 제2017-5호)

⑦ 공고: 연도표시 일련번호 사용(예 공고 제2017-5호)

⑧ 일반문서: 기안문(시행문) 또는 서식 형식, 등록번호 사용(예 행정능률과 -123)

⑨ 회보: 회보형식(사무관리규정시행규칙 별지 제2호 서식), 연도별 일련번호 사용(<u>예</u> 회보 제5호)

⑩ 보고서: 일반기안문 또는 간이기안문 형식, 등록번호 사용

※ 문서의 번호(규칙 제8조)

문서종류		작성 형식 및 문서 번호
법규문서		조문 형식, 누년 일련번호 사용(예 : 법률 제1234호)
지시문서	훈령 예규	조문 또는 시행문 형식, 누년 일련번호 사용 (<u>예</u> 훈령 제5호, 예규 제5호)
	지시	시행문 형식, 연도표시 일련번호 사용 (<u>예</u> 지시 제2008-5호)
	일일명령	시행문 또는 회보 형식, 연도별 일련번호 사용 (<u>예</u> 일일명령 제5호)
공고문서	고시 공고	연도표시 일련번호 사용(<u>예</u> 고시 제2008-5호)
민원문서		시행문 또는 서식 형식, 생산등록번호 또는 접수등록번호 사용 (<u>예</u> 행정제도혁신과-123)
일반문서	일반문서	
	회보	회보 형식, 연도별 일련번호 사용(<u>예</u> 회보 제5호)
	보고서	기안문 형식, 생산등록번호 사용(<u>예</u> 행정제도혁신과-123)

※ 일련번호 구분
• 누년 일련번호: 연도구분과 관계없이 누년 연속되는 일련번호
• 연도별 일련번호: 연도별로 구분하여 매년 새로 시작되는 일련번호로서 연도표시가 없는 번호
• 연도표시 일련번호: 연도표시와 연도별 일련번호는 붙임표(-)로 이은 번호

〈회보형식 예시〉

기 관 명	회 보	제 호 . . .
(지시사항) (일일명령) (연락사항) (공지사항) (상벌사항) (기 타) 발신명의 수신		
공람		

4) 문서의 형식과 효력발생

(1) 효력발생에 대한 입법주의

① 표백주의: 문서의 작성이 끝난 때에 효력이 발생한다(합당성).

② 발신주의: 성립한 문서가 상대방에게 발신된 때 효력이 발생한다(신속성).

③ 도달주의: 문서가 상대방에게 도달하면 효력이 생긴다(수신주의).

④ 요지주의: 상대방이 문서의 내용을 이해했을 때 효력이 발생한다(이해력).

(2) 문서의 성립

① 성립시기: 다른 법령에 특별한 규정이 있는 경우를 제외하고는 당해 문서에 대한 결재권자의 서명(전자문서서명, 전자이미지서명 및 행정전자서명을 포함한)에 의한 결재가 있음으로써 성립한다.

② 결재권자: 행정기관의 장, 위임전결규정에 의하여 행정기관의 장으로부터 결재권을 위임 받은 자 및 영제16조제3항의 규정에 의하여 대결하는 자를 말한다(사무관리 규정 시행규칙 제2조).

③ 성립요건: 정당한 권한이 있는 공무원이 직무의 범위 내에서 공무상 작성하고 결재권자의 결재가 있어야 한다.

④ 효력발생시기
  (ⅰ) 일반문서: 수신자에게 도달된 때
  (ⅱ) 공고문서: 고시 또는 공고가 있은 후 5일이 경과한 날, 다만, 효력 발생 시기가 법령에 규정되어 있거나 공고문서에 특별히 명시되어 있는 경우는 그에 의한다.
  (ⅲ) 전자문서: 수신자의 컴퓨터파일에 기록된 때에 효력이 발생한다.

(3) 행정전자서명의 인증

① 인증권자 및 기능 수행권자: 행정자치부장관은 행정전자서명에 대한 인증업무를 행하되, 전자정부구현을 위한 행정업무 등의 전자화 촉진에 관한 법률시행령 11조의 규정에 의한 정부전자관인 인증관리센터가 그 기능을 수행한다.

② 행정전자서명의 효력 및 전자문서의 추정: 인증을 받은 행정전자서명이 있는 경우에는 사무관리규정 제3조 제8호의 규정에 의한 서명이 있는 것으로 보며, 당해 전자문서는 행정전자서명이 된 후에 그 내용이 변경되지 아니하였다고 추정한다.

③ 행정자치부장관은 위의 인증업무 중 행정자치부장관이 지정하여 고시하는 중앙행정기관, 지방자치단체 또는 그 소속기관에 대한 인증업무를 당해 중앙행정기관, 지방자치단체 또는 그 소속기관에 위탁한다.

(4) 문서수발의 원칙

① 문서는 직접 처리하여야 할 행정기관에 발신하며, 다만, 필요한 경우에는 행정 조직상의 계통에 따라 발신한다.

② 하급기관에서 직근 상급기관 이외의 상급기관(당해 하급기관에 대한 지휘, 감독권을 갖고 있는 기관을 말함)에 발신하는 문서 중 필요하다고 인정되는 문서는 그 직근 상급기관을 경유하여 발신하다.

③ 상급기관에서 직근 하급기관 외의 하급기관에 문서를 발신하는 경우에는 전항과 같이 경유하여 발신한다.

④ 각종 대장·석식 등은 특별한 사유가 없는 한 전산화·자동화가 용이하도록 전자문서 시스템 등으로 관리하여야 한다.

5. 공문서 관리 등 행정업무의 처리

1) 공문서 작성의 일반원칙

① 공문서(이하 "문서"라 한다)의 내용을 둘 이상의 항목으로 구분할 필요가 있으면 그 항목을 순서(항목 구분이 숫자인 경에는 오름차순, 한글인 경우에는 가나다 순을 말한다) 대로 표시하되, 상위 항목부터 하위 항목까지 1., 가., 1), 가), (1), (가), ①, ㉮의 형태로 표시한다. 다만, 필요한 경우에는 ㅁ, ㅇ, -, 등과 같은 특수한 기호로 표시할 수 있다.

② 문서에 금액을 표시할 때에는 「행정효율과 협업 촉진에 관한 규정」(이하 "영"이라 한다) 제7조제4항에 따라 아라비아 숫자로 쓰되, 숫자 다음에 괄

호를 하고 다음과 같이 한글로 적어야 한다. [개정 2016.7.11.]

> 예 금113,560원(금일십일만삼천오백육십원)

2) 문서의 기안

① 영 제8조제2항에 따른 기안문은 별지 제1호서식이나 별지 제2호서식에
따라 작성한다.

[별표 1]

관인생략이나 서명생략 표시(제11조제4항 관련)

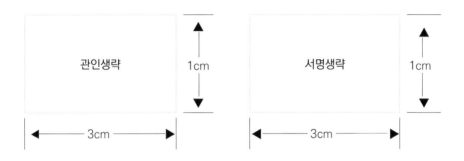

[별표 2]

접수인(제15조제1항 관련)

비고
1. 접수란의 크기는 기관에 따라 적절하게 조정하여 사용한다.
2. 접수란의 첫째 줄에는 접수등록번호를 적되, 처리과명과 연도별 일련번호를 붙임표(-)로 이
   어 적는다. 예 행정제도과인 경우: 행정제도과-23
3. 접수란의 둘째 줄 괄호 안에는 접수일자를 적는다. 다만, 민원문서 등 필요한 경우에는 시·분
   까지 적는다. 예 2011. 7. 10. 또는 2011. 7. 10. 14:23

② 제1항에도 불구하고, 대통령 또는 국무총리의 결재를 받아야 하는 문서
의 기안은 별지 제3호서식이나 별지 제4호서식에 따른 기안문으로 하되, 특별

한 결재절차에 사용하는 기안문은 따로 정하여 사용할 수 있다.

[별표 3]

용지의 용도별 지질 기준(제23조제1항 관련)

연번	용지의 용도	지질(중량)
1	비치카드 · 상장 · 통지서(엽서) · 임용장, 휴대 또는 게시하는 각종 증서 등	백상지(150g/㎡)
2	보존기간이 20년 이상인 서식, 보존기간이 10년 이상인 문서 · 간행물 등	백상지(120g/㎡) 또는 백상지 (80g/㎡)
3	보존기간이 20년 미만인 서식, 보존기간이 10년 미만인 문서 · 간행물 등	백상지(80g/㎡)
4	각종 민원 신청서 및 신고서 · 통지서	백상지(80g/㎡) 또는 중질지 (80g/㎡)

③ 제1항과 제2항에 따른 별지 제2호서식과 별지 제4호서식은 보고서, 계획서, 검토서 등 발신할 필요가 없는 내부결재문서에만 사용한다.

[별표 4]

서식의 설계기준(제24조 관련)

구분	설계 기준
1. 기본 형식	가. 영 제28조제3항에 따라 기안문과 시행문을 갈음하는 서식은 별지 제1호 서식의 형식으로 작성한다. 나. 그 밖의 각종 신청서, 증명서 등의 서식에는 접수(발급)번호, 접수일, 발급일 등의 해당 사항과 전자적 처리가 가능한지를 표시한다. • 전자적 처리 가능 여부 표시문안 예시: 민원24(www.minwon.go.kr)에서도 신청할 수 있습니다. 다. 모든 서식에는 그 서식에 관한 기본정보(근거 법령 등과 서식 호수)를 표시하여야 한다.
2. 용지 여백	상단 및 좌우측은 20㎜, 하단은 10㎜로 하되, 필요한 경우 프린터로 출력 가능한 범위에서 확대하거나 축소할 수 있다.
3. 항목란	가. 「전자정부법」 제36조제1항에 따른 행정정보의 공동이용을 통하여 해당 정보의 내용을 확인할 수 있는 경우에는 첨부서류를 따로 받지 않도록 하는 내용에 관한 항목을 둔다. 나. 주민등록번호란은 생년월일란으로 대체하여 사용하고 등록기준지란은

만들지 않되, 행정정보공동이용을 통한 정보의 확인, 신원조회 등 꼭 필요한 경우에만 주민등록번호란 또는 등록기준지란을 만들 수 있다.

다. 주소변경 시 법령에서 신고 등을 하도록 규정하지 않은 경우, 허가증 · 인가증 · 자격증 · 신고필증 등의 서식에는 주소란을 두지 아니한다.

라. 비고란은 별도로 적을 내용이 있는 경우에만 둔다.

마. 항목의 구분에 따른 하위 항목은 위계에 따라 배열하되 3단계를 초과할 수 없다.

바. 항목의 일련번호(① 등)는 적지 아니하되, 필요에 따라 적는 경우에는 왼쪽에서 오른쪽으로, 위에서 아래의 순서로 적는다.

사. 계산이 필요한 숫자란은 계산순서를 고려하여 상 · 하 · 좌 · 우로 배열하고 계산 부호를 붙일 수 있다.

아. 특별한 사유가 없는 경우에는 글자별, 숫자별 구획은 만들지 않는다.

4. 표	가. 쉽게 인지할 수 있고 행정정보시스템 등에서 문답식 선택적 입력방식을 쉽게 채택할 수 있도록 유사한 성격의 항목을 하나로 모아 표로 구분한다. • 표와 표 사이에는 1㎜의 간격을 두되, 지면상 공간 확보가 어려운 경우에는 간격을 0.5㎜까지 조정할 수 있다. 나. 다음의 표는 위에서부터 아래로 순서대로 배치하되 필요한 경우 표를 생략하거나 그 위치를 조정할 수 있다. 1) 접수(발급)번호 · 접수일 · 발급(발행)일 · 처리기간: 상단 서식 명칭 다음 줄 2) 신청인 인적사항: 접수(발급)번호 표 다음 줄 3) 신청 내용: 신청인 인적사항 표 다음 줄 다. 다음의 표는 서식의 앞쪽 또는 뒤쪽 아래에서부터 위로 순서대로 배치하되, 필요한 경우 표를 생략하거나 그 위치를 조정할 수 있다. 1) 업무처리 절차: 서식 용지의 규격 및 지질 표시 위 2) 작성방법: 업무처리 절차 표 윗줄 3) 유의사항: 작성방법 표 윗줄 4) 행정정보 공동이용 동의서: 유의사항 표 윗줄 5) 첨부서류 · 수수료: 행정정보 공동이용 동의서 표 윗줄
5. 선	가. 선은 기본적으로 실선을 사용하되 절취선은 점선으로 표시한다. 나. 선의 굵기는 0.12㎜를 기본으로 하되, 예외로 정하는 항목은 다음과 같다. 1) 표의 좌 · 우측 테두리: 표시하지 않음 2) "○○○ 귀하" 또는 "신청인, 서명 또는 인" 다음의 마감선과 절취선: 0.7㎜ 다. 선의 색상은 회색을 기본으로 하되, 표의 상 · 하 테두리 선은 검정색으로 한다.

6. 칸	가. 한 칸의 높이는 8.5mm로 하는 것을 원칙으로 하되, 주소 등과 같이 정보량이 비교적 많은 항목의 경우에는 8.5mm의 배수로 할 수 있다. 나. 칸은 불규칙적 배열을 방지하기 위하여 설정한 가상의 세로 기준선에 따라 일정한 폭으로 구분하되, 성명란은 한글 15자 이상, 주민등록번호란은 한글 7자 이상 쓸 수 있는 공간을 확보한다. 다. 바탕색은 기본적으로 흰색을 사용하고 공무원이 작성하는 칸과 작성방법 등 알림항목의 제목 칸은 회색으로 하되, 필요한 경우 부분적으로 적절한 명도와 채도의 색상을 사용할 수 있다.
7. 글자	가. 글자는 줄 또는 칸의 왼쪽부터 쓰되, 예외로 정하는 항목은 다음과 같다. 　1) 서식 명칭: 가운데 　2) 기입란을 구분하는 선이 없는 칸의 제목: 왼쪽 상단 　3) 항목 제목을 적은 칸: 가운데 　4) 제출 연월일, 서명 또는 날인: 오른쪽 나. 서식 명칭의 글꼴은 견고딕으로 하고 그 외의 글자는 돋움체로 하되, 필요한 경우 다른 글꼴을 사용할 수 있다. 다. 글자의 굵기는 보통 굵기로 하되, 민원인 또는 담당 공무원이 인지해야 할 필요가 있는 주요 사항과 서식 명칭은 굵은 글꼴로 한다. 라. 글자 크기는 10pt를 기본으로 하고 "(　)" 안의 글씨는 9pt로 하되, 예외로 정하는 항목은 다음과 같다. 　1) 서식 명칭: 16pt 　2) 시장 · 군수 등 행정기관 명칭: 13pt 　3) 첫 번째 항목의 제목: 11pt(두 번째 항목부터는 1pt씩 작은 글씨로 한다.) 　4) 접수번호 등 공무원 기재란의 제목과 "년 · 월 · 일": 9pt 　5) 유의사항 · 작성방법 등 알림사항, 첨부서류 및 수수료, 서식 · 용지 정보, "서명 또는 인": 8pt 마. 글자 색상은 검정색을 기본으로 하고 필요한 경우 부분적으로 다른 색상을 사용하되, "서명 또는 인" 글자는 회색으로 한다.
8. 한글과 병기하는 외국 글자	가. 단어를 병기하는 경우 한글의 오른쪽에 괄호를 하고 그 안에 쓰되, 병기할 때 줄이 바뀌게 되는 경우와 병기할 외국 글자가 "년 월 일", "서명 또는 인", "신청인"에 관한 것인 경우에는 한글 아래에 쓸 수 있다. 나. 문장을 병기하는 경우 한글 문장이 끝나는 줄의 다음 줄에 한글 문장의 첫 글자와 같은 위치에서부터 쓰되, 하나의 문장으로서 한 줄에 한글과 외국 글자를 모두 적을 수 있는 경우에는 한글 문장의 오른쪽에 쓸 수 있다. 다. 한글과 병기하는 외국 글자의 크기는 한글보다 1pt 작게 하고, 글꼴 및 색상 등은 한글과 동일하게 한다.

| 9. 특수
기호 | 전자적으로 입력하기 어렵거나 전자화 과정에서 오류가 많이 발생할 수 있는 특수기호는 사용하지 않는다.
예 ✓ 표시를 하도록 하는 란은 "□"을 사용하지 않고 "[　]"을 사용한다. |

3) 기안문의 구성

① 제3조제1항에 따라 기안문을 별지 제1호 서식으로 작성하는 경우 기안문은 두문, 본문 및 결문으로 구성한다.

② 제1항에 따른 두문은 행정기관명과 수신란으로 구성하되, 다음 각 호의 구분에 따라 표시한다. 이 경우 두문의 여백에는 행정기관의 로고·상징·마크·홍보문구 또는 바코드 등을 표시할 수 있다.

(ⅰ) 행정기관명에는 그 문서를 기안한 부서가 속하는 행정기관명을 표시하되, 다른 행정기관명과 동일한 경우에는 바로 위 상급기관명을 함께 표시할 수 있다.

(ⅱ) 수신란에는 다음 각 목과 같이 표시한다.

- 수신자가 없는 내부결재문서인 경우에는 "내부결재"로 표시한다.
- 수신자가 있는 경우에는 수신자명을 표시하고, 그 다음에 이어서 괄호 안에 업무를 처리할 보조기관이나 보좌기관을 표시하되, 보조기관이나 보좌기관이 분명하지 아니한 경우에는 ○○업무담당과장 등으로 쓸 수 있다. 다만, 수신자가 여럿인 경우에는 두문의 수신란에 "수신자 참조"라고 표시하고 제1항에 따른 결문의 발신 명의 다음 줄에 수신자란을 따로 설치하여 수신자명을 표시할 수 있다.

③ 제1항에 따른 본문은 제목, 내용 및 붙임(문서에 다른 서식 등이 첨부되는 경우에만 해당한다)으로 구성한다.

④ 문서에 다른 서식 등이 첨부되는 경우에는 본문의 내용이 끝난 줄 다음에 "붙임" 표시를 하고 첨부물의 명칭과 수량을 적되, 첨부물이 두 가지 이상인 경우에는 제2조제1항에 따라 항목을 구분하여 표시하여야 한다.

⑤ 본문의 마지막에는 다음과 같이 "끝" 표시 등을 한다.

(ⅰ) 본문의 내용(본문에 붙임이 있는 경우에는 붙임을 말한다)의 마지막 글

자에서 한 글자 띄우고 "끝" 표시를 한다. 다만, 본문의 내용이나 붙임에 적은 사항이 오른쪽 한계선에 닿은 경우에는 다음 줄의 왼쪽 한계선에서 한 글자 띄우고 "끝" 표시를 한다.

(ⅱ) 제1호에도 불구하고, 본문의 내용이 표 형식으로 끝나고 경우에는 표의 마지막 칸까지 작성되면 표 아래 왼쪽 한계선에서 한 글자를 띄운 후 "끝" 표시를 하고, 표의 중간까지만 작성된 경우에는 "끝" 표시를 하지 않고 마지막으로 작성된 칸에 "이하 빈칸"으로 표시한다.

⑥ 결문은 다음 각 호의 사항으로 구성한다.

(ⅰ) 발신 명의

(ⅱ) 기안자·검토자·협조자·결재권자의 직위나 직급(각급 행정기관이 6급 이하 공무원의 직급을 대신하여 대외적으로 사용할 수 있도록 정한 대외직명을 포함한다. 이하 제6조에서 같다) 및 서명(전자이미지서명과 전자문자서명을 포함한다. 이하 같다)

(ⅲ) 「공공기록물 관리에 관한 법률 시행령」제20조에 따른 생산등록번호(이하 "생산 등록 번호"라 한다) 및 접수등록번호(이하 "접수등록번호"라 한다), 시행일 및 접수일

(ⅳ) 행정기관의 우편번호·주소·홈페이지주소·전화번호·팩스번호, 공무원의 전자우편주소와 공개 구분

6. 공문서의 종류[4]

공문서란 "행정기관에서 공무상 작성하거나 시행하는 문서(도면·사진·디스크·테이프·필름·슬라이드·전자문서 등의 특수매체기록을 포함한다. 이하 같다)와 행정기관이 접수한 모든 문서"를 의미한다(「행정업무의 효율적 운영에 관한 규정」 제3조). 그리고 이러한 공문서는 법규문서, 지시문서, 공고문서, 비치문서, 민원문

---

[4] 이 부분의 경우 대통령령 제26456호 「행정업무의 효율적 운영에 관한 규정」(2015.8.3. 시행) 및 행정자치부령 제1호 「행정업무의 효율적 운영에 관한 규정 시행규칙」(2014.11.19. 시행)을 참조하여 작성되었다.

서, 일반문서로 구분된다. 각각에 대한 정의를 살펴보면, 다음 <표 4-3>과 같다.

[표 4-3] 공문서의 종류

공문서	정의
법규문서	헌법 · 법률 · 대통령령 · 총리령 · 부령 · 조례 · 규칙(이하 "법령"이라 한다) 등에 관한 문서
지시문서	훈령 · 지시 · 예규 · 일일명령 등 행정기관이 그 하급기관이나 소속 공무원에 대하여 일정한 사항을 지시하는 문서
공고문서	고시 · 공고 등 행정기관이 일정한 사항을 일반에게 알리는 문서
비치문서	행정기관이 일정한 사항을 기록하여 행정기관 내부에 비치하면서 업무에 활용하는 대장, 카드 등의 문서
민원문서	민원인이 행정기관에 허가, 인가, 그 밖의 처분 등 특정한 행위를 요구하는 문서와 그에 대한 처리문서
일반문서	위에 해당하지 않는 모든 문서

자료: 「행정업무의 효율적 운영에 관한 규정」 제4조 수정

7. 문서작성을 위한 일반사항

1) 문서 작성의 일반원칙

「행정업무의 효율적 운영에 관한 규정」 제7조는 다음과 같이 문서작성의 일반원칙을 규정하고 있다. 이를 참조하여 일반원칙을 간략히 정리하면, ① 공문서상 용어는 「국어기본법」 제3조 제3호에 따른 어문규범에 맞게 한글로 작성하는 것을 원칙으로 하고, 명확한 의미 전달을 위해 필요한 경우 괄호 안에 한자 또는 기타 외국어를 함께 적을 수 있다. 그리고 원칙적으로 가로로 글을 쓰도록 한다. ② 문서의 내용은 간결하고 명확하게 표현하고, 독자의 이해가 용이할 수 있도록 약어와 전문용어 등의 사용은 되도록 피해야 한다. ③ 문서에는 음성정보나 영상정보 등이 수록되거나 연계된 바코드 등을 표기할 수 있다(<그림 4-1> 참조). ④ 숫자는 특별한 사유가 없을 경우 아라비아 숫자를

쓰는 것을 원칙으로 한다. ⑤ 날짜는 숫자로 표기하되, 연·월·일의 글자는 생략하고 그 자리에 온점을 찍어 표시하며(예 2015년 11월 24일 → 2015.11.24.), 시·분은 24 시각제에 따라 숫자로 표기하되, 시·분의 글자는 생략하고 그 사이에 쌍점을 찍어 구분한다(예 오후 1시 15분 → 13:15). 단, 특별한 사유가 있으면 다른 방법으로 표시할 수 있다. ⑥ 문서 작성에 사용하는 용지의 규격은 문서의 작성·처리·보관·보존에 있어서 매우 중요한 사항 중의 하나이다. 따라서 특별한 사유가 없으면 가로 210mm, 세로 297mm의 A4 용지로 한다. 단 필요한 경우에는 그 용도에 적합한 규격을 정하여 사용할 수 있다.

2) 용지의 여백

용지의 여백은 다음 <그림 4-1>과 같이 지정한다. 단, 문서의 편철 위치나 용도에 따라 각 여백을 달리할 수 있다.

[그림 4-1] 용지의 여백

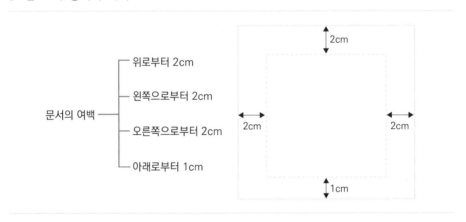

3) 용지 및 글자의 색채

용지는 일반적으로 흰색을 활용하고 글자의 색채는 검은색 또는 푸른색을 활용한다. 단, 도표의 작성이나 수정·주의 환기 등 특별한 표시를 할 때는 다른 색을 사용할 수도 있다.

4) 문서의 수정

「행정업무의 효율적 운영에 관한 규정」제17조에 따르면, 결재를 받은 문서의 일부분을 삭제하거나 수정할 때에는 재작성하여 결재를 받도록 규정하고 있다. 다만, 종이문서의 경우로서 삭제하거나 수정하려는 사항이 명백한 오류의 정정 등 경미한 사항인 경우에는 일부 삭제하거나 수정할 수 있다. 수정하는 방법을 담은 「행정업무의 효율적 운영에 관한 규정 시행규칙」제14조에서는 종이문서의 일부분을 삭제하거나 수정하는 경우에는 원안의 글자를 알 수 있도록 해당 글자의 중앙에 가로로 두 선을 그어 삭제하거나 수정하고, 삭제하거나 수정한 사람이 그 곳에 서명이나 날인을 하도록 규정하고 있다.

5) 항목의 구분

「행정업무의 효율적 운영에 관한 규정 시행규칙」제2조에 따르면, 문서의 내용을 두 개 이상의 항목으로 구분하여 작성하고자 할 때에는 다음 <표 4-4>와 같이 나누어 표시한다. 단, 기안문 작성 시에 하나의 항목만 있을 경우에는 항목 구분을 생략한다. 또한 부분적으로 필요한 경우에는 'ㅁ ○ - ' 등과 같은 특수한 기호로 표시할 수 있다. 둘째, 넷째, 여섯째, 여덟째 항목의 경우에 '하., 하), (하), ⓗ' 이상 더 계속 되는 때에는 '거., 거), (거), ㉓'로 이어 표시한다.

[표 4-4] 항목의 구분

구분	항목부호
첫째 항목	1., 2., 3., 4.,..............
둘째 항목	가., 나., 다., 라.,..............
셋째 항목	1), 2), 3), 4),..............
넷째 항목	가), 나), 다), 라),..............
다섯째 항목	(1), (2), (3), (4),..............
여섯째 항목	(가), (나), (다), (라),..............
일곱째 항목	①, ②, ③, ④,..............
여덟째 항목	㉮, ㉯, ㉰, ㉱,..............

각 항목의 표시 위치 및 띄우기는 다음과 같은 방식으로 한다(<그림 4-2> 참조). ① 첫째 항목 부호는 제목의 첫 글자와 같은 위치에서 시작한다. ② 첫째 항목 다음 항목부터는 바로 앞 항목의 위치로부터 1자(2타)씩 오른쪽에서 시작한다. ③ 항목부호와 그 항목의 내용 사이에는 1타를 띄운다.

[그림 4-2] 항목의 표시 위치 예시 I

```
수신 ✗ ○ ○ ○장관
참조 ✗ ○ ○ ○국장
제목 ✗ 문서 작성 요령
─────────────────────────────────
1.*첫째 항목○ ○ ○ ○ ○ ○ ○ ○ ○
✗ 가.*첫째 항목○ ○ ○ ○ ○ ○ ○ ○
✗ ✗ 1)*첫째 항목○ ○ ○ ○ ○ ○ ○ ○
✗ ✗ ✗ 가)*첫째 항목○ ○ ○ ○ ○ ○ ○
✗ ✗ ✗ ✗ (1)*첫째 항목○ ○ ○ ○ ○ ○
✗ ✗ ✗ ✗ ✗ (가)*첫째 항목○ ○ ○ ○ ○ ○ ○
```

(✗표시는 한글1자(2타), *표시는 숫자1자(1타)를 띄움)

하나의 본문 아래 항목을 구분할 때는 다음 <그림 4-3>과 같은 방식으로 한다.

[그림 4-3] 항목의 표시 위치 예시 II

```
수신 ✗ ○ ○ ○장관
참조 ✗ ○ ○ ○국장
제목 ✗ 문서 작성 요령
─────────────────────────────────
✗ ✗ ✗ 문서관리교육을 다음과 같이 실시하오니 참석하여 주시기 바랍니다.
✗ ✗ ✗ 1.*일시: ○ ○ ○ ○
✗ ✗ ✗ 2.*장소: ○ ○ ○ ○
✗ ✗ ✗ 3.*참석대상: ○ ○ ○ ○. ✗ 끝.
```

6) 문서의 "끝" 표시

① 본문이 끝났을 경우에는 1자(2타) 띄우고 "끝"자를 쓴다. ② 붙임물이 있는 경우 붙임의 표시를 한 다음에 1자(2타)를 띄우고 "끝"자를 쓴다. ③ 본문 또는 붙임의 표시문이 오른쪽 한계선에서 끝났을 경우 다음 줄의 왼쪽 기본선에서 1자를 띄우고 "끝"자를 표시한다. ④ 연명부 등의 서식을 작성하는 경우 기재 사항이 서식의 중간에서 끝나는 경우에는 기재 사항의 마지막 다음 줄에 "이하 빈칸"이라고 표시한다. ⑤ 기재사항이 서식의 마지막 칸까지 작성되는 경우 서식의 칸 밖에 다음 줄의 왼쪽 기본선에 1자를 띄우고 "끝"자를 표시한다. 다음 <그림 4-4>는 예시이다.

[그림 4-4] 문서의 "끝" 표시 예시

①	----주시기 바랍니다. ✗ 끝.			
②	붙임 1. 서식 승인 목록 1부. 2. 승인 서식 2부. ✗ 끝.			
③	붙임--1부. ✗ 끝.			

④	응시번호	성명	주민등록번호	주 소
	10	김길동	560223-1120813	도봉구 번동 413-58
	33	홍기용	550415-1020813	종로구 청운동 30.5
			이 하 빈 칸	

⑤	응시번호	성명	주민등록번호	주 소
	10	김길동	560223-1120813	도봉구 번동 413-58
	33	홍기용	550415-1020813	종로구 청운동 30.5
	✗ 끝.			

7) 붙임물의 표시

붙임물의 경우 본문이 끝난 다음 줄에 붙임을 표시한다. 붙임물이 두 가지 이상인 때에는 항목을 구분하여 표시한다(<그림 4-5> 참조).

[그림 4-5] 붙임물의 표시

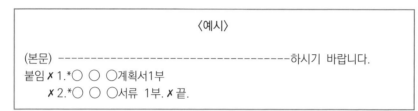

8) 금액의 표시

유가증권 및 문서에 금액을 표시할 때에는 금15,790원(금일만오천칠백구십원)과 같이 한다. 단, 다른 법령에 표시방법이 따로 있는 경우 그 법령에 따른다.

9) 문서의 면 표시

문서의 면표시는 다음과 같은 방식으로 한다. ① 문건별 면표시는 중앙하단에, 문서철 단위 면표시는 우측하단에 표기한다. 1999.12.31.까지는 본문과 붙임의 면표시는 각각 달리하였으나, 2000. 1. 1.부터는 본문과 붙임은 하나의 문건으로 보고 계속 이어서 면표시를 한다. ② 양면 기재된 문서는 양면에 모두 표시한다. ③ 기록물철의 면표시는 편철 순서대로 맨 아래부터 위로 일련번호로 부여하되, 표지와 색인 목록은 제외하고 본문(붙임포함)부터 면표시 시작한다. ④ 동일 기록물철을 2권 이상으로 나누어 편철 시 2권 이하의 철단 위 면표시는 전권의 마지막 쪽수 다음부터 시작한다. 이 경우에도 표지와 색인 목록은 면표시를 제외한다. ⑤ 기록물 철단위 면표시는 최초에는 연필로 했다가 기록물 정리가 끝나면 비로소 잉크 또는 넘버링기기로 확정하여 표시한다[5].

---

5) 공공기관의 기록물관리에 관한 법률시행규칙의 부칙 제5조의 규정에 의하여 행정업무의 효

10) 서식

일반적으로 공문서는 행정기관에서 장기간에 걸쳐 반복적으로 사용하는 문서이므로 일정한 서식을 정해놓고 있다. 「행정업무의 효율적 운영에 관한 규정」제28조에서는 다음과 같이 서식 설계의 일반원칙을 정해놓고 있다. ① 서식은 글씨의 크기, 항목 간의 간격, 적어 넣을 칸의 크기 등을 균형 있게 조절하여 서식에 적을 사항을 쉽게 알 수 있도록 하여야 한다. ② 서식에는 누구나 쉽게 이해할 수 있는 용어를 사용하고, 불필요하거나 활용도가 낮은 항목을 넣어서는 아니 된다. ③ 서식은 특별한 사유가 없으면 별도의 기안문과 시행문을 작성하지 아니하고 그 서식 자체를 기안문과 시행문으로 갈음할 수 있도록 생산등록번호·접수등록번호·수신자·시행일 및 접수일 등의 항목을 넣어야 한다. ④ 법령에서 서식에 날인하여야 한다고 정하고 있지 아니하면 서명이나 날인을 선택할 수 있도록 하여야 한다. ⑤ 서식에는 가능하면 행정기관의 로고·상징·마크·홍보문구 등을 표시하여 행정기관의 이미지를 높일 수 있도록 하여야 한다. ⑥ 민원서식에는 민원인의 편의를 도모하기 위하여 그 민원업무의 처리흐름도, 처리기간, 전자적 처리가 가능한지 등을 표시하여야 하며, 음성정보나 영상정보 등을 수록하거나 연계한 바코드 등을 표기할 수 있다. ⑦ 서식에는 용지의 규격과 지질[6]을 표시하여야 한다.

좀 더 구체적으로 「행정업무의 효율적 운영에 관한 규정 시행규칙」[별표 4]에서 몇 가지 서식의 설계기준을 정하여 놓고 몇 가지 기본적인 서식을 제시하면 다음과 같다.

율적 운영에 관한 규정 시행규칙 제7조의 규정이 개정되었다.
[6] 「행정업무의 효율적 운영에 관한 규정 시행규칙」[별표 3]에서는 다음과 같이 용지의 용도별 지질 기준을 마련하고 있다.

연번	용지의 용도	지질(중량)
1	비치카드·상장·통지서(엽서)·임용장, 휴대 또는 게시하는 각종 증서 등	백상지(150g/㎡)
2	보존기간이 20년 이상인 서식, 보존기간이 10년 이상인 문서·간행물 등	백상지(120g/㎡) 또는 백상지(80g/㎡)
3	보존기간이 20년 미만인 서식, 보존기간이 10년 미만인 문서·간행물 등	백상지(80g/㎡)
4	각종 민원 신청서 및 신고서·통지서	백상지(80g/㎡) 또는 중질지(80g/㎡)

(1) 기본 형식

기안문과 시행문은 별지 제1호 서식의 형식으로 작성한다. 그 밖의 각종 신청서, 증명서 등의 서식에는 접수(발급)번호, 접수일, 발급일 등의 해당 사항과 전자적 처리가 가능한지를 표시한다.[7] 그리고 모든 서식에는 그 서식에 관한 기본정보(근거 법령 등과 서식 호수)를 표시하여야 한다.

(2) 표

쉽게 인지할 수 있고 행정정보시스템 등에서 문답식 선택적 입력방식을 쉽게 채택할 수 있도록 유사한 성격의 항목을 하나로 모아 표로 구분한다. 표와 표 사이에는 1㎜의 간격을 두되, 지면상 공간 확보가 어려운 경우에는 간격을 0.5㎜까지 조정할 수 있다.

(3) 선

선은 기본적으로 실선을 사용하되 절취선은 점선으로 표시한다. 선의 굵기는 0.12㎜를 기본으로 하되, 선의 색상은 회색을 기본으로 하되, 표의 상·하 테두리 선은 검정색으로 한다. 다만 표의 좌·우측 테두리는 표시하지 않고, "○○○ 귀하" 또는 "신청인, 서명 또는 인" 다음의 마감선과 절취선은 0.7㎜로 한다.

(4) 칸

한 칸의 높이는 8.5㎜로 하는 것을 원칙으로 하되, 주소 등과 같이 정보량이 비교적 많은 항목의 경우에는 8.5㎜의 배수로 할 수 있다. 칸은 불규칙적 배열을 방지하기 위하여 설정한 가상의 세로 기준선에 따라 일정한 폭으로 구분하되, 성명란은 한글 15자 이상, 주민등록번호란은 한글 7자 이상 쓸 수 있는 공간을 확보한다. 바탕색은 기본적으로 흰색을 사용하고 공무원이 작성하는 칸과 작성방법 등 알림항목의 제목 칸은 회색으로 하되, 필요한 경우 부분적으

---

7) 전자적 처리 가능 여부 표시문안 예시를 들면 다음과 같다. "민원24(www.minwon.go.kr)에서도 신청할 수 있습니다."

로 적절한 명도와 채도의 색상을 사용할 수 있다.

(5) 글자

글자와 관련된 서식 규칙은 다음과 같다. 첫째, 글자는 줄 또는 칸의 왼쪽부터 쓰되, ① 서식 명칭은 가운데, ② 기입란을 구분하는 선이 없는 칸의 제목의 경우 왼쪽 상단, ③ 항목 제목을 적은 칸은 가운데, ④ 제출 연월일, 서명 또는 날인의 경우에는 오른쪽에 기입한다. 둘째, 서식 명칭의 글꼴은 견고딕으로 하고 그 외의 글자는 돋움체로 하되, 필요한 경우 다른 글꼴을 사용할 수 있다. 셋째, 글자의 굵기는 보통 굵기로 하되, 민원인 또는 담당 공무원이 인지해야 할 필요가 있는 주요 사항과 서식 명칭은 굵은 글꼴로 한다. 넷째, 글자 크기는 10pt를 기본으로 하고 "( )" 안의 글씨는 9pt로 한다. 다만, ① 서식 명칭은 16pt로, ② 시장·군수 등 행정기관 명칭은 13pt로, ③ 첫 번째 항목의 제목은 11pt(두 번째 항목부터는 1pt씩 작은 글씨로 한다.)로, ④ 접수번호 등 공무원 기재란의 제목과 "년·월·일"은 9pt로, ⑤ 유의사항·작성방법 등 알림사항, 첨부서류 및 수수료, 서식·용지 정보, "서명 또는 인"은 8pt로 한다. 다섯째, 글자 색상은 검정색을 기본으로 하고 필요한 경우 부분적으로 다른 색상을 사용하되, "서명 또는 인" 글자는 회색으로 한다.

(6) 한글과 병기하는 외국 글자

단어를 병기하는 경우 한글의 오른쪽에 괄호를 하고 그 안에 쓰되, 병기할 때 줄이 바뀌게 되는 경우와 병기할 외국 글자가 "년 월 일", "서명 또는 인", "신청인"에 관한 것인 경우에는 한글 아래에 쓸 수 있다. 문장을 병기하는 경우 한글 문장이 끝나는 줄의 다음 줄에 한글 문장의 첫 글자와 같은 위치에서부터 쓰되, 하나의 문장으로서 한 줄에 한글과 외국 글자를 모두 적을 수 있는 경우에는 한글 문장의 오른쪽에 쓸 수 있다. 한글과 병기하는 외국 글자의 크기는 한글보다 1pt 작게 하고, 글꼴 및 색상 등은 한글과 동일하게 한다.

11) 문서의 쪽 번호 등 표시

「행정업무의 효율적 운영에 관한 규정」 제19조 및 「행정업무의 효율적 운영에 관한 규정에 관한 시행규칙」 제18조에서는 문서의 쪽 번호 표시를 다음과 같이 규정하고 있다. 2장 이상으로 이루어진 문서가 제1호 각 목의 어느 하나에 해당하는 경우에는 제2호 각 목의 구분에 따라 쪽 번호 또는 발급번호를 표시하거나 간인(間印) 등을 하여야 한다. 대상 문서로는 ① 문서의 순서 또는 연결 관계를 명백히 할 필요가 있는 문서, ② 사실 관계나 법률 관계의 증명에 관계되는 문서, ③ 허가, 인가 및 등록 등에 관계되는 문서 등이다.

쪽 번호를 표시하는 방법은 (1) 전자문서의 경우 ① 각종 증명발급에 관한 문서를 제외한 문서에는 문서의 중앙 하단에 쪽 번호를 표시하되, 문서의 순서 또는 연결 관계를 명백히 할 필요가 있는 중요한 문서에는 해당 문건의 전체 쪽수와 그 쪽의 일련번호를 붙임표(−)로 이어 표시한다. ② 각종 증명 발급에 관한 문서에는 해당 문서의 왼쪽 하단에 발급번호를 표시하되, 다음 예시와 같이 표시한다(예 단말번호-출력연월일/시·분·초-발급일련번호-쪽번호). (2) 종이문서인 경우에는 관인 관리자가 관인을 이용하여 간인한다. 다만, 민원서류나 그 밖에 필요하다고 인정하는 종이문서에는 간인을 갈음하여 천공(穿孔)방식으로 표시할 수 있다.

8. 공문서의 작성

1) 문서의 기안

기안이라 함은 행정기관의 의사를 결정하기 위하여 문안을 작성하는 것을 말하고, 「행정업무의 효율적 운영에 관한 규정」 제8조는 문서의 기안을 다음과 같은 방식으로 하도록 규정하고 있다. 첫째, 문서의 기안은 전자문서로 하는 것을 원칙으로 한다. 다만, 업무의 성질상 전자문서로 기안하기 곤란하거나 그 밖의 특별한 사정이 있으면 그러하지 아니하다. 둘째, 문서의 기안은 행정자치부령으로 정하는 기안문으로 하여야 한다. 다만, 관계 서식이 따로 있는 경우에는 그 내용을 관계 서식에 기입하는 방법으로 할 수 있다. 셋째, 둘 이상의 행정기관의 장의 결재가 필요한 문서는 그 문서 처리를 주관하는 행정기관에서 기안하여야 한다. 넷째, 기안문에는 행정자치부령으로 정하는 바에 따라 발의자(기안하도록 지시하거나 스스로 기안한 사람을 말한다)와 보고자를 알 수 있도록 표시하여야 한다. 다만, ① 검토나 결정이 필요하지 아니한 문서, ② 각종 증명 발급, 회의록, 그 밖의 단순 사실을 기록한 문서, ③ 일상적·반복적인 업무로서 경미한 사항에 관한 문서 등에 대해서는 발의자와 보고자의 표시를 생략할 수 있다.

또한 「행정업무의 효율적 운영에 관한 규정 시행규칙」 제3조에서는 기안문을 '별지 제1호 서식'이나 '별지 제2호 서식'에 따라 작성하도록 규정하고 있다. 다만, 대통령 또는 국무총리의 결재를 받아야 하는 문서의 기안은 '별지 제3호 서식'이나 '별지 제4호 서식'에 따른 기안문으로 하되, 특별한 결재 절차에 사용하는 기안문은 따로 정하여 사용할 수 있다. '별지 제2호 서식'과 '별지 제4호 서식'은 보고서, 계획서, 검토서 등 발신할 필요가 없는 내부결재 문서에만 사용한다. 각 서식은 다음 쪽을 참조하기 바란다.

2) 기안문의 구성

「행정업무의 효율적 운영에 관한 규정 시행규칙」 제4조는 기안문을 [별지 제1호 서식]으로 작성하는 경우 두문, 본문 및 결문으로 구성하도록 규정하고 있다. 각 구성요소별 주요 기재사항을 살펴보면, 첫째, 두문은 행정기관명과 수신란으로 구성하고, 두문의 여백에는 행정기관의 로고·상징·마크·홍보문구 또는 바코드 등을 표시할 수 있다. ① 행정기관명에는 그 문서를 기안한 부서가 속하는 행정기관명을 표시하되, 다른 행정기관명과 동일한 경우에는 바로 위 상급기관명을 함께 표시할 수 있다. ② 수신란에는 수신자가 없는 내부결재 문서인 경우 "내부결재"로 표시한다. 그리고 수신자가 있는 경우에는 수신자명을 표시하고, 그 다음에 이어서 괄호 안에 업무를 처리할 보조기관이나 보좌기관을 표시하되, 보조기관이나 보좌기관이 분명하지 아니한 경우에는 ○○업무 담당과장 등으로 쓸 수 있다. 다만, 수신자가 여럿인 경우에는 두문의 수신란에 "수신자 참조"라고 표시하고 결문의 발신 명의 다음 줄에 수신자란을 따로 설치하여 수신자명을 표시할 수 있다.

둘째, 본문(이하 "본문"이라 한다)은 제목, 내용 및 붙임(문서에 다른 서식 등이 첨부되는 경우에만 해당한다)으로 구성한다. 문서에 다른 서식 등이 첨부되는 경우에는 본문의 내용이 끝난 줄 다음에 "붙임" 표시를 하고 첨부물의 명칭과 수량을 적되, 첨부물이 두 가지 이상인 경우에는 제2조제1항에 따라 항목을 구분하여 표시하여야 한다. 그리고 본문의 마지막에는 위에서 살펴본 바와 같이 "끝" 표시를 한다.

셋째, 결문은 ① 발신 명의, ② 기안자·검토자·협조자·결재권자의 직위나 직급(각급 행정기관이 6급 이하 공무원의 직급을 대신하여 대외적으로 사용할 수 있도록 정한 대외직명을 포함) 및 서명(전자이미지서명과 전자문자서명을 포함), ③ 「공공기록물 관리에 관한 법률 시행령」 제20조에 따른 생산등록번호 및 접수등록번호, 시행일 및 접수일, ④ 행정기관의 우편번호·주소·홈페이지주소·전화번호·팩스번호, 공무원의 전자우편주소와 공개 구분으로 구성된다.

이상 살펴본 기안문의 구성을 간략히 정리하면 다음 <그림 4-6>과 같다.

[그림 4-6] 기안문의 구성 체제

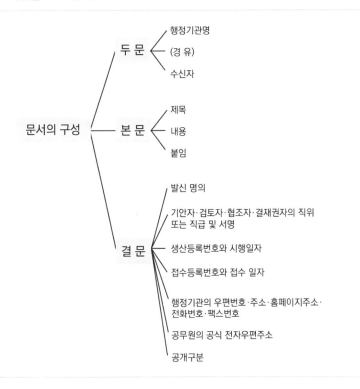

3) 문서의 종류 및 작성방법[8]

문서의 종류와 작성방법에 관련된 현실적인 이해력을 높이기 위하여 <부록: 규칙 및 전부개정령안>에 포함된 (ⅰ) 문서의 종류 및 작성방법, (ⅱ) 관인 생략이나 서명 생략 표시, (ⅲ) 접수인, (ⅳ) 용지의 지질기준, (ⅴ) 서식의 설계기준과 행정업무의 효율적 운영에 관한 규정 시행규칙(별지 제1호서식~제12호서식) 중에서 대표적인 다음의 내용들을 제시하고 있다.

---

8) 한글파일에서 서식파일(간이 기안문, 일반 기안문, 전자 기안문 등)을 참고자료로 사용하는 방법: 파일 ⇒ 새문서 ⇒ 문서마당 ⇒ 문서마당 꾸러미

<사례> 일반 기안문(시행문 겸용) 통합서식

■ 행정업무의 효율적 운영에 관한 규정 시행규칙 [별지 제1호 서식]

행 정 기 관 명

수신

(경유)

제목

발 신 명 의   직인

기안자 직위(직급) 서명   검토자 직위(직급) 서명   결재권자 직위(직급) 서명

협조자

시행   처리과명-연도별 일련번호(시행일) 접수   처리과명-연도별 일련번호(접수일)

우   도로명주소   / 홈페이지 주소

전화번호(   )   팩스번호(   )   / 공무원의 전자우편주소 / 공개 구분

210㎜×297㎜(백상지 80g/㎡)

비고(이 난은 서식에 포함하지 아니한다)

– 문서를 작성할 때 "행정기관명", "발신명", "기안자", "검토자", "결재권자", "직위(직급) 서명",
"처리과명-연도별 일련번호(시행일)", "도로명주소", "홈페이지 주소", "공무원의 전자우편주소",
"공개 구분"의 용어는 표시하지 아니하고 그 내용을 적는다.

행 정 기 관 명

두 문

수신   (   )
(경유)
제목

본 문

붙임

발 신 명 의 | 직 인 |

결 문

기안자 (직위/직급) 서명   검토자 (직위/직급) 서명   결재권자 (직위/직급) 서명

협조자 (직위/직급) 서명

시행   처리과명-연도별 일련번호(시행일)   접수   처리과명-연도별 일련번호(접수일)
우   도로명주소   / 홈페이지 주소

전화번호(   )   팩스번호(   )   / 공무원의 전자우편주소   / 공개 구분

작성방법

1. 행정기관명: 그 문서를 기안한 부서가 속한 행정기관명을 기재한다. 행정기관명이 다른 행정기관명과 같은 경우에는 바로 위 상급 행정기관명을 함께 표시할 수 있다.

2. 수신: 수신자명을 표시하고 그 다음에 이어서 괄호 안에 업무를 처리할 보조·보좌 기관의 직위를 표시하되, 그 직위가 분명하지 않으면 ○○업무담당과장 등으로 쓸 수 있다. 다만, 수신자가 많은 경우에는 두문의 수신란에 '수신자 참조'라고 표시하고 결문의 발신명의 다음 줄의 왼쪽 한계선에 맞추어 수신자란을 따로 설치하여 수신자명을 표시한다.

3. (경유): 경유문서인 경우에 '이 문서의 경유기관의 장은 ○○○ (또는 제1차 경유기관의 장은 ○○○, 제2차 경유기관의 장은 ○○○)이고, 최종 수신기관의 장은 ○○○입니다.'라고 표시하고, 경유기관의 장은 제목란에 '경유문서의 이송'이라고 표시하여 순차적으로 이송하여야 한다.

4. 제목: 그 문서의 내용을 쉽게 알 수 있도록 간단하고, 명확하게 기재한다.

5. 발신명의: 합의제 또는 독임제 행정기관의 장의 명의를 기재하고, 보조기관 또는 보좌기관 상호간에 발신하는 문서는 그 보조기관 또는 보좌기관의 명의를 기재한다. 시행할 필요가 없는 내부결재문서는 발신명의를 표시하지 않는다.

6. 기안자·검토자·협조자·결재권자의 직위/직급: 직위가 있는 경우에는 직위를, 직위가 없는 경우에는 직급(각급 행정기관이 6급 이하 공무원의 직급을 대신하여 사용할 수 있도록 정한 대외직명을 포함한다. 이하 이 서식에서 같다)을 온전하게 쓴다. 다만, 기관장과 부기관장의 직위는 간략하게 쓴다.

7. 시행 처리과명 – 연도별 일련번호(시행일), 접수 처리과명 – 연도별 일련번호(접수일): 처리과명(처리과가 없는 행정기관은 10자 이내의 행정기관명 약칭)을 기재하고, 시행일과 접수일란에는 연월일을 각각 온점(.)을 찍어 숫자로 기재한다. 다만, 민원문서인 경우로서 필요한 경우에는 시행일과 접수일란에 시·분까지 기재한다.

8. 우 도로명주소: 우편번호를 기재한 다음, 행정기관이 위치한 도로명 및 건물번호 등을 기재하고 괄호 안에 건물명칭과 사무실이 위치한 층수와 호수를 기재한다.

(예) 우110 – 760 서울특별시 종로구 세종대로 209 (정부중앙청사 11층 1104호)

9. 홈페이지 주소: 행정기관의 홈페이지 주소를 기재한다.

(예) www.mopas.go.kr

10. 전화번호( ), 팩스번호( ): 전화번호와 팩스번호를 각각 기재하되, (   )안에
    는 지역번호를 기재한다. 기관 내부문서의 경우는 구내 전화번호를 기재할 수
    있다.

11. 공무원의 전자우편주소: 행정기관에서 공무원에게 부여한 전자우편주소를 기
    재한다.

12. 공개구분: 공개, 부분공개, 비공개로 구분하여 표시한다. 부분공개 또는 비공
    개인 경우에는「공공기록물 관리에 관한 법률 시행규칙」제18조에 따라 '부분
    공개( )' 또는 '비공개( )'로 표시하고,「공공기관의 정보공개에 관한 법률」제9
    조제1항 각 호의 번호 중 해당 번호를 괄호 안에 표시한다.

13. 관인생략 등 표시: 발신명의의 오른쪽에 관인생략 또는 서명생략을 표시한다.

※ 기안자ㆍ검토자 및 결재권자(직위/직급) 서명: '기안자'ㆍ'검토자'ㆍ'결재권자' 및
   '직위(직급)'의 용어는 표시하지 아니하고, 기안자ㆍ검토자 및 결재권자의 직위
   /직급을 쓰고 서명하되, 직위/직급 및 서명란의 수와 크기는 필요에 따라 조정
   하여 사용할 수 있다.

※ 협조자(직위/직급) 서명: '협조자'의 용어를 표시한 다음, 이어서 직위/직급을
   쓰고 서명한다.

※ 전결 및 서명 표시 위치:「행정업무의 효율적 운영에 관한 규정」제10조제2항
   및 동 시행규칙 제7조제2항에 따라 결재권이 위임된 사항을 전결하는 경우에
   는 전결하는 사람의 서명란에 '전결' 표시를 한 후 서명하되, 서명하지 아니하
   는 사람의 서명란은 설치하지 아니한다.

※ 대결 및 서명 표시 위치:「행정 효율과 협업 촉진에 관한 규정」제10조제3항
   및 동 시행규칙 제7조제3항에 따라 대결하는 경우에는 대결하는 사람의 서명
   란에 '대결' 표시를 하고 서명하며, 위임전결사항을 대결하는 경우에는 전결권
   자의 서명란에 '전결' 표시를 한 후 대결하는 사람의 서명란에 '대결' 표시를 하
   고 서명한다. 이때 서명하지 아니하거나 '전결' 표시를 하지 아니하는 사람의
   서명란은 설치하지 아니한다.

※ 발의자(★)와 보고자(◉)의 표시는 직위/직급의 앞 또는 위에 하되, 보고자의
   표시는 직접 결재권자에게 보고하는 경우에만 표시한다.

생산등록번호	
등 록 일	
결 재 일	
공 개 구 분	

협 조 자			

(제   목)

> ※ 필요한 경우 보고근거 및 보고내용을 요약하여 적
> 을 수 있음

○○○○부(처 · 청 또는 위원회 등)　　또는　　○○○○부(처 · 청 또는 위원회 등)
　　　○○○○국　　　　　　　　　　　　　　　○○○○과

210mm×297mm(백상지 80g/㎡)

비고(이 난은 서식에 포함하지 아니한다)

– 결재란의 크기 및 결재란 수는 필요에 따라 조정하여 사용할 수 있다.

행 정 기 관 명

우	도로명주소	/전화번호( )	/팩스번호( )

생산등록번호			대 통 령
등 록 일		국무총리	
결 재 일			
시 행 일			
관련기관 협조여부			공개 구분
검 토			
수 신		발 신	[인]
제 목			

210mm×297mm(백상지 80g/㎡)

비고(이 난은 서식에 포함하지 아니한다)

1. 결재란의 수와 크기는 필요에 따라 조정하여 사용하되, 국무총리의 결재를 받는 문서에는 그 결재 절차에 맞게 직위/직급을 변경하여 표시한다.
2. "수신"은 "받는 자"로, "발신"은 "보내는 자"로 변경하여 사용할 수 있다.

■ 행정업무의 효율적 운영에 관한 규정 시행규칙 [별지 제4호 서식]

○○비서관	대통령실장

○○장관	국무총리	대통령

생산등록번호	
등 록 일	
결 재 일	
공 개 구 분	

협 조 자		

(제 목)

※ 필요한 경우 보고근거 및 보고내용을 요약하여 적을 수
있음

○○○부(처 · 청 · 위원회 등)

210mm×297mm(백상지 80g/㎡)

비고(이 난은 서식에 포함하지 아니한다)

1. 결재란의 수와 크기는 필요에 따라 조정하여 사용하되, 국무총리의 결재를 받는 문서에는 그 결재 절차에 맞게 직위/직급을 변경하여 표시한다.

2. "○○비서관" 및 "대통령실장"의 용어는 「대통령실과 그 소속기관 직제」에서 정하는 명칭을 사용하되, 국무총리의 결재를 받는 문서에는 해당란을 생략할 수 있다.

4) 문서의 등록번호

「공공기록물 관리에 관한 법률 시행규칙」 제5조에서는 생산등록번호 또는
문서번호란이 설치되어 있는 기록물은 생산등록번호란 또는 문서번호란에 생
산등록번호를 표기하도록 규정하고 있다. 그리고 생산등록번호란 또는 문서번
호란이 설치되어 있지 않은 문서·카드류·도면류 등의 기록물은 그 기록물의
좌측 상단의 여백에 다음 <표 4-5>의 표시방법을 활용하여 생산등록번호를
표기하도록 규정하고 있다.

[표 4-5] 등록번호의 표시방법

생산등록번호	접수등록번호
등록번호 ↑ 등록일자 2.5cm 처 리 과 ↓ ←――― 5cm ―――→	접수번호 ↑ 접수일시 2.5cm 처 리 과 ↓ ←――― 5cm ―――→

자료: 「공공기록물 관리에 관한 법률 시행규칙」, [별표 1] 등록번호의 표시방법

문서의 등록번호는 처리과별로 기록물등록대장(기본등록사항)에 등록된 순서
에 따라 일련번호를 부여한다. ① 전자문서시스템과 기록물등록대장상 등록번
호는 처리과 기관코드와 연도별 등록 일련번호로 구성한다.

[그림 4-7] 문서의 등록번호 예시 I

② 문서(기안문과 시행문, 각종 법령서식)상 등록번호는 처리과명과 연도별 등록 일련번 호로 구성한다. 여기서 처리과명은 처리부서명(담당부서명)을 말하며, 처리과명이 없는 행정기관은 행정기관명을 표시하되, 10자가 넘는 경우에는 10자 이내의 행정기관명의 약칭을 표시한다.

[그림 4-8] 문서의 등록번호 예시 II

〈처리과가 있는 경우〉

행정제도과 — 35

→ 연도별 등록 일련번호
→ 처리과명

〈처리과가 없고 행정기관명이 10자 이내인 경우〉

울산애니원고등학교 — 35

→ 연도별 등록 일련번호
→ 처리과명

〈처리과가 없고 행정기관명이 10자가 초과한 경우〉

행정제도과 — 35

→ 연도별 등록 일련번호
→ 행정기관명 약칭(대구국도유지건설사무소 상주출장소의 약칭)

5) 수신자의 표시

① 독임제기관의 장 또는 합의제기관의 장의 권한인 경우에는 수신자란에 당해 기관장의 직위(수신자명)를 쓰거나 수신자 기호를 먼저 쓰고, 이어서 (　)안에는 처리할 보조기관 또는 보좌기관의 직위가 분명한 경우에

는 그 직위를 쓰되, 그 직위가 분명하지 않는 경우에는 ○○업무담당과
장 등으로 표시한다.

(예시 1)	수신자 안전행정부장관(○○과장), 문화체육관광부장관(○○과장)
(예시 2)	수신자 중앙인사위원회위원장(○○과장), 안전행정부장관(○○과장)
(예시 3)	수신자 정부혁신 · 지방분권위원회위원장(○○과장)
(예시 4)	수신자 가49(정보공개업무담당과장), 가52(정보공개업무담당과장), 나01(정보공개업무담당과장), 다01(정보공개업무담당과장)

② 합의제기관의 권한인 경우에는 수신자란에 당해 기관의 명칭을 표시하
거나 수신자기호를 표시한다.

(예시 1)	수신자 안전행정부장관(○○과장), 국가균형발전위원회(○○과장)
(예시 2)	수신자 정부혁신 · 지방분권위원회(○○과장)
(예시 3)	수신자 국가균형발전위원회(○○과장)
(예시 4)	수신자 가14(○○과장), 가15(○○과장)

③ 민원회신문서에는 수신자란에 먼저 민원인의 성명을 쓰고(◍ 홍길동 귀하),
이어서 ( ) 안에는 우편번호와 주소를 쓰되, 전자문서시스템에서 우편
번호는 검색이 용이하도록 하여야 한다.

(예시)	수신자 홍길동 귀하(우110-035 서울시 종로구 옥인1길 36)

④ 수신자가 많아 본문의 내용을 기재할 란이 줄어들어 본문의 내용을 첫
장에서 파악하기 곤란한 경우에는 두문의 수신자란에 "수신자 참조"라
고 쓰고, 결문의 발신명의 밑의 왼쪽 기본선에 맞추어 수신자란을 설치
하여 수신자명 또는 수신자기호를 표시한다.

(예시)	(두문) 수신자 수신자 참조(문서관리업무담당과장)
	(결문) 수신자 가, 나, 다, 라, 마, 법원행정처장, 국회사무처,
	--

⑤ 내부결재문서는 수신자란에 "내부결재"라고 표시한다.

6) 제목의 표시

제목은 그 문서의 내용을 함축하여 나타내는 문구로서 문서의 내용을 쉽게 알 수 있도록 쉬운 말로 간단명료하게 표시한다.

7) 발신명의 표시

「행정업무의 효율적 운영에 관한 규정」 제13조를 참조하여 발신명의의 표시를 설명하면 다음과 같다. 문서의 발신 명의는 행정기관의 장으로 한다(예 ○○○장관, ○○○시장, ○○군수, ○○위원장 등). 다만, 합의제기관의 권한에 속하는 문서의 발신 명의는 그 합의제기관으로 한다(예 ○○위원회). 그러나 행정기관 내의 보조기관 또는 보좌기관 상호간에 발신하는 문서는 해당 보조기관 또는 보좌기관의 명의로 한다(예 ○○○과장, ○○○실장, ○○담당관 등). 한편 발신할 필요가 없는 내부결재문서는 발신 명의를 표시하지 아니한다.

9. 문서 기안의 일반적인 사항

1) 기안문 작성 시 고려사항

기안문을 작성할 때 고려해야 할 사항은 다음과 같다. ① 기안자는 안건에 관련된 문제를 파악하고 관계 규정 및 과거 행정선례를 숙지하고 있어야 한다. ② 기안하는 목적과 필요성을 파악하고 자료를 수집·분석하며 필요한 경우에는 설문조사, 실태조사, 회의 등을 통하여 의견을 청취한다. ③ 복잡한 기안의 경우에는 초안을 작성하여 논리의 일관성을 해치는 내용이나 빠지는 사항이 없도록 검토한 다음 작성한다. ④ 기안자는 담당 업무에 대한 책임의식을 가져야 하며 해당 기관과 수신자와의 관계 및 입장 등을 고려하여 기안하여야 한다.

2) 기안문 작성 시 유의사항

기안문 작성 시 유의사항은 크게 정확성, 신속성, 용이성, 경제성, 성실성 등 5가지 원칙을 따라야 한다. ① 정확성이란 바른 글을 써야 함을 의미하고, 기본적으로 기안문은 6하 원칙에 의하여 작성하고, 애매한 표현이나 과장된 표현을 피해야 한다. ② 신속성이란 이해가 빠른 글을 의미하고, 이를 위해 문장은 짧게 끊어서 개조식으로 쓴다. 또한 가급적 먼저 결론을 쓰고 그 다음에 이유 또는 설명을 쓴다. ③ 용이성이란 쉬운 글을 작성해야 함을 의미한다. 즉, 읽기 쉽고 알기 쉬운 용어를 사용하고, 한자나 어려운 전문용어는 피한다. 한자 또는 전문용어를 쓸 필요가 있을 때에는 ( )를 사용하여 한자를 쓰거나 용어의 해설을 붙인다. 또한 받는 사람의 이해력과 독해력을 고려하여 쓰고, 다루기 쉽게 1건 1매주의(1매 BEST)로 한다. ④ 경제성이란 효율성이 있는 글을 의미한다. 이를 위해 일상 반복적인 업무는 표준 기안문을 활용하고, 용지의 규격·지질을 표준화 하며, 서식을 통일한다. 또한 문자를 부호화하여 활용한다. ⑤ 성실성이란 호감이 가는 글을 작성해야 함을 의미하고, 이를 위해 적절한 경어를 사용해야 하며, 감정적·위압적인 과격한 표현이나 과장된 표현을 쓰지 않는다.

3) 기안문상 발의자 및 보고자 표시

기안문에는 발의자와 보고자를 알 수 있도록 표시하여야 한다. 여기서 발의자란 기안하도록 지시한자 또는 지시자가 없는 경우 스스로 입안한 자를 말하며, 보고자란 결재권자에게 직접 보고하는 자를 말한다. 「행정업무의 효율적 운영에 관한 규정 시행규칙」 제6조에서는 이에 대한 사항을 다음과 같이 규정하고 있다. ① 기안문에는 발의자와 보고자의 직위나 직급의 앞 또는 위에 발의자는 ★표시를, 보고자는 ⊙표시를 한다. ② 기안문에 첨부되는 계산서·통계표·도표 등 작성상의 책임을 밝힐 필요가 있다고 인정되는 첨부물에는 작성자를 표시하여야 한다. ③ 기안자, 검토자 또는 협조자는 기안문의 해당란에 직위나 직급을 표시하고 서명하되, 검토자나 협조자가 다른 의견을 표시하는 경우에는 직위나 직급 다음에 "(의견 있음)"이라고 표시하여야 한다. ④ 총괄책임자는 총괄책임자가 총괄하는 단위업무를 분담하는 사람이 기안한 경우 그 기안문을 검토하고 검토자란에 서명을 하되, 다른 의견이 있으면 직위나 직급 다음에 "(의견 있음)"이라고 표시하고 기안문 또는 별지에 그 의견을 표시할 수 있다. 다만, 총괄책임자가 출장 등의 사유로 검토할 수 없는 등 부득이한 경우에는 검토를 생략할 수 있으며 서명란에 출장 등 검토할 수 없는 사유를 적어야 한다.

4) 일괄기안 등

일괄기안은 서로 관련성이 있는 2개 이상의 안건을 동시에 일괄하여 기안하는 것을 말한다. 일괄기안은 각각의 기안문에 작성한다. 이 경우 각각의 기안문에는 두문, 본문 및 결문의 구성요소가 모두 포함되어야 한다. 각각의 기안문에는 제1안·제2안·제3안·제4안 등의 용어를 쓰지 않는다[9]. 제목은 각 안의 내용 및 성격에 따라 다르게 설정할 수 있다. 특별한 사유가 있는 경우를 제외하고는 각각 다른 생산등록번호를 사용하여 같은 날짜로 시행하여야 한다. 발송할 것을 전제로 하는 기안문이 제1안 내부결재의 내용과 동일한 경우에는 내부결재 안건을 별도로 작성할 필요 없이 생략할 수 있다. 대내외로 발송한 문서의 경우, 각각의 기안문에 발신명의를 모두 표시해야 한다. 기안문과 시행문이 통합된 서식을 사용하게 됨에 따라 발신명의를 생략하게 되면, 발신명의 없이 그대로 시행되어 형식상 흠이 있는 공문서가 되기 때문이다.

5) 기안자 등의 표시

기안문에는 영 제8조제4항[10]에 따라 발의자와 보고자의 직위나 직급의 앞 또는 위에 발의자는 ★표시를, 보고자는 ◉표시를 한다.

기안문에 첨부되는 계산서·통계표·도표 등 작성상의 책임을 밝힐 필요가 있다고 인정되는 첨부물에는 작성자를 표시하여야 한다.

---

9) 업무관리시스템 또는 전자문서시스템에서 한 번의 지정(확인)으로 각각의 기안문에 기안자·검토자·협조자·결재권자의 정보가 동시에 생성되도록 하여야 한다.

10) 기안문에는 행정자치부령으로 정하는 바에 따라 발의자(기안하도록 지사하거나 스스로 기안한 사람을 말한다)와 보고자를 알 수 있도록 표시하여야 한다. 다만, 다음 각 호의 문서에는 발의자와 보고자의 표시를 생략할 수 있다. ① 검토나 결정이 필요하지 아니한 문서, ② 각종 증명 발급, 회의록, 그 밖의 단순 사실을 기록한 문서, ③ 일상적·반복적 업무로서 경미한 사항에 관한 문서

기안자, 검토자 또는 협조자는 기안문의 해당란에 직위나 직급을 표시하고 서명하되, 검토자나 협조자가 영 제9조제3항 또는 제4항[11])에 따라 다른 의견을 표시하는 경우에는 직위나 직급 다음에 "의견 있음"이라고 표시하여야 한다.

총괄책임자(영 제60조에 따른 처리과의 업무 분장상 여러 개의 단위업무를 총괄하는 책임자를 말한다. 이하 같다)는 총괄책임자가 총괄하는 단위업무를 분담하는 사람이 기안한 경우 그 기안문을 검토하고 검토자란에 서명을 하되, 다른 의견이 있으면 직위나 직급 다음에 "(의견 있음)"이라고 표시하고 기안문 또는 별지에 그 의견을 표시할 수 있다[12]). 다만, 총괄책임자가 출장 등의 사유로 검토할 수 없는 등 부득이한 경우에는 검토를 생략할 수 있으며 서명란에 출장 등 검토할 수 없는 사유를 적어야 한다.

6) 문서의 결재

① 결재권자의 서명란에는 서명날짜를 함께 표시한다.

② 영 제10조제2항[13])에 따라 위임 전결하는 경우에는 전결하는 사람의 서명란에 "전결" 표시를 한 후 서명하여야 한다.

---

11) ① 기안문은 결재권자의 결재를 받기 전에 보조기관 또는 보좌기관의 검토를 받아야 한다. 다만, 보조기관 또는 보좌기관이 출장 등의 사유로 검토할 수 없는 등 부득이한 경우에는 검토를 생략할 수 있으며, 이 경우 검토자의 서명란에 출장 등의 사유를 적어야 한다. ② 기안문의 내용이 행정기관 내의 다른 보조기관 또는 보좌기관의 업무와 관련이 있을 때에는 그 보조기관 또는 보좌기관의 협조를 받아야 한다. ③ 보조기관 또는 보좌기관이 제1항에 따라 기안문을 검토하는 경우에 그 내용과 다른 의견이 있으면 기안문을 직접 수정하거나 기안문 또는 별지에 그 의견을 표시하여야 한다. ④ 보조기관 또는 보좌기관이 제2항에 따라 협조하는 경우에 그 내용과 다른 의견이 있으면 기안문 또는 별지에 그 의견을 표시하여야 한다.

12) 제60조(업무의 분장) 각 처리과의 장은 업무를 효율적으로 처리하고 책임소재를 명확하게 하기 위하여 소관 업무를 단위업무별로 분장하되, 소속 공무원 간의 업무량이 균형을 이룰 수 있도록 하여야 한다.

13) 제10조(문서의 결재) ① 문서는 결재를 받아야 한다. 다만, 보조기관 또는 보좌기관의 명의로 발신하는 문서는 그 보조기관 또는 보좌기관의 결재를 받아야 한다. ② 행정기관의 장은 업무의 내용에 따라 보조기관 또는 보좌기관이나 해당 업무를 담당하는 공무원으로 하여금 위임전결하게 할 수 있으며, 그 위임전결 사항은 해당기관의 장이 훈령이나 지방자치단체의 규칙으로 정한다. ③ 제1항이나 제2항에 따라 결재할 수 있는 사람이 휴가, 출장, 그 밖의 사유로 결재할 수 없을 때에는 그 직무를 대리하는 사람이 대결하고 내용이 중요한 문서는 사후에 보고하여야 한다.

③ 영 제10조제3항에 따라 대결(代決)하는 경우에는 대결하는 사람의 서명란에 "대결" 표시를 하고 서명하되, 위임전결사항을 대결하는 경우에는 전결하는 사람의 서명란에 "전결" 표시를 한 후 대결하는 사람의 서명란에 "대결" 표시를 하고 서명하여야 한다.

④ 제2항과 제3항의 경우에는 서명 또는 "전결" 표시를 하지 아니하는 사람의 서명란은 만들지 아니한다.

7) 법규문서 등의 번호

영 제11조제2항에 따라 문서의 종류별로 다음 각 호의 구분에 따른 번호를 부여한다.

① 영 제4조제1호에 따른 법규문서에는 연도구분과 관계없이 누적되어 연속되는 일련번호(이하 "누년 일련번호"라 한다)를 부여한다.

② 영 제4조제2호에 따른 지시문서 중 훈령 및 예규에는 누년 일련번호를 부여하고, 일일명령에는 연도별로 구분하여 매년 새로 시작되는 일련번호로서 연도표시가 없는 번호(이하 "연도별 일련번호"라 한다)를 부여하며, 지시에는 연도표시와 연도별 일련번호를 붙임표(-)로 이은 번호(이하 "연도표시 일련번호"라 한다)를 부여한다.

순천향대학교

수신자   제갈욱 교수님 귀하

(경유)

제목   2021년도 2학기 행정사무관리론 기말고사 답안작성

1. 귀 학교의 무궁한 발전을 기원합니다.

2. 기말고사와 관련입니다.

3. 기말고사의 내용을 첨부와 같이 제출하오니 참고하시기 바랍니다. 끝.

첨부: 기말고사 시험지 1부. 끝.

순천향대학교 행정학과장

학생   윤성진   교수   제갈욱

협조자

시행 행정학과-001   (2020.12.04)   접수

우 31538 도로명주소 충남 아산시 신창면 순천향로22 홈페이지주소 www.sch.ac.kr

전화 041-530-1114   전자우편주소

팩스 041-542-4615   pierrot224@naver.com

순천향대 행정학과

수신   행정학과 사무실

(경유)   충남 아산시 신창면 순천향로 22 행정학과 사무실

제목   행정사무관리론 기말고사

행정사무관리론 기말고사 내용을 아래와 같이 첨부함.

1. 역사적 배경 및 사무자동화 단계를 고려한 주관적인 측면에서의 사무관리 발전
   과정과 개선방향

2. 사무관리제도의 개선방향

첨부. 행정사무관리론 기말고사(한글파일)   1부   끝.

순천향대 행정학과

수신자 행정학과

행정학과 14학번 이민규 행정학과교수 제갈욱

협조자 행정학과 박관태

시행 순천향대 행정학과   (2017. 12. 04) 접수 순천향대 행정학과   (2017. 12. 04)
우 31538 충남 아산시 신창면 순천향로 22 행정학과 / http://homepage.sch.ac.kr
전화(041) 530 1203 팩스   / 비공개

제목　　　행정사무관리론 기말고사

---

1. 역사적 배경 및 사무자동화 단계를 고려하여 주관적인 측면에서 사무관리 발전과 정과 개선방향을 제시하시오(사실적).

우리나라의 역사를 살펴보면 계속해서 사무자동화를 발전시킴으로 효율적인 행정업무를 시행해왔다. 문서관리를 더욱 효율적이고 이용자들이 편리하게 하기위해서 사무자동화를 통해 기존에 작성하던 방법과 달리 새로운 문서관리 파일이나 작업을 수행하는 방법이 계속해서 발전해 나가고 있는 현실이다.

사무자동화의 발전 과정을 살펴보면 새롭게 등장하는 것들은 기존에 존재하던 것들에서 더욱 신속하게 처리하거나 편리하게 하기위해서 등장한 것들이라고 생각한다. 이러한 사무자동화 단계를 보았을 때 앞으로 더욱 발전하기위해서는 차세대 자동화 기기를 활용하여야 한다고 생각한다. 컴퓨터를 더욱 간소화하여 휴대하기 편하게 노트북이 발전되어졌고 최근에는 스마트폰과 다양한 테블릿PC 등이 발전되고 있다. 그래서 앞으로의 개선방향은 스마트폰을 적극 활용하여 행정업무의 이동성 및 반응성을 증대시켜야 한다고 생각한다. 언제 어디서든 스마트폰 하나를 가지고 신속한 문서처리를 할수 있도록 스마트폰에서 호환되는 새로운 어플리케이션을 만들어야한다고 생각한다.

2. 사무관리의 개선방안을 제시하시오(이론적).

우리나라의 문서관련 법령의 기본적인 방향은 대체적으로 효율성과 이용자의 편리성 등을 기본방향으로 설정하고 있다. 기본방향을 자세하게 살펴보자면 문서관리 전 과정을 전자화에 맞도록 재설계하고 기록물관리체계를 사용자 편의 위주로 개선하였다. 또한 편의성을 고려하여 문서처리절차 등을 개선하고 마지막으로 새롭고 강력한 '전자문서시스템'을 구축하였다.

사무관리규정은 사무의 간소화, 표준화, 과학화 및 정보화를 기하여 행정의 능률을 높이는 방향으로 발전해왔다. 기안문과 시행문을 통합 및 간소화하였고 문서심사 등 형식적 절차 및 항목을 폐지하였다. 또한 문서처리절차를 효율화하고, 전산화하였다. 마지막으로 정부 전자문서 유통지원센터 및 시스템 간 연계근거를 마련하였다.

이러한 개정방향의 기대효과는 절차의 간소화로 행정업무 처리의 신속화를 할 수 있을 것이다. 그리고 새로운 전자문서시스템 구축으로 전자 문서의 유통이 원활해 질 것으로 기대한다. 또한 정보화 장애요인의 제거로 정보산업의 발전을 유도할 것이다. 마지막으로 행정업무의 신속한 처리로 대국민 행정서비스의 질이 향상될 것이다.

이러한 개정방향의 문제점과 개선방안은 경영의 효율적인 제도의 적극 도입이다. 행정사무의 경우 조직적인 특성 때문에 발전이 힘든 것이 사실이다. 일본의 경우에도 신속하고 정확한 의사결정을 내리기 위해 경영과 관리를 접목시키는 방법을 사용하고 있다. 따라서 항상 효율적이고, 효과적인 방법을 찾아내는 사조직, 경영의 새로운 기법들을 적극적으로 검토해서 행정기관에 도입해야 할 것이라고 생각한다.

행 정 기 관 명

수신
(경유)
제목

발 신 명 의 직 인

기안자 직위(직급) 서명   검토자 직위(직급) 서명   결재권자 직위(직급) 서명

협조자

시행   처리과명-연도별 일련번호(시행일)   접수   처리과명-연도별 일련번호(접수일)

우   도로명주소   / 홈페이지 주소

전화번호(   )   팩스번호(   )   / 공무원의 전자우편주소   / 공개 구분

210mm×297mm(백상지 80g/㎡)

비고(이 난은 서식에 포함하지 아니한다)

- 문서를 작성할 때 "행정기관명". "발신명", "기안자", "검토자", "결재권자", "직위(직급) 서명", "처리과명-연도별 일련번호(시행일)". "도로명주소", "홈페이지 주소", "공무원의 전자우편주소". "공개 구분"의 용어는 표시하지 아니하고 그 내용을 적는다.

---

14) 한글2010 프로그램에서 파일; 새문서; 문서마당

작 성 방 법

1. 행정기관명: 그 문서를 기안한 부서가 속한 행정기관명을 기재한다. 행정기관명이 다른 행정기관명과 같은 경우에는 바로 위 상급 행정기관명을 함께 표시할 수 있다.

2. 수신: 수신자명을 표시하고 그 다음에 이어서 괄호 안에 업무를 처리할 보조·보좌 기관의 직위를 표시하되, 그 직위가 분명하지 않으면 ○○업무담당과장 등으로 쓸 수 있다. 다만, 수신자가 많은 경우에는 두문의 수신란에 '수신자 참조'라고 표시하고 결문의 발신명의 다음 줄의 왼쪽 한계선에 맞추어 수신자란을 따로 설치하여 수신명을 표시한다.

3. (경유): 경유문서인 경우에 '이 문서의 경유기관의 장은 ○○○ (또는 제1차 경유기관의 장은 ○○○, 제2차 경유기관의 장은 ○○○)이고, 최종 수신기관의 장은 ○○○입니다.'라고 표시하고, 경유기관의 장은 제목란에 '경유문서의 이송'이라고 표시하여 순차적으로 이송하여야 한다.

4. 제목: 그 문서의 내용을 쉽게 알 수 있도록 간단하고, 명확하게 기재한다.

5. 발신명의: 합의제 또는 독임제 행정기관의 장의 명의를 기재하고, 보조기관 또는 보좌기관 상호 간에 발신하는 문서는 그 보조기관 또는 보좌기관의 명의를 기재한다. 시행할 필요가 없는 내부결재문서는 발신명의를 표시하지 않는다.

6. 기안자·검토자·협조자·결재권자의 직위/직급: 직위가 있는 경우에는 직위를, 직위가 없는 경우에는 직급(각급 행정기관이 6급 이하 공무원의 직급을 대신하여 사용할 수 있도록 정한 대외직명을 포함한다. 이하 이 서식에서 같다)을 온전하게 쓴다. 다만, 기관장과 부기관장의 직위는 간략하게 쓴다.

7. 시행 처리과명 – 연도별 일련번호(시행일), 접수 처리과명 – 연도별 일련번호(접수일): 처리과명(처리과가 없는 행정기관은 10자 이내의 행정기관명 약칭)을 기재하고, 시행일과 접수일란에는 연월일을 각각 온점(.)을 찍어 숫자로 기재한다. 다만, 민원문서인 경우로서 필요한 경우에는 시행일과 접수일란에 시·분까지 기재한다.

8. 우 도로명주소: 우편번호를 기재한 다음, 행정기관이 위치한 도로명 및 건물번호 등을 기재하고 괄호 안에 건물명칭과 사무실이 위치한 층수와 호수를 기재한다.
   (예) 우03171 서울특별시 종로구 세종대로 209 (세종로)

작 성 방 법

9. 홈페이지 주소: 행정기관의 홈페이지 주소를 기재한다.

   (예) www.mois.go.kr

10. 전화번호( ), 팩스번호( ): 전화번호와 팩스번호를 각각 기재하되, (   )안에는 지역번호를 기재한다. 기관 내부문서의 경우는 구내 전화번호를 기재할 수 있다.

11. 공무원의 전자우편주소: 행정기관에서 공무원에게 부여한 전자우편주소를 기재한다.

12. 공개구분: 공개, 부분공개, 비공개로 구분하여 표시한다. 부분공개 또는 비공개인 경우에는 「공공기록물 관리에 관한 법률 시행규칙」 제18조에 따라 '부분공개( )' 또는 '비공개( )'로 표시하고, 「공공기관의 정보공개에 관한 법률」 제9조제1항 각 호의 번호 중 해당 번호를 괄호 안에 표시한다.

13. 관인생략 등 표시: 발신명의의 오른쪽에 관인생략 또는 서명생략을 표시한다.

※ 기안자 · 검토자 및 결재권자(직위/직급) 서명: '기안자' · '검토자' · '결재권자' 및 '직위(직급)'의 용어는 표시하지 아니하고, 기안자 · 검토자 및 결재권자의 직위/직급을 쓰고 서명하되, 직위/직급 및 서명란의 수와 크기는 필요에 따라 조정하여 사용할 수 있다.

※ 협조자(직위/직급) 서명: '협조자'의 용어를 표시한 다음, 이어서 직위/직급을 쓰고 서명한다.

※ 전결 및 서명 표시 위치: 「행정 효율과 협업 촉진에 관한 규정」 제10조제2항 및 동 시행규칙 제7조제2항에 따라 결재권이 위임된 사항을 전결하는 경우에는 전결하는 사람의 서명란에 '전결' 표시를 한 후 서명하되, 서명하지 아니하는 사람의 서명란은 설치하지 아니한다.

※ 대결 및 서명 표시 위치: 「행정 효율과 협업 촉진에 관한 규정」 제10조제3항 및 동 시행규칙 제7조제3항에 따라 대결하는 경우에는 대결하는 사람의 서명란에 '대결' 표시를 하고 서명하며, 위임전결사항을 대결하는 경우에는 전결권자의 서명란에 '전결' 표시를 한 후 대결하는 사람의 서명란에 '대결' 표시를 하고 서명한다. 이때 서명하지 아니하거나 '전결' 표시를 하지 아니하는 사람의 서명란은 설치하지 아니한다.

※ 발의자(★)와 보고자(◉)의 표시는 직위/직급의 앞 또는 위에 하되, 보고자의 표시는 직접 결재권자에게 보고하는 경우에만 표시한다.

일반기안문

함께하는 공정사회! 더 큰 희망 대한민국!

 # 행 정 자 치 부

수신　수신자 참조(문서관리업무담당과장)

(경유)

제목　「행정 효율과 협업 촉진에 관한 규정」 일부개정령안 입법예고 알림

「행정 효율과 협업 촉진에 관한 규정」 일부개정령안의 입법예고가 2017. 11. 6.자 관보, 행정자치부 홈페이지(www.mois.go.kr)를 통해 실시되고 있음을 알려드립니다.

붙임 「행정 효율과 협업 촉진에 관한 규정」 일부개정령안 1부. 끝.

행정자치부장관

수신자 서울특별시장, 부산광역시장, 대구광역시장, 인천광역시장, 광주광역시장, 대전광역시장, 울산광역시장, 경기도지사, 강원도지사, 충청북도지사, 충청남도지사, ·····················

행정사무관 고○○　　　　　　정보공개정책과장　전결
　　　　　　　　　　　　　　　　　　　　　　2017. 11. 6.
　　　　　　　　　　　　　　　　　　　　　　장○○

협조자

시행　정보공개정책과-283(2017. 11. 6.)　접수

우 03171　서울특별시 종로구 세종대로 209(세종로)　/ http://www.mois.go.kr

전화번호 (02)2100-3421　팩스번호 (02)2100-3459　/ nj5223@moi.go.kr　/ 대국민공개

간이기안문

이 서식은 보고서·계획서·검토서 등 내부적으로 결재하는 문서에 한하여 사용하며, 시행문으로 변환하여 사용할 수 없다.

생산등록번호				
등 록 일				
결 제 일				
공 개 구 분		협 조 자		

(제   목)

※ 필요한 경우 보고근거 및 보고내용을 요약하여
   적을 수 있음

<table>
<tr><td>○○○○부
(처·청·위원회 등)</td><td>또는</td><td>○○○○부(처·청·위원회 등)
○○○○과</td></tr>
</table>

작 성 방 법

1. 생산등록번호: 처리과명(처리과가 없는 행정기관은 10자 이내의 행정기관명 약칭)과 연도별 일련번호를 붙임표(-)로 이어 적는다.

2. 공개 구분: 공개, 부분공개, 비공개로 구분하여 표시한다. 부분공개 또는 비공개인 경우에는 「공공기록물 관리에 관한 법률 시행규칙」 제18조에 따라 '부분공개( )' 또는 '비공개( )'로 표시하고, 「공공기관의 정보공개에 관한 법률」 제9조제1항 각 호의 번호 중 해당 번호를 괄호 안에 표시한다.

3. 기안자, 검토자, 협조자, 결재권자의 직위/직급: 직위가 있는 경우에는 직위를, 직위가 없는 경우에는 직급(각급 행정기관이 6급 이하 공무원의 직급을 대신하여 사용할 수 있도록 정한 대외직명을 포함한다. 이하 이 서식에서 같다)을 온전하게 쓴다. 다만, 기관장과 부기관장의 직위는 간략하게 쓴다.

4. 발의자(★), 보고자(◉) 표시: 해당 직위/직급의 앞 또는 위에 표시하되, 보고자는 직접 결재권자에게 보고하는 경우에만 표시한다.

5. 전결 및 서명 표시 위치: 「행정 효율과 협업 촉진에 관한 규정」 제10조제2항 및 동 시행규칙 제7조제2항에 따라 결재권이 위임된 사항을 전결하는 경우에는 전결하는 사람의 서명란에 '전결' 표시를 한 후 서명하되, 서명하지 아니하는 사람의 서명란은 설치하지 아니한다.

6. 대결 및 서명 표시 위치: 「행정 효율과 협업 촉진에 관한 규정」 제10조제3항 및 동 규정시행규칙 제7조제3항에 따라 대결하는 경우에는 대결하는 사람의 서명란에 '대결' 표시를 하고 서명하며, 위임전결사항을 대결하는 경우에는 전결권자의 서명란에 '전결' 표시를 한 후 대결하는 사람의 서명란에 '대결' 표시를 하고 서명한다. 이때 서명하지 아니하거나 '전결' 표시를 하지 아니하는 사람의 서명란은 설치하지 아니한다.

7. 직위/직급 및 서명란의 수와 크기는 필요에 따라 조정하여 사용할 수 있다.

간이기안문(예시)

생산등록번호	정보공개정책과 -840	주무관	행정사무관	정보공개 정책과장	정부혁신 기획관
등 록 일	2017. 11. 27.	신○○	김○○	이○○	전결 2017. 11. 27. 박○○
결 제 일	2017. 11. 27.				
공 개 구 분	대국민공개	협조자			

행정업무운영 편람 발간 계획

2017. 11. 27.

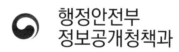

행정안전부
정보공개청책과

(표제부)

행 정 기 관 명

수신
(경유)
제목

본 서식은 표제부입니다.
본문 내용은 본문부(별도화일)를 이용하시기 바랍니다.

본문 내용에 대한 의견이 있는 경우에만 아래에 기재합니다.
1. 의견내용
2. 의견을 표시한 자의 쏙, 직위(직급) 및 성명

발 신 명 의 　인

기안자 (직위/직급) 서명　　검토자 (직위/직급) 서명　　결재권자 (직위/직급) 서명

협조자 (직위/직급) 서명

시행　　처리과명-연도별 일련번호(시행일자)　　접수　　처리과명-연도별 일련번호(접수일자)

우　　주소　　　　　　　　　　　　/ 홈페이지 주소

전화번호(　　)　　　팩스번호(　　)　　　/ 공무원의 공식 전자우편주소 / 공개 구분

(본문부)

제목 _____

(본문 내용)

붙임

공공기관문서(간이기안문)

등록번호				
등록일자				
결제일자				
공개구분				
		협조자		

(제   목)

※ 필요한 경우 보고근거 및 보고내용을 요약하여
   기재할 수 있음.

ㅇㅇㅇㅇ부   ㅇㅇㅇㅇ부
(처·청 또는 위원회 등)   또는   (처·청 또는 위원회 등)
ㅇㅇㅇㅇ국   ㅇㅇㅇㅇ과

<한글 맞춤법 및 어법>¹⁵⁾

1. [고/라고]

"~가 중요하다."고 말했다. → "~가 중요하다."라고 말했다.

(해설) 앞말이 직접 인용되는 말임을 나타내는 조사는 '라고'이다. '고'는 앞 말이 간접 인용 되는 말임을 나타내는 격 조사(⑩ 아이들이 소풍을 가자 고 떼를 쓴다.)이므로 직접 인용되는 말 뒤에는 쓰기 어렵다.

2. [로써/로서]

그것은 교사로써 할 일은 아니다. → 그것은 교사로서 할 일은 아니다.

(해설) 지위나 신분 또는 자격을 나타내는 격 조사는 '로서'이다. '로써'는 어 떤 일의 수단이나 도구를 나타내는 격 조사이다.(⑩ 대화로써 갈등을 풀 수 있을까?)

3. [율/률]

백분율 → 백분율

(해설) 받침이 있는 말 뒤에서는 '렬, 률', 받침이 없는 말이나 'ㄴ' 받침으로 끝나는 말 뒤에서는 '열, 율'로 적는다.(⑩ 비율, 실패율, 매칭률)

4. [년도/연도]

시설년도 → 시설 연도

(해설) 한자음 '녀, 뇨, 뉴, 니'가 단어 첫머리에 올 때에는 두음 법칙에 따라 '여, 요, 유, 이'로 적는다. '시설년도'는 한 단어가 아니므로 '시설 년 도'로 띄어 써야 하고, '연도'는 독립된 단어이므로 '년도'가 아니라 '연도'로 적어야 한다.

---

15) 공공언어 바로 쓰기 참고사항(국립국어원 인터넷 누리집 참고)

5. [연월일의 표기]

'06. 1 → '06. 1. / 2013. 6. 27(목) → 2013. 6. 27.(목)

(해설) 아라비아 숫자만으로 연월일을 표시할 경우에 마침표는 연월일 다음에 모두 사용해야 한다.

6. 융복합 → 융·복합

(해설) 열거된 단위, 용어가 대등하거나 밀접한 경우 '가운뎃점'을 사용한다.(단, 한 단어로 사전에 등재된 말은 가운뎃점을 찍지 않음. 예 : 시도, 내외, 대내외, 장차관)

〈띄어쓰기〉

1. [달러, 원, 명, 톤 등 단위를 나타내는 명사]

296억달러 → 296억 달러 / 10만톤 → 10만 톤 / 오십명 → 오십 명

(해설) 단위를 나타내는 명사는 앞말과 띄어 쓴다.

2. ['제-'와 같은 접두사]

제 1섹션 → 제1 부문/제1부문

(해설) '제-'는 '그 숫자에 해당되는 차례'의 뜻을 더하는 접두사이므로 뒷말과 붙여 쓴다.(예 : 제1 과(원칙) / 제1과(허용))
또한 외래어(섹션)보다는 순우리말을 사용하는 것이 바람직하다.

3. ['-여 / -쯤 / -가량'과 같은 접미사]

50여명의 → 50여 명의/ 내일 쯤 → 내일쯤/ 일주일 가량 → 일주일가량

(해설) '-여', '-쯤', '-가량'은 접미사이므로 앞말과 붙여 쓴다.

4. [호칭어나 관직명]

홍길동씨 → 홍길동 씨 / 행정안전부장관 → 행정안전부 장관

(해설) 성과 이름은 붙여 쓰고 이에 덧붙는 호칭어, 관직명 등은 띄어 쓴다.

5. ['본, 총'과 같은 관형사]

2010년부터 본제도 시행. → 2010년부터 본 제도 시행.

(해설) '본'은 관형사로 뒷말과 띄어 써야 한다(한자어 '본'보다는 고유어 '이'를
권장함).

총300대 → 총 300대

(해설) '총'은 모두 합하여 몇임을 나타내는 관형사로 뒷말과 띄어 써야 한
다.(단, 접두사로 쓰일 때는 뒷말과 붙여 쓴다.(예 총감독, 총결산, 총인원))

6. [문장 부호]

원장: 김갑동 → 원장 : 김갑동

(해설) 쌍점(:)은 앞말에 붙여 쓰고 뒷말과는 띄어 쓴다.

4. 23.~6. 15. → 4. 23.~6. 15.

(해설) 물결표(~)는 앞말과 뒷말에 붙여 쓴다.

7. [그 밖의 띄어쓰기]

가야할지 모르겠다. → 가야 할지 모르겠다.

(해설) 단어 단위로 띄어 쓰는 것이 원칙이므로 각각 다른 단어인 '가야'와
'할지'를 띄어 쓴다.

기관간 칸막이 → 기관 간 칸막이

(해설) 의존 명사는 앞말과 띄어 쓴다. '간'은 의존 명사이므로 띄어 쓴다
(단, 기간을 나타내는 말 뒤에 붙는 '간'은 접미사이므로 붙여 씀. 예 : 이틀간,
한 달간).

자전거열차운행 → 자전거 열차 운행/ 일제점검 → 일제 점검

(해설) 각기 독립된 뜻을 가진 명사는 띄어 쓴다.

지방공무원 뿐만 아니라 → 지방공무원뿐만 아니라

(해설) 조사는 앞말에 붙여 쓴다. '뿐'과 '만'은 조사이다.

그 동안 → 그동안

(해설) '그동안'은 한 단어이므로 붙여 쓴다(틀리기 쉬운 예 이후, 그중, 지난해, 더
욱더).

<우리말다운 표현 사용>

1. 과도한 명사화 구성을 피한다.

적극 뒷받침하기 위해 → 적극적으로 뒷받침하기 위해

(해설) 과도한 명사화 구성은 문장 의미 파악을 어렵게 하므로 조사나 어미
      를 써서 의미를 명확히 표현한다.

2. 번역 투 표현을 지양한다.

선정된 점포에 대해서는 → 선정된 점포에는

(해설) '~에 대해서'는 번역 투 표현이므로 피한다.

[쉽고 친숙한 표현 사용]

1. MOU → 업무협정(MOU) / IT → 정보기술(IT)

(해설) 외국 문자를 표기해야 할 경우 괄호 안에 병기한다.(국어기본법)

2. 힐링 → 치유 / 인프라 → 기반 시설 / 매뉴얼 → 지침

(해설) 외래어나 외국어 대신 이해하기 쉬운 우리말을 쓴다.

3. 지자체 → 지방자치단체(이하 지자체)

(해설) 준말(줄임말)을 사용할 때에는 원래의 온전한 용어를 기재한 뒤 괄
      호 안에 '이하 지자체' 형태로 준말을 기재해 사용한다.

4. 21,345천원 → 2,134만 5천 원

(해설) '천 원' 단위는 일반인이 이해하기 어려우므로 일반적인 숫자 표현
      (만 단위)으로 쓴다.

5. 제고하기 → 높이기 / 내수진작과 → 국내 수요를 높이고

(해설) 어려운 한자어 대신 이해하기 쉬운 표현을 사용한다.

[공공성 있는 표현 사용]

1. 품격 있는 표현을 사용한다.

(해설) 신조어 사용을 지양하며 표준어를 사용한다.

(**예** R&D → 연구 개발 / 모니터링 → 점검, 실태 조사 등)

2. 고압적 · 권위적인 표현을 사용하지 않는다.

(해설) 시혜1적인 표현을 사용하지 않는다.

(**예** 장관은 ~라며 치하했다. → 장관은 ~라고 말했다.

작성할 것 → 작성해 주십시오. 제출바람 → 제출해 주십시오.)

3. 차별적 표현을 사용하지 않는다.

(해설) 성별, 지역, 인종, 장애에 대한 차별적 표현을 사용하지 않는다.(**예** 소
외계층, 결손가정 등)

〈행정용어 순화 사용 참고사항〉

1. 국어기본법 위반

어렵거나 낯선 전문어나 신조어 사용(괄호 안에 한자나 외국 글자 쓰기)

개선이 필요한 표현	개선된 표현	개선이 필요한 표현	개선된 표현
AI	인공 지능(AI)	AI	조류 독감/ 조류인플루엔자(AI)
B2B	기업 간 거래(B2B)	P2P	개인 간(P2P)
ICT	정보 통신 기술(ICT)	IoT	사물 인터넷(IoT)
MOU	업무 협약/ 양해 각서(MOU)	R&D	연구 개발(R&D)

2. 불필요한 외국어 사용

개선이 필요한 표현	개선된 표현	개선이 필요한 표현	개선된 표현
As-is	개선 전	To-be	개선 후
Bottom-up식	상향식	노하우	비법/기술/비결/방법
가이드라인	지침/방침	가이드북	안내서/지침서/길잡이
글로벌 경쟁력	국제 경쟁력/ 세계 경쟁력	글로벌 스탠더드	국제 표준
네트워크	연결망/관계망/ 연계망	니즈	요구/필요/바람
데모데이	시연회	드론	무인기
디지털 포렌식	전자법의학(수사)	라운드 테이블 토론/회의	원탁 토론/원탁회의
레시피	조리법	로드맵	(단계별) 이행안/ 단계별 계획
로드 쇼	투자 설명회	로컬 푸드	지역 음식/향토 음식
론칭	개시	리스크	위험/손실
마스터 플랜	종합 계획/ 기본 계획	매뉴얼	안내서/설명서/지침
매칭	연결	모니터단	점검단/감시단
모니터링	점검/감시/감독	미스매치	부적합한 연결
바우처	상품권/이용권	벤치마킹하다	본을 따르다/견주다
블라인드 채용	정보 가림 채용	세션	분과/부문/부분
스왑	교환	스크린도어	안전문
스타트업	창업(초기)기업/새싹 기업	시너지 효과	(동반)상승효과/상생 효과
아웃리치	현장 지원(활동)	액셀러레이팅	창업 (초기)기업 육성 기관/새싹 기업

액션 플랜	실행 계획	원스톱 서비스	통합 서비스/ 일괄 서비스
웨어러블 디바이스	착용형 기기	윈윈 효과	상생 효과
이슈	쟁점/논쟁	인센티브	혜택/특전
인규베이팅	보육/도움 (인큐베이팅) 등	인프라 구축	기반 (시설) 구축
카 셰어링	차량 공유	컨트롤타워	(조정)관리 조직/ (조정)관리 기구/ 전담
콘퍼런스	학술회의/학술 대회	킥오프 회의	첫 회의
타깃	대상/목표	태스크포스(TF)	전담 팀/ 특별 팀
테마 공원	주제 공원	테스트 베드	시험장/시험대/시범 공간
톱다운식	하향식	트렌드	유행/흐름/동향/경향
패러다임	인식	패키지 지원	종합 지원/통합 지원
페스티벌	축제	페이백	보상 환급
페이백	보상 환급	프로세스	과정/절차
프로젝트	과제/사업/기획	핫라인	(비상) 직통 회선/ (비상) 직통 전화
허브	중심/중심지/거점	헬스케어	건강 관리
힐링	치유		

3. 불필요한 한자어 사용

개선이 필요한 표현	개선된 표현	개선이 필요한 표현	개선된 표현
가격 투찰	가격 제시	가용한	쓸 수 있는
가일층	한층 더/더한층	거양하다	올리다
경주하다	기울이다/쏟다/다하다	계도하다	알려주다/일깨워주다
금번	이번	기	이미 ( )/기존의 ( )
기망하다	속이다	긴요하다	아주 중요하다
동 ( )	이 ( )	만전을 기할 예정이다	최선을 다할 예정이다
본 ( )	이 ( )	부기하다	덧붙여 기재하다
불식하다	없애다	불요	필요 없음
비첨두시	붐비지 않을 때	상기(의)	위(의)
상이한	다른	상존	늘 있음
상회하다	웃돌다	서훈된 자	훈장을 받은 사람
송달하다	보내다	수범사례	모범사례
수취	수령/받음	시찰하다	살펴보다
시현하다	나타내다/나타내 보이다	예찰하다	미리 살피다
용이하다	쉽다	이첩하다	넘기다
적기	알맞은 시기/제철	적시	제때
제고하다	높이다	제반	여러
존치하다	그대로 두다	차기	다음(번)
천명하다	밝히다	첨두시	가장 붐빌 때
추서하다	훈장을 내리다	타 ( )	다른 ( )
패용/패용하다	달기/달다	편취하다	속여 뺏다
하회하다	밑돌다	현출	두드러짐
확행 바랍니다	꼭 하시기 바랍니다		

[별표 1] 문서의 종류 및 작성방법(제2조 관련)

종 류		작성방법	문서번호
법규문서		조문형식에 따라 작성	누년 일련번호
지시문서			
	훈령*	조문형식 또는 별지 제1호서식의 시행문형식에 따라 작성 (* 상급기관이 하급기관에 대하여 장기간에 걸쳐 그 권한의 행사를 일반적으로 지시하기 위하여 발하는 명령)	누년 일련번호
	지시*	시행문형식에 따라 작성 (* 상급기관이 직권 또는 하급기관의 문의에 의하여 하급기관에 개별적 ·구체적으로 발하는 명령)	연도표시 일련번호
	예규*	조문형식이나 시행문형식에 따라 작성 (* 행정업무의 통일을 기하기 위하여 반복적 행정업무의 처리기준을 제시하는 법규문서가 아닌 문서)	누년 일련번호
	일일명령*	시행문형식이나 별지 제2호서식의 회보형식 등에 따라 작성 (* 당직·출장·시간외근무·휴가 등 일일업무에 관한 명령)	연도별 일련번호
공고문서			
	고시*	(* 법령이 정하는 바에 따라 일정한 사항을 일반에게 알리기 위한 문서)	연도표시 일련번호
	공고*	(* 일정한 사항을 일반에게 알리는 문서)	
비치문서		카드, 대장 등으로 작성	
민원문서· 일반문서		시행문형식 등에 따라 작성	
	회보*	회보형식에 따라 작성 (* 행정기관의 장이 소속 공무원이나 하급기관에 업무연락·통보 등 일정한 사항을 알리려는 경우에 사용하는 문서)	연도별 일련번호
	보고서*	특별한 사유가 없으면 별지 제1호서식이나 별지 제2호서식에 따라 작성 (* 특정한 사안에 관한 현황 또는 연구·검토결과 등을 보고하거나 건의하는 때에 사용하는 문서)	

※ 문서번호
1. 누년 일련번호: 연도구분과 관계없이 여러 해 계속되는 일련번호
2. 연도별 일련번호: 연도별로 구분하여 매년 새로 시작되는 일련번호로서 연도표시가 없는 번호
3. 연도표시 일련번호: 연도표시와 연도별 일련번호를 붙임표(-)로 이은 번호

[별표 2] 관인생략이나 서명생략 표시(제10조제4항 관련)

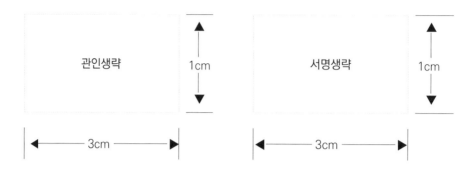

[별표 3] 접수인(제14조제5항 관련)

※ 접수란의 크기는 기관에 따라 적절하게 조정하여 사용
※ 기재요령
1. 접수등록번호는 처리과명과 일련번호를 기재한다. 예 행정제도과인 경우: 행정제도과-23
2. 괄호 안에는 접수일자를 기재한다. 민원문서 등 시·분까지 기재가 필요한 경우에는 시·분까지 기재한다. 예 2011. 7. 10. 또는 2011. 7. 10. 14:23

[별표 4] 용지의 지질기준(제22조제2항 관련)

번호	용지종류	지질
1	비치카드 · 상장 · 통지서(엽서) · 임용장, 휴대 또는 게시하는 각종 증서 등	보존용지(1종)
2	보존기간이 20년 이상인 문서의 서식, 보존기간이 10년 이상인 기안용지 · 회계장부 및 특수대장	보존용지(1종)
3	보존기간이 10년 이상인 문서의 서식(제2호의 서식 제외), 보존기간이 5년 이하인 문서의 서식, 일반대장(보존기간 10년 미만) 및 회의안건 · 보고서 등	보존용지(2종) 또는 일반용지(재활용품)
4	각종 민원신청서 및 신고서 · 통지서	일반용지(재활용품) 또는 신문용지(재활용품)
5	행정간행물(보존기간 10년 이상)	보존용지(2종)

서식의 설계기준(제23조 관련)

구분		설계기준
기본 형식		○ 영 제73조제2항에 따른 기안문 및 시행문 형식의 서식은 별지 제1호의2서식의 형식으로 작성한다. ○ 그 밖의 각종 신청서, 증명서 등의 서식에는 접수(발급)번호, 접수일자, 발급일자 등의 해당사항과 전자적 신청 가능 여부를 명시한다. – 전자적 신청 가능 여부 표시 문안 예시: 민원24(www.minwon.go.kr)에서도 신청할 수 있습니다. ○ 모든 서식에는 그 서식에 관한 기본정보(법령 등의 명칭과 서식 호수, 최근 개정일)를 표시하여야 한다.
용지 여백		○ 여백은 상단 및 좌우측은 20㎜, 하단은 10㎜로 하되, 필요한 경우 프린터로 출력 가능한 범위에서 확대 또는 축소할 수 있다.
본란	항목란	○ 항목란은 당해 민원사무 처리에 필요한 최소한의 범위에서 설치하여야 한다. ○ 행정정보의 공동이용을 통하여 해당 정보의 내용을 확인할 수 있는 경우에는 첨부서류를 따로 받지 아니하도록 하는 내용을 기입하는 항목을 두는 것을 원칙으로 한다. ○ 항목에 따르는 하위 항목은 서식의 내용을 쉽게 파악할 수 있도록 위계에 따라 배열하되, 항목의 하위 항목은 3단계를 초과할 수 없다. ○ 계산이 필요한 숫자란은 계산의 순서를 고려하여 상하 또는 좌우로 배열하고 계산 부호를 붙일 수 있다. ○ 항목의 일련번호("①" 등)는 기입하지 아니하되, 필요에 따라 기입하는 경우에는 왼쪽에서 오른쪽으로, 위에서 아래의 순서로 기입한다. ○ 주민등록번호란은 "생년월일"로 대체하여 사용하고 등록기준지란은 설치하지 아니하되, 행정정보공동이용을 통한 정보의 확인, 신원조회 등 꼭 필요한 경우에만 "주민등록번호" 또는 "등록기준지란"을 설치할 수 있다. ○ 주소변경 시 법령에 신고규정이 없는 경우, 허가증·인가증·자격증·신고필증 등의 서식에는 주소란을 두지 아니한다. ○ 기재할 내용이 있는 경우에만 비고 항목을 둔다.
	기입란	○ 기입란명은 기입할 내용을 확실히 알 수 있는 명칭을 붙인다. ○ 기입하기 불편한 글자별, 숫자별 구획은 설치하지 않는다.

표	구 분	○ 다른 요소의 간섭을 줄임으로써 의도한 정보를 쉽게 인지할 수 있도록 하고, 행정정보시스템에서 문답식 단계별 입력방식을 용이하게 채택할 수 있도록 유사한 성격의 콘텐츠를 하나로 모아 표로 분류한다. 　　– 접수(발급)번호 · 접수일자 · 발급(발행)일자 · 처리기간 및 첨부서류 · 수수료, 공무원 기재 또는 확인사항 　　– 신청인 인적사항, 신청 내용 등 ○ 표 사이의 간격은 2㎜를 기준으로 하되, 지면상 공간확보가 어려운 경우 0.5㎜까지 조정할 수 있다.
	위 치	○ 표의 위치는 다음과 같이 하되 필요한 경우 조정할 수 있다. 　　– 접수(발급)번호 · 접수일자 · 발급(발행)일자 · 처리기간: 상단 서식명 다음 줄 　　– 신청인 인적사항: 접수(발급)번호 표 다음 　　– 신청 내용: 신청인 인적사항 표 다음 　　– 첨부서류 · 수수료: '○○○ 귀하' 또는 '신청인, 서명 또는 인' 다음 　　– 유의사항 · 작성방법: 첨부서류 표 다음 ○ 첨부서류 · 수수료, 유의사항 · 작성방법, 업무처리 절차 등 알림항목은 서식 하단 또는 뒤쪽에 배치한다. ○ 업무처리 절차를 별도의 방법으로 알려주는 경우에는 생략할 수 있다.
선	형태	○ 기본적으로 실선을 사용하며 절취선은 점선을 사용한다.
	굵기/ 색상	○ 선의 굵기는 0.12㎜를 기본으로 하되, 예외로 정하는 항목은 다음과 같다. 　　– 표의 좌 · 우측 테두리: 표시하지 않음 　　– 민원인 기재란이 있는 표의 상 · 하 테두리: 0.2㎜ 　　– "○○○ 귀하" 또는 "신청인, 서명 또는 인" 다음의 마감선과 동의서, 유의사항 · 작성방법 등 알림항목의 상단 테두리 및 절취선: 0.7㎜ ○ 선의 색상은 "어두운 회색"을 기본으로 하되, 예외로 정하는 항목은 다음과 같다. 　　– 표 안에서 성격이 유사한 정보를 구분하는 선과 "신청인, 서명 또는 인" 다음의 마감선: 밝은 회색 　　– 표의 상 · 하 테두리 선은: 검정색
칸	높이	○ 한 칸의 높이는 8.5㎜로 하는 것을 원칙으로 한다.
	폭	○ 칸을 분리 또는 통합하는 경우 불규칙적 배열을 방지하기 위하여 기준이 되는 가상의 안내선을 설정하고 기준안내선에 따라 일정한 비례대로 조정한다.

		○ 성명란은 많은 글자의 이름을 온전하게 기입할 수 있도록 가능한 15자 이상, 주민등록번호 란은 최소 50㎜이상의 기입공간을 확보한다. ○ 주소, 세부설명 등과 같이 정보량이 비교적 많은 항목의 경우 한 줄 이상을 한 칸으로 할 수 있다.
	색상	○ 흰색을 기본으로 하되, 필요한 경우 부분적으로 적절한 명도와 채도의 컬러를 사용할 수 있다. ○ 공무원이 작성하는 칸과, 동의서 유의사항·작성방법 등 알림항목의 제목 칸은 "밝은 회색"으로 처리한다.
한글	위치	○ 글자는 주변의 선에 닿지 않도록 충분한 공간을 두어야 한다. ○ 글자는 왼쪽 기준선에 맞추어 사용하되, 예외로 정하는 항목은 다음과 같다. 　－ 서식명: 용지 상단 중앙 　－ 칸을 구분하는 선이 없는 항목의 제목: 좌측 상단 　－ 칸을 구분하는 선이 있는 항목의 제목: 중앙 　－ 서식 정보: 용지의 위에서 20㎜ 위치의 왼쪽 기준선 　－ 전자적 신청 여부: 용지의 위에서 20㎜ 위치의 오른쪽 기준선 　－ 규격, 지질 등 용지 정보: 용지의 아래에서 10㎜ 위치의 오른쪽 기준선 　－ 제출 연·월·일: 줄의 오른쪽 기준선 　－ 신청인 관련 정보: 오른쪽 기준선
	모양	○ 글자는 알아보기 쉽고, 컴퓨터 소프트웨어 간의 호환성이 좋은 윈도우 기본서체를 보통 굵기로 사용한다. 　－ 서식명은 견고딕, 그 외의 글자는 돋움으로 하되, 필요한 경우 예외적으로 다른 서체를 사용할 수 있다. ○ 서식에 기재된 정보 중 민원인 또는 담당 공무원이 인지해야 할 필요가 있는 주요사항과 서식명은 굵은 체로 한다.
	크기/ 색상	○ 글자 크기는 10pt를 기본으로 하고 "( )"안의 글씨는 1pt 작게 하되, 예외로 정하는 항목은 다음과 같다. 　－ 서식명: 16pt 　－ "시장·군수" 등 기관명: 13pt 　－ 민원인 기재란이 있는 표의 위계 구분에 따른 첫 번째 항목의 제목: 11pt(두번째 항목부터는 1pt씩 작은 글씨로 한다.) 　－ 접수번호 등 공무원 기재 란의 제목, "년·월·일": 9pt 　－ 동의서, 유의사항·작성방법 등 알림사항, 첨부서류 및 수수료, 서식·용지 정보, "서명 또는 인": 8pt

		○ 글자 색상은 검정색을 기본으로 하고 필요한 경우 부분적으로 컬러를 사용하되, 민원인의 서명 등과 겹치게 되는 "서명 또는 인" 글자는 "어두운 회색"으로 한다.
	장평, 자간, 행간	○ 장평은 97%, 자간은 -7%로 하되, 필요한 경우 자간은 조정할 수 있다. ○ 행간은 글자 높이의 1/2 정도의 간격을 기본으로 하되, 글자 크기 및 용지의 공간에 따라 가변적으로 적용한다. ○ 유의사항 등 알림 항목의 문단을 구분하는 간격은 글자 높이로 하되, 필요한 경우 조정할 수 있다.
외국어	위치	○ 단어 형태의 외국어는 한글의 오른쪽에 띄어 쓰되, 줄이 바뀌는 경우와 "년 월 일", "서명 또는 인" "신청인" 등의 경우 한글 아래에 쓸 수 있다. 　- 단어를 한글과 외국어로 병기하는 경우 좌측 정렬을 기본으로 한다. ○ 문장 형태는 한글 문장이 끝나는 줄의 다음 줄에 한글 문장의 첫 글자와 같은 위치에서부터 쓰되, 한 줄에 한글과 외국어를 모두 기재할 수 있는 하나의 문장인 경우에는 오른쪽에 쓸 수 있다. ○ "년 월 일"의 경우 "년(yy) 월(mm) 일(dd)" 형식으로 쓸 수 있다.
	크기 등	○ 한글과 병기하는 외국어는 한글보다 1pt 작은 크기로 한다. ○ 장평은 97%, 자간은 0%로 하되, 필요한 경우 자간은 조정할 수 있다. ○ 서체 및 색상은 한글과 동일하게 한다.
용어		○ 서식에 사용하는 행정용어 또는 법률용어 등 전문용어는 민원인이 쉽게 이해할 수 있는 용어로 바꾸어 쓴다. 　- 불필요한 어휘의 사용 자제 및 적정한 문장 길이 유지 　- 전달하려는 의미가 같은 경우 동일한 용어 사용
특수기호		○ 문서편집기에서 처리가 어렵거나 전자화 과정에서 인식 오류가 많이 발생하는 특수기호는 사용하지 않는다. 　- ✓ 표시를 하도록 하는 "□"등은 "[ ]"로 대체하여 사용한다.

행 정 기 관 명

수신자

(경유)

제 목

_____

발 신 명 의 │ 직 인 │

기안자 직위(직급) 서명   검토자 직위(직급)서명   결재권자 직위(직급)서명

협조자

시행   처리과-일련번호(시행일자)   접수   처리과명-일련번호(접수일자)

우   주소   / 홈페이지 주소

전화( )   팩스( )   / 공무원의 공식 전자우편주소 / 공개구분

210mm×297mm[일반용지(재활용품)]

작성방법

(이 난은 서식에 포함하지 아니함)

1. 행정기관명: 그 문서를 기안한 부서가 속한 행정기관명을 기재한다. 행정기관명이 다른 행정기관명과 같은 경우에는 직근 상급 행정기관명을 함께 표시할 수 있다.

2. 수신 (   ): 수신자명을 표시하고 그 다음에 이어서 괄호 안에 업무를 처리할 보조·보좌기관의 직위를 표시하되, 그 직위가 분명하지 않으면 ○○업무담당과장 등으로 쓸 수 있다. 다만, 수신자가 많은 경우에는 두문의 수신란에 "수신자 참조"라고 표시하고 결문의 발신명의 다음 줄의 왼쪽 기본선에 맞추어 수신자란을 따로 설치하여 수신자명을 표시한다.

3. (경유): 경유문서인 경우에 (경유)란에 "이 문서는 경유기관의 장은 ○○○ (또는 제1차 경유기관의 장은 ○○○, 제2차 경유기관의 장은 ○○○)이고, 최종 수신기관의 장은 ○○○ 입니다."라고 표시하고, 경유기관의 장은 제목란에 "경유문서의 이송"이라고 표시하여 순차적으로 이송하여야 한다.

4. 제목: 그 문서의 내용을 쉽게 알 수 있도록 간단하고, 명확하게 기재한다.

5. 발신명의: 합의제 행정기관 또는 행정기관의 장의 명의를 기재하고, 보조기관 또는 보좌기관 상호간에 발신하는 문서는 그 보조기관 또는 보좌기관의 명의를 기재한다. 시행할 필요가 없는 내부결재문서는 발신명의를 표시하지 않는다.

6. 기안자·검토자·협조자·결재권자의 직위/직급(직급의 경우에는 각급 행정기관이 6급 이하 공무원의 직급을 대신하여 사용할 수 있도록 정한 대외직명을 포함한다. 이하 이 서식에서 같다): 직위가 있는 경우에는 직위를 온전하게 쓰고, 직위가 없는 경우에는 직급을 온전하게 쓴다. 다만, 기관장과 부기관장의 직위는 간략하게 쓴다.

7. 시행 처리과명 – 일련번호(시행일자) 접수 처리과명 – 일련번호(접수일자): 처리과명(처리과가 없는 행정기관은 10자 이내의 행정기관명의 약칭)을 기재하고, 일련번호는 연도별 일련번호를 기재하며, 시행일자와 접수일자란에는 연월일을 각각 온점(.)을 찍어 숫자로 기재한다. 다만, 민원문서인 경우로서 필요한 경우에는 시행일자와 접수일자란에 시·분까지 기재한다.

8. 우 주소: 우편번호를 기재한 다음, 행정기관이 위치한 도로명 및 건물번호를 기재하고 사무실이 위치한 층수와 호수를 괄호안에 기재한다.
   예 우110－034 서울특별시 종로구 세종대로 209 정부중앙청사(11층 1104호)

9. 홈페이지 주소: 행정기관의 홈페이지 주소를 기재한다.
   예 www.mopas.go.kr

10. 전화( ) 팩스( ): 전화번호와 팩스번호를 각각 기재하되, (   )안에는 지역번호를 기재한다. 기관 내부문서의 경우는 구내 전화번호를 기재한다.

11. 공무원의 공식 전자우편주소: 행정기관에서 공무원에게 부여한 전자우편 주소를 기재한다.

12. 공개구분: 공개, 부분공개, 비공개로 구분하여 표시한다. 부분공개 또는 비공개인 경우에는 「공공기록물 관리에 관한 법률 시행규칙」 제18조에 따라 "부분공개( )" 또는 "비공개( )" 로 표시하고, 「공공기관의 정보공개에 관한 법률」 제9조제1항 각 호의 번호 중 해당 번호를 괄호 안에 표시한다.

13. 관인생략 등 표시: 발신명의의 오른쪽에 관인생략 또는 서명생략을 표시한다.

※ 기안자·검토자 및 결재권자(직위/직급) 서명: "기안자·검토자 및 결재권자"의 용어는 표시하지 아니하고, 기안자·검토자 및 결재권자의 직위/직급을 쓰고 서명한다.

※ 협조자(직위/직급) 서명: "협조자"의 용어를 표시한 다음, 이어서 직위/직급을 쓰고 서명한다.

※ 전결 및 서명표시 위치: 행정업무의 효율적 운영에 관한 규정 제10조제2항 및 동 규정 시행규칙 제7조제2항의 규정에 의하여 결재권이 위임된 사항을 전결하는 경우에는 행정기관의 장의 결재란을 설치하지 아니하고 전결하는 자의 서명란에 "전결"표시를 한 후 서명한다.

※ 대결 및 시명표시 위치: 행정업무의 효율적 운영에 관한 규정 제10조제3항 및 동 규정시행 규칙 제7조제3항의 규정에 의하여 대결하는 경우에는 대결하는 사람의 서명란에 "대결" 표시를 하고 서명하며, 위임전결사항을 대결하는 경우에는 전결하는 사람의 서명란에 "전결" 표시를 한 후 대결하는 사람의 서명란에 "대결" 표시를 하고 서명하여야 한다. 이때 행정기관의 장의 결재란은 설치하지 않는다.

※ 발의자(★)·보고자(◉)의 표시는 직위 또는 직급 앞 또는 위에 한다.

등록번호				
등록일자				
결재일자				
공개구분		협조자		

보고서 · 계획서 · 검토서

※ 필요한 경우 보고근거 및 보고내용을 요약하여
기재할 수 있음

○○○○부   ○○○○부
(처·청 또는 위원회 등) 또는 (처·청 또는 위원회 등)
○○○○국   ○○○○과

※ 비고(이 난은 서식에 포함하지 아니함)
1. 이 서식은 보고서·계획서·검토서 등 내부적으로 결재하는 문서에 한하여 사용한다.
2. 등록번호란: 처리과기관코드[처리과명(처리과가 없는 행정기관은 10자 이내의 행정기관명의 약칭)을 말한다]와 연
   도별 일련번호를 기재한다.
3. 공개구분란: 공개, 부분공개, 비공개로 구분하여 표시한다. 부분공개 또는 비공개인 경우에는「공공기록물 관리에
   관한 법률 시행규칙」제18조에 따라 "부분공개( )" 또는 "비공개( )"로 표시하고, 「공공기관의 정보공개에 관한
   법률」제9조제1항 각 호의 번호 중 해당 번호를 괄호 안에 표시한다.
4. 기안자, 검토자, 협조자, 결재권자의 직위/직급(직급의 경우에는 각급 행정기관이 6급 이하 공무원의 직급을 대신
   하여 사용할 수 있도록 정한 대외직명을 포함한다. 이하 이 서식에서 같다): 직위가 있는 경우에는 직위를 온전하
   게 쓰고, 직위가 없는 경우에는 직급을 온전하게 쓴다. 다만, 기관장과 부기관장의 직위는 간략하게 쓴다.
5. 발의자(★), 보고자(◉)표시: 해당직위 또는 직급의 앞 또는 위에 한다.
6. 전결 및 서명표시 위치: 행정업무의 효율적 운영에 관한 규정 제10조제2항 및 동 규정 시행규칙 제7조제2항의
   규정에 의하여 결재권이 위임된 사항을 전결하는 경우에는 행정기관의 장의 결재란을 설치하지 아니하고 전결하
   는 자의 서명란에 "전결"표시를 한 후 서명한다.
7. 대결 및 서명표시 위치: 행정업무의 효율적 운영에 관한 규정 제10조제3항 및 동 규정시행규칙 제7조제3항의 규
   정에 의하여 대결하는 경우에는 대결하는 사람의 서명란에 "대결" 표시를 하고 서명하며, 위임전결사항을 대결하
   는 경우에는 전결하는 사람의 서명란에 "전결" 표시를 한 후 대결하는 사람의 서명란에 "대결" 표시를 하고 서명
   하여야 한다. 이때 행정기관의 장의 결재란은 설치하지 않는다.
8. 보조기관 또는 보좌기관의 전결사항이 아닌 결재사항인 경우에는 검토자는 해당란에 서명을 하고, 보조기관 또는
   보좌기관은 그 보조기관 또는 보좌기관의 직위를 쓰고, 해당란에 서명한다.
9. 크기 및 결재란 수는 조정하여 사용할 수 있다.

210mm×297mm[일반용지(재활용품)]

행 정 기 관 명

우　　　　주소		/전화( )		/팩스( )	

등록번호				대통령	
등록일자			국무총리		
결재일자					
시행일자					
관련기관 협조여부				공개구분	
협조기관					
수신자		발신자			[인]
제목					

※비고(이 난은 서식에 포함하지 아니함)

　1. 공개구분란: 공개, 부분공개, 비공개로 구분하여 표시한다. 부분공개 또는 비공개인 경우에는 「공공기록물 관리에 관한 법률 시행규칙」 제18조에 따라 "부분공개( )" 또는 "비공개( )"로 표시하고, 「공공기관의 정보공개에 관한 법률」 제9조제1항 각 호의 번호 중 해당 번호를 괄호 안에 표시한다.

　2. "수신자"는 "받는 자"로, "발신자"는 "보내는 자"로 하여 사용할 수 있다.

210mm×297mm(보존용지(1종))

■ 행정업무의 효율적 운영에 관한 규정 시행규칙 [별지 제4호서식] 〈개정 2011.   .   .〉

○○수석 (보좌관)	비서실장

○○장관	국무총리	대통령

등록번호	
등록일자	
결재일자	
공개구분	

협조자		

보고서 · 계획서 · 검토서

※ 필요한 경우 보고근거 및 보고내용을 요약하여 기재할
수 있음

○○○부
(처 · 청 · 위원회 등)

※ 비고(이 난은 서식에 포함하지 아니함)
1. 이 서식은 보고서 · 계획서 · 검토서 등 내부적으로 결재하는 문서에 한하여 사용하며, 시행문으로 변환하여 사용
할 수 없다.
2. ○○수석(보좌관)란: ○○수석, ○○보좌관 등 대통령비서실직제에서 정하는 명칭으로 한다.
3. 등록번호란: 처리과기관코드[처리과명(처리과가 없는 행정기관은 10자 이내의 행정기관명의 약칭)을 말한다]와
연도별 일련번호를 기재한다.
4. 공개구분란: 공개, 부분공개, 비공개로 구분하여 표시한다. 부분공개 또는 비공개인 경우에는「공공기록물 관리에
관한 법률 시행규칙」제18조에 따라 "부분공개( )" 또는 "비공개( )"로 표시하고, 「공공기관의 정보공개에 관한
법률」제9조제1항 각 호의 번호 중 해당 번호를 괄호 안에 표시한다.
5. 발의자(★), 보고자(◉) 표시: 해당직위 앞 또는 위에 한다.
6. 크기 및 결재란 수는 필요에 따라 조정하며 사용할 수 있다.

210mm×297mm(보존용지(1종))

■ 행정업무의 효율적 운영에 관한 규정 시행규칙 [별지 제5서식] 〈개정 2011.　.　.〉

관인인쇄용지 관리대장

인쇄문서명				
관인명		인쇄관인규격		

일자	인쇄량(매)	사용량(매)	사용내역	잔여량(매)	확인(서명)

210mm×297mm(보존용지(2종))

□ 문서관리카드
○ 표제
　【제목】
　【과제명】
　【정보출처】
　【문서취지】
　【본문】
　【붙임】
○ 보고경로
　【경로】　　【요청상태】　【의견】　【처리결과】　【본문】
○ 관리정보
　【문서번호】　　　　　　【열람범위】
　【공개여부】　　　　　　【보존기간】
○ 시행
　【시행문서번호】
　【시행문서제목】
　【시행본문】
　【시행붙임】
　【시행경로】

※ 비고(이 란은 서식에 포함되지 아니한다)
1. 이 서식을 원칙으로 하되, 특별한 사유가 있는 경우에는 행정기관의 장이 조정할 수 있다.
2. 표제부의 【제목】란에는 그 문서의 내용을 쉽게 알 수 있도록 제목을 간단하고 명확하게 기재한다.
3. 표제부의 【과제명】란에는 그 문서가 속하는 고유한 단위과제·관리과제의 이름을 기재한다. 다만, 관리과제가 없는 경우에는 그 러하지 아니하다.
4. 표제부의 【정보출처】란에는 각종 지시사항이나 문서를 만들게 된 계기 등을 기재한다.
5. 표제부의 【문서취지】란에는 문서작성의 발단, 근거, 내용요약, 기대효과 그 밖에 보고를 위하여 필요한 내용을 기재한다.
6. 표제부의 【본문】란에는 내용을 직접 작성하거나 첨부할 수 있다.
7. 표제부의 【붙임】란에는 다양한 종류의 붙임 파일을 첨부할 수 있다.
8. 보고경로부의 【경로】란에는 기안자·검토자·협조자 및 결재권자의 직위/직급(직급의 경우에는 각급 행정기관이 6급 이하 공무원의 직급을 대신하여 사용할 수 있도록 정한 대외직명을 포함한다) 및 성명을 기재하고, 결재경로의 변경이 있는 경우에는 이를 기재한다.
9. 보고경로부의 【요청상태】란에는 보고·협조·지시 등의 요청상태를 표시한다.
10. 보고경로부의 【의견】란에는 기안·검토·협조 및 결재시의 의견을 기재한다.
11. 보고경로부의 【처리결과】란에는 문서에 대하여 기안·검토·협조 또는 결재한 결과와 일자를 표시한다.
12. 보고경로부의 【본문】란에는 최초로 기안된 문서와 수정된 문서를 표시한다.
13. 관리정보부의 【문서번호】란에는 "처리과명-일련번호"의 형태로서 처리과명을 기재하고 일련번호는 연도별 일련번호를 기재한다.
14. 관리정보부의 【열람범위】란에는 팀·과, 본부·실·국, 당해 행정기관 및 전행정기관 등 문서를 열람할 수 있는 범위를 표시한다.
15. 관리정보부의 【공개여부】란에는 「공공기관의 정보공개에 관한 법률」에 따라 문서의 대국민 공개여부와 비공개시 또는 부분공개 시의 사유를 기재한다.
16. 관리정보부의 【보존기간】란에는 문서의 보존기간을 기재한다.
17. 시행부의 【시행문서번호】란에는 시행하는 경우에 시행문의 번호가 표시된다.
18. 시행부의 【시행문서제목】란에는 시행하는 경우에 시행문의 제목을 기재한다.
19. 시행부의 【시행본문】란에는 시행하는 경우에 시행문의 본문 내용을 기재한다.
20. 시행부의 【시행붙임】란에는 시행하는 경우에 시행문의 붙임을 첨부한다.
21. 시행부의 【시행경로】란에는 시행하는 경우에 시행문에 표시될 결재경로를 표시한다.

210mm×297mm[일반용지(재활용품)]

관 인 대 장

관인명				
종류	[ ] 청인 [ ] 직인 [ ] 특수관인	관리부서		
[ ] 등록 · [ ] 재등록 관인	(인영)	등록일(재등록일)	년 월 일	
		새긴날	년 월 일	
		새긴사람	주소: 성명및상호: 생년월일:	
		최초사용일	년 월 일	
		재료		
		등록(재등록)사유		
		관보공고	년 월 일 공고 제 – 호	
		비고		
폐기관인	(인영)	등록일(재등록일)	년 월 일	
		폐기일(분실일)	년 월 일	
		폐기사유	[ ] 마멸 [ ] 분실 [ ] 기타( )	
		폐기방법	[ ] 소각 [ ] 이관 [ ] 기타( )	
		폐기자(분실자)	소속: 직급: 성명:	
		관보공고	년 월 일 공고 제 – 호	
		비고		

※ 관인을 최초로 등록한 때에는 [ ] 등록란에 ∨표를, 재등록한 때에는 [ ] 재등록란에 ∨
  표를 한다.
※ 비고란은 관련문서의 등록번호 및 시행일자 등 참고사항을 기록한다.

210mm×297mm(보존용지(1종)) 또는 (한지)

전자이미지관인대장

관인명					
종류	[ ] 청인		[ ] 직인	[ ] 특수관인	
[ ] 등록 [ ] 재등록	*전자이미지 관인인영*	등록일(재등록일)		년 월 일	
		등록(재등록)사유			
		관리부서			
		전자이미지관인 사용 기관 현황			
	전자이미지관인 등록 당시의 일반관인 인영	사용기관	시스템명	통 보 일	최초사용일
		비 고			
폐 기	*전자이미지 관인인영*	폐 기 일		년 월 일	
		폐기사유			
		폐 기 자	소속: 직급: 성명:		
		전자이미지관인 사용 기관에 대한 조치			
		사용기관	시스템명	통 보 일	최종사용일

※ 비고: 전자이미지관인을 등록할 때에는 일반 관인의 인영을 전자이미지관인대장의 해당란에 찍고, 그 찍은 인영을 전자적인 이미지형태로 출력하여 전자이미지관인대장의 해당란에 붙여야한다.

210mm×297mm(보존용지(1종)) 또는 (한지)

행 정 기 관 명

수 신

(경유)

　　　　[　] 관인등록(재등록) 신청

제 목　[　] 관인폐기신고

　　　　[　] 전자이미지관인등록(재등록) 신청

「행정업무의 효율적 운영에 관한 규정 시행규칙」 제27조제3항. 제28조제1항의 규정에 따라　[　] 관인등록(재등록)신청　[　] 관인폐기신고　[　] 전자이미지관인 등록(재등록)신청합니다.

관인명		
종류		[　] 청인　　　[　] 직인　　　[　] 특수관인
등록(재등록, 폐기)사유		
폐기대상관인 처리	폐기예정일 (분실일)	년　　　월　　　일
	폐기방법	[　] 이관　　　　　[　] 기타(　　　　　　)
	폐기자 (분실자)	소속: 직급:　　　　　　　성명:
비고		

발 신 명 의　[직인]

기안자　직위(직급) 서명　　　검토자　직위(직급)서명　　　결재권자　직위 (직급)서명

협조자

시행　　　　처리과–일련번호(시행일자)　　　접수　　　　처리과명–일련번호(접수일자)

우　　　　주소　　　　　　　　　　　/ 홈페이지 주소

전화(　)　　　　　팩스(　)　　　　　　/ 공무원의 공식 전자우편주소 / 공개구분

210mm×297mm[일반용지(재활용품)]

전자이미지관인 관리대장(○○○○○○○시스템)

연번	최초 등재		재등록 · 변경 등재		비 고
1	행정기관(부서)	전자이미지관인 인영	행정기관(부서)	전자이미지관인 인영	
	전자이미지관인 수령일		전자이미지관인 수령일		
	시스템 등재일		시스템 등재일		
	사용개시일		사용개시일		
	폐기통보 수령일		재등록 · 폐기 통보 수령일		
	전자이미지관인 삭제일		전자이미지관인 삭제일		
2	행정기관(부서)	전자이미지관인 인영	행정기관(부서)	전자이미지관인 인영	
	전자이미지관인 수령일		전자이미지관인 수령일		
	시스템 등재일		시스템 등재일		
	사용개시일		사용개시일		
	폐기통보 수령일		재등록 · 폐기 통보 수령일		
	전자이미지관인 삭제일		전자이미지관인 삭제일		

※ 비 고
1. 행정기관별로 하나의 연번을 사용하여 변경 등의 경우 오른쪽 칸을 사용한다.
2. 제출받은 전자이미지관인을 전자적인 이미지형태로 출력하여 전자이미지관인대장의 해당란에 붙여야 한다.
3. 관리대장은 필요한 경우 컴퓨터 파일로 작성하거나 횡으로 인쇄하여 사용할 수 있다.

210mm×297mm(보존용지(1종)) 또는 (한지)

정부영상회의실 사용신청서

※ [　]에는 해당되는 곳에 ✓표를 합니다.

접수번호	접수일자					

정부영상 회의실 사용신청 내 용	기 관 명					
	일　　시					
	참석인원	정 부 중앙청사	정 부 과천청사	정 부 대전청사	시 · 도	
	회의내용	회의제목				
		주요내용				
	회　　의 주 관 과					
	책 임 자	직 급		성 명		전화번호

지원내용	국민의례	[　] 국기에 대한 경례,　　[　] 순국선열에 대한 묵념 [　] 애국가제창,　　　　　[　] 기 타 (　　　　　　)		
	기자재 사 용	[　] 녹음,　[　] 녹화,　[　] PC, [　] 액정모니터	보안필요 여　　부	[　] 보 안 [　] 비보안

「행정업무의 효율적 운영에 관한 규정 시행규칙」 제43조제2항에 따라 위와 같이 정부영상회의실
사용을 신청합니다.

년　　　월　　　일

　　　신청인　　　　　　　소속　　　　직급　　　성명

(서명 또는 인)

　　행정안전부장관　　귀하

첨부서류	관련자료 1부

210mm×297mm[일반용지(재활용품)]

업무인계 · 인수서

1. 업무현황
   가. 담당사무
   나. 주요업무계획 및 진행사항
   다. 현안사항 및 문제점
   라. 주요미결사항

2. 관련문서 현황

3. 주요물품 및 예산 등 인계 · 인수가 필요한 사항

4. 기타 참고사항

위와 같이 인계 · 인수합니다.

　　　　　　　　　　　　　　　　　　　　　　　　년　　　월　　　일

　　　　　　　　인계자　　　　　　　　　　　(서명 또는 인)

　　　　　　　　인수자　　　　　　　　　　　(서명 또는 인)

　　　　　　　　입회자　　　　　　　　　　　(서명 또는 인)

〈 참고 〉
 1. 입회자는 인계·인수자 외 직근 상급자가 된다. 다만, 인계·인수자가 기관장 및 부기관장의 경우에는 직근 하급자가 된다.
 2. 동 서식은 예시이므로 기관의 실정 및 인계·인수사항에 따라 조정할 수 있다.

210mm×297mm[일반용지(재활용품)]

V

소프트웨어 활용편: 한글

V │ 소프트웨어 활용편: 한글

1. 워드프로세싱의 기능

워드프로세싱이란 문자를 입력하고, 저장하고, 조작하고, 출력하기 위해 사용하는 컴퓨터 하드웨어 및 소프트웨어를 사용하는 작업이다.

워드프로세싱을 위한 각종 기능을 제공해 주는 프로그램을 워드프로세서라 하는데 워드프로세서는 구체적으로 1) 문석작성, 2) 블록작업, 3) 찾기·바꾸기, 4) 파일보관, 5) 프린트 및 파일전송, 5) 부가적 기능 등을 가진다. 대부분의 워드프로세서는 문자와 그래픽 이미지의 통합을 가능하게 해 준다.

한글용 워드프로세서의 경우 국내에서 나오는 「흔글」과 Microsoft사의 「Word」가 있다.

2. 한글과 MS Word의 차이

"아래아 한글(HWP)"이라는 워드프로세서(Word Processor)는 순수한 한국 국내산 소프트웨어이고, MS워드(Microsoft Word)는 미국의 마이크로소프트(Microsoft)사에서 개발되어 한글화만 된 워드프로세서이다. 우선 아래아 한글의 장점은 초창기에는 "아래아 한글"이나 "HWP"라고 불렀는데, 지금은 그냥 "한글"이라고 부르는 경우가 많다. 한글 처리에 아주 편리하고, 한글 고어도 완벽하게 지원한다. 또한 맞춤법 검사도 상당히 정확하고, 관공서에서는 "한글"을 많이 사용하며, 반면에 단점으로는 스프레드시트 소프트웨어인 "엑셀(Microsoft Excel)"과 연관하여 사용하는 것에는 다소 문제점이 있어서 사무용으로 쓰는 데에는 좀 어려움이 있다고 할 수 있다.

또한 hwp 문서를 국제적인 차원에서 사용하는데 있어 어려움이 있어 "한글"은 국내에서만 쓰이기 때문에 기업체에서는 워드를 많이 사용한다. 그리고 영문 문서를 작성하면 글자체나 문단 모양이 좀 어색하게 보이는 경우가 많고, 한글2010 버전의 경우에는 영문 트루타입(TTF) 글꼴을 사용하면 이상하게 나오는 문제가 있었다. 즉 한국어가 아닌 영문/일본어/중국어 등의 외국어 문서를 편집하는 데에는 다소 어려움이 있다고 할 수 있다.

워드의 장점은 영문 문서나 외국어 문서 작성에 편리하므로 전 세계적으로 널리 사용되며, "엑셀(Microsoft Excel)"과 호환성이 높기 때문에 기업체에서 널리 사용하고 있다고 할 수 있다. 또한 워드, 엑셀, 파워포인트는 운영체제인 윈도우와 호환이 잘되어 실행속도도 빠르고 문제점이 거의 없으며, 워드는 영문법 교정기능을 통해 단순한 철자 교정이 아니라 실제로 영문법 교정한다.

VBA(Visual Basic for Application)[1]로 프로그래밍을 하여 사무를 자동화할 수 있으며, 반면에 워드의 단점을 보면 한국어의 특수성이 잘 반영되어 있지 않아서 한국어 문서 작성에 다소 어려움이 존재한다. 즉 워드로 국문학 관련 작업을 하는 것은 다소 어려움이 많다고 할 수 있다. 또한 "한글"과 달리, 사전류가 거의 없으며, 따라서 사전류를 사용하기 위해서라도 "한글"을 설치해야 할 필요가 있다. 전체적으로, 워드프로세서로서의 기능이 "한글"에 비해서 좀 빈약한 편이며 MS에서 일반적으로 사용하는 오피스 소프트웨어는 엑셀과 파워포인트이라고 할 수 있다.

결국 한글과 워드의 장·단점을 고려해서 보면 한글과 워드의 선택에 있어서 한글의 경우 관공서나 기타 개인용으로 사용하기 편하며, 워드는 기업체에 사용을 많이 하기 때문에 두 가지 프로그램을 설치하여 병행해서 사용하는 것이 적절하다고 할 수 있다.

---

1) 마이크로소프트사의 윈도 오피스 응용 프로그램용 매크로 언어, 동사의 비주얼 베이직을 기반으로 하여 매크로 언어를 범용화, 공통화한 것이며 엑셀 5.0에 처음으로 탑재되었고, 현재는 워드, 엑셀 등 대부분의 오피스 응용 프로그램이 대응하고 있다.

3. 한글의 환경설정

모든 프로그램은 사용자마다의 편리성을 위해 직접 작업환경을 설정할 수 있도록 되어 있다. 한글2010에서도 환경설정 메뉴를 통해 사용하기 편리하도록 환경을 바꿔 줄 수 있다. 작업환경은 작업을 시작하기 전에 설정해 두어야 하며, 작업을 하면서 하나씩 도구상자의 정리, 자주 사용하는 편집용지의 등록, 작업파일 관리계획 등이 있으며, 작업 중 편의에 따라 설정할 환경으로 매크로나 상용구 등록, 스타일 만들기 등이 있다. 몇 가지 중요한 환경설정을 살펴보면 다음과 같다.

1) 도구상자 정리

한글2010을 설치 한 후 실행하면 다음 그림과 같이 메뉴 아래 각종 도구 상자들이 나타나며, 이 도구상자들은 초보자들에게 유용하게 사용되는 반면에 한정되어 있는 바탕화면의 영역 안에서 도구상자들이 차지하는 공간이 많아 작업공간이 좁게 느껴질 수 있다.

한글 2010을 자주 사용하는 사용자라면 도구상자를 사용하기 보다는 마우스나 단축키를 많이 사용하는 것이 작업 능률을 올릴 수 있으며, 단축키나 마우스를 사용할 수 있는 메뉴 틀은 굳이 상자가 보이지 않아도 되므로 감춰두어 작업공간을 늘려 주는 것이 효과적이라고 할 수 있다.

2) 도구상자 보이기/감추기

자주 사용하는 도구와 자주 사용하지 않는 도구를 구분하여 도구상자를 정리해 놓으면 작업 공간도 넓힐 수 있어 작업을 편리하게 해 준다.

① 도구상자 부분을 마우스 오른쪽 버튼을 클릭하고, 팝업 메뉴가 나타나면 도구상자를 보이거나 숨길 수 있다.

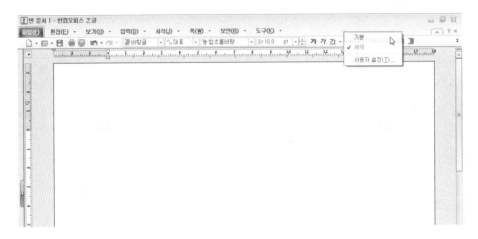

② 자주 사용하지 않는 도구상자를 보이지 않도록 하면 작업공간이 그만큼 넓어진다.

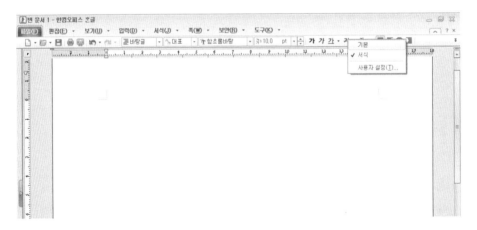

3) 문서 저장과 백업은 기본

종이 작업과 달리 컴퓨터로 하는 작업은 손쉬운 도구를 제공하기는 하지만 의외로 문제점이 존재한다. 그중 하나가 하던 파일을 저장하지 않은 채 손상이 되거나 시스템이 다운되는 경우가 있다. 이런 경우 어쩔 수 없이 재작업을 해야 한다.

이런 결점을 보완하기 위해 자동 저장 기능과 백업 기능을 제공한다. 작업 도중 갑작스런 정전으로 인해 컴퓨터가 꺼졌을 때에도 지금까지 작업한 내용을 임시 파일로 저장해 두는 기능으로 중요한 기능이다.

(1) 자동 저장

[도구]−[환경설정]의 [편집]탭에서 설정해 준다. 여기에서 [무조건 자동 저장]은 작업 도중 일정한 시간 간격으로 자동 저장을 하는 것을 말하며[쉴 때 자동 저장]은 키보드 동작이 멈춘 순간부터 정해진 시간 동안 키보드나 마우스를 통한 입력이 없을 경우에도 자동 저장되는 것을 말한다.

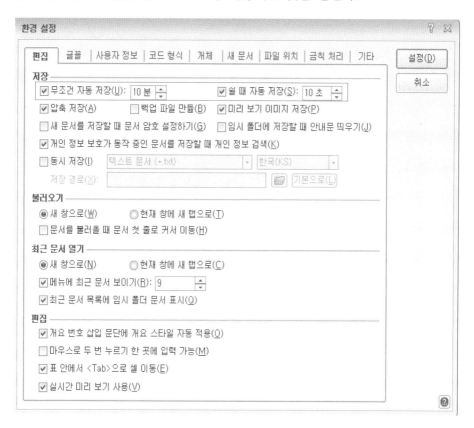

(2) 백업 파일 체크하기

작업 하던 파일이 손상되었을 때 자동으로 저장된 백업 파일은 유일하게 작업했던 파일을 다시 찾을 수 있는 방법이다. 이 백업 파일은 문서를 저장 했을 때 저장 직전에 작업한 파일을 *.bak 형식으로 따로 저장해 두는 기능이다. 중요한 작업을 하다가 실수로 잘못 작업한 직후 저장해 버렸을 때 작업 파일과 같은 폴더에 저장된 백업 파일은 중요하다.

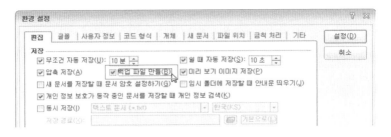

4) 용지 형식 등록하기

한글 2010을 설치 한 후 실행하면 기본적으로 등록되어 있는 용지 형식이 있다. 그러나 등록되어 있는 용지 외의 다른 크기의 용지를 자주 사용할 경우 등록해 놓고 사용하면 매번 용지 설정을 않아도 되므로 편리하다.

① 〔쪽〕 메뉴의 〔편집 용지〕를 실행 하거나 F7를 눌러 편집 용지를 대화상 자를 열어 준다. 용지 종류 목록에서 사용자의 정의를 선택한다.

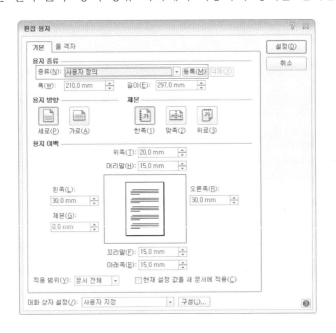

② 자주 사용할 종이의 크기와 용지 방향, 여백 등을 설정한 후 등록 버튼
  을 누른다.

③ 용지의 이름을 입력한 후 등록 버튼을 누른다. 용지 종류에 조금 전에
  설정한 용지 크기가 "공문서" 라는 이름으로 등록 되어 나타난다. 등록
  해 놓은 용지는 언제든지 쉽게 찾아 사용 할 수 있다.

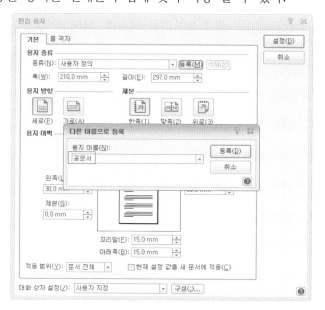

④ 사용자 정의에 의해 만들어진 공문서 양식이다.

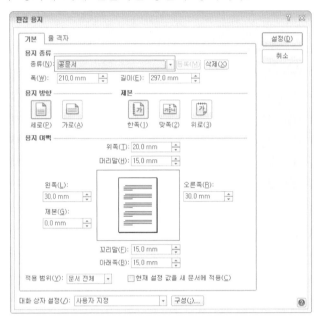

5) 쪽 윤곽/전체 화면 설정하기

한글을 실행했을 때 쪽 윤곽이 보이지 않는 상태이므로 출력을 했을 때 흰색으로 나오는 여백을 화면에서 확인하기 어렵다. 이런 쪽 윤곽을 보이도록 하여 출력을 했을 때 용지의 여백이나 위치 등을 한눈에 확인 할 수 있도록 하면 편리하다. 쪽 윤곽을 설정해 두면 문서 작업 중인 여백을 포함한 전체 모습을 확인하며 작업을 할 수 있으므로 출력 후에 문제가 발생하지 않게 된다.

① 쪽 윤곽설정은 〔보기〕-〔쪽 윤곽〕을 체크할 때마다 쪽 윤곽이 나타나고
  사라진다.

② 표시된 곳에 쪽 윤곽이 사라진 상태이다.

6) 삽입 잠금

문서를 입력하거나 수정 할 때 [Ins]키를 누르면 삽입과 수정 상태가 번갈아 가면서 선택된다. 삽입 상태는 커서가 있는 부분의 뒷부분 내용을 뒤로 밀어 내면서 새로운 내용이 추가되는 것이고, 수정 상태는 커서가 있는 뒷부분을 지워가면서 내용이 입력되는 것이다. 그러므로 키보드의 키를 실수로 눌러 수정 상태로 바꾼 후 이를 모르고 작업했을 때 뒤에 입력된 내용을 실수로 지워버릴 수 있게 된다.

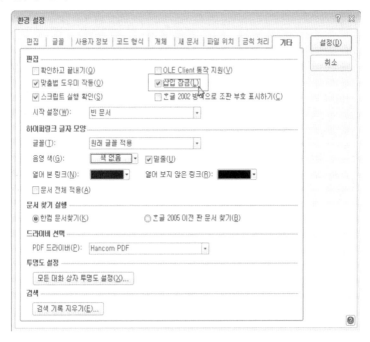

이런 실수를 방지하기 위해 삽입 잠금 기능이 필요하다. 〔도구〕-〔환경 설정〕에서 〔기타〕탭을 클릭하여 삽입 잠금에다 표시하면 [Ins]키를 실수로 눌러도 수정 상태로 바뀌지 않게 된다.

7) 쪽/단 나누기

화면을 통한 설명력을 높이기 위하여 문단을 하나의 상태에서 둘, 셋으로 나눌 수 있고, 또한 작성자의 기호에 따라 왼쪽 중심적, 오른쪽 중심으로 내용을 각각 배치할 수 있다.

　〔단〕 - 하나, 둘, 셋, 왼쪽, 오른쪽

4. 한글 2010의 시작과 끝내기

1) 한글 2010 시작하기

한글을 시작하기 위해서는 먼저 한글이 정상적으로 설치되었고 알맞게 환경설정 작업을 마쳤다면 한글 2010은 다음과 같은 초기 화면을 나타낸다.

❶ 제목 표시줄

　문서의 파일과 문서 경로가 표시되고, 창 조절 단추와 글자판 아이콘 및
　조절 메뉴가 표시 된다.

❷ 메뉴 표시줄

　한글 2010프로그램의 주 메뉴를 나타낸다. 메뉴를 불러오는 방법으로는
　메뉴 클릭 또는 F10 글쇠를 누르거나 Alt 글쇠와 각 메뉴의 단축어(예 편
　집(E)→Alt+E)를 눌러 주 메뉴를 불러온다. 주 메뉴를 불러 오면 하위 메
　뉴가 나타난다.

❸ 도구 모음줄

사용 빈도가 높은 기능을 아이콘 형태로 만들어 놓음으로서 편리하게 사용한다.

〔보기〕-〔도구상자〕에서 설정 및 해제한다.

우측의 화살표를 통해 화면에 나타나있지 않은 아이콘을 찾아 사용할 수 있으며, 메뉴를 바탕으로 유사기능들이 그룹화 되어 있어 쉽게 아이콘을 찾을 수 있다.

• 편집 도구모음

• 보기 도구모음

> 화살표를 눌러 안 보이는 아이콘을
> 보이게 할 수 있다.

• 입력 도구모음

• 서식 도구모음

• 쪽 도구모음

• 보안 도구모음

• 도구 도구모음

④ 눈금자

〔보기〕-〔눈금자〕에서 가로와 세로 눈금자 보이기를 하면 위쪽의 '가로 눈금자'는 문서의 폭에 대한 가로 눈금을 나타내며, 화면 왼쪽의 '세로 눈금자'는 용지의 길이에 대한 세로 눈금을 나타낸다.

⑤ 스크롤

이동 막대라고 하며 현재 화면의 위치를 마우스로 끌기 한 만큼 움직인다.

⑥ 상황선

한글 문서 창의 맨 아랫줄에 있는 상황선은 커서가 있는 위치의 쪽 수, 단 수, 줄 수, 칸 수, 구역 수, 삽입 및 수정 등 사용자에게 필요한 정보들을 알려주는 영역이다. 이 상황선은 편집 화면에서 감추거나 보이게 할 수 있다.

2) 새문서/불러오기/저장하기

(1) 새문서

처음 한글2010프로그램을 실행하면 자동으로 〔새문서〕가 실행된다. 새로운 문서를 작성하기 위해서는 새 문서를 불러와야 한다.

■ 메뉴 이용: 〔파일〕-〔새문서〕

(2) 불러오기

저장되어 있는 문서를 불러 오는 기능이다. 이 기능은 〔불러오기〕 대화상자에서 불러 올 파일을 마우스로 더블 클릭하거나 파일을 선택한 다음 〔열기〕단추를 누른다.

■ 메뉴 이용: 〔파일〕-〔불러오기〕

(3) 저장하기

한글 2010을 종료하기 전에 완성된 문서를 저장하는 기능이다. 저장 방법은 〔저장하기〕와 〔다른 이음으로 저장하기〕의 두 가지가 있다.

- 메뉴 이용
  - 저장하기(Alt+S): 저장된 문서를 불러와 수정한 다음 동일한 이름으로 저장할 때 이용한다(〔파일〕-〔저장하기〕).
  - 다른 이름으로 저장하기(Alt+V): 다른 이름으로 작성하여 저장할 때 이용한다(〔파일〕-〔다른 이름으로 저장하기〕).

3) 종료하기

- 메뉴 이용: 〔파일〕-〔끝〕/(Alt+X)

5. 문서 입력

1) 삽입/수정 모드의 확인

현재 활성화된 창의 〔상태 표시줄〕에서 〔삽입/수정〕모드 상태를 확인한다. 삽입모드는 문자(글자)와 문자(글자)사이에 새로운 문자(글자)를 입력한다. 반면에 수정 모드는 커서가 놓인 부분부터 글자를 입력하면 기존의 글자들은 지워지고 새로운 글자가 입력된다.

| 10/10쪽 | 1단 | 28줄 | 4칸 | 문단 나눔 | 1/1 구역 | 삽입 |

Insert키를 눌러 변환 시킴

2) 삽입/수정모드 변경

Insert 글쇠를 한번 누르면 수정으로 변경되며, 다시 누르면 삽입으로 전환된다. 삽입 모드인 상태에서 Enter↵를 누르면 강제 진행된다. 반면에 수정 모드에서 Space Bar 글쇠를 누르면 문자(글자)가 지워진다. 수정된 내용을 다시 원상태로 되돌리려면 〔편집〕-〔되살리기〕 또는 단축키 Ctrl + Z를 누른다.

3) 손쉬운 문자(글자)의 위치 확인

문단부호(문단 구분-↵)와 조판 부호(띄워 쓰기-ˇ와 문단구분)를 설정하면 문자나 글자의 위치를 정확하게 눈으로 확인하기 쉽다. 문단 부호와 조판 부호 표시 방법은 다음과 같다.

- 메뉴 이용하기
  - 문단부호: 〔보기〕-〔표시/숨기기〕-〔문단부호〕
  - 조판부호: 〔보기〕-〔표시/숨기기〕-〔문단부호〕
- 단축키 이용하기
  - 문단부호: Ctrl + G,T
  - 조판부호: Ctrl + G,C

4) 블록(구역)설정

① 블록(구역)지정

여러 문장이나 문단에 동일한 효과를 한 번에 주기 위해 블록(구역)을 지정한다. 문단이나 문장 중 일부분에 블록을 설정하는 것을 구역 설정이라 한다. 마우스로 드래그(끌기)하여 블록을 지정하거나 F3을 누른 후 〔방향〕글쇠를 이용한다. F4를 누른 후 〔방향〕글쇠를 이용하여 구역을 지정한다.

② 블록(구역)편집

블록(구역)을 해제하려면 Esc글쇠를 누른다. 그 외 블록 지정 후 복사를 하려면 〔편집〕-복사하기〕 또는 Ctrl + C를 누른다. 삭제를 하려면 〔편집〕-〔지우기〕를 누르거나 Del 또는 Ctrl + E를 누른다. 오려 두기는 〔편집〕-〔오려두기〕또는 Ctrl + X를 누른다.

6. 문자표/글자 겹치기 활용

1) 문자표 활용

특수 문자를 입력하려면 입력하고자 하는 곳에 커서를 위치시키고 다음과 같이 〔문자표〕 메뉴를 이용하거나 단축키를 활용한다.

- 메뉴 이용: 〔입력〕-〔문자표〕
- 단축키: Ctrl + F10

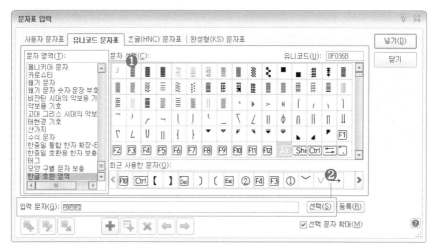

❶ 문자 영역에서 목록을 지정한다.
❷ 한 번에 여러 개의 문자를 입력하려면 마우스로 원하는 문자를 선택하고 〔선택〕단추를 누르면 순서대로 표시 되며 선택이 완료 되면 〔넣기〕 단추를 누른다.

2) 글자 겹치기 활용

문자표에 없는 새로운 문자를 최대 3자까지 겹쳐서 새로운 형태의 문자를 만드는 기능이다. 글자 겹쳐 쓰기 방법은 다음과 같다.

- 메뉴 이용하기: 〔입력〕-〔글자 겹침〕

메뉴에서 〔입력〕-〔글자 겹침〕을 실행하여 〔글자 겹치기〕 대화 상자를 불러온다.

〔글자 겹치기〕 대화 상자에서 Ctrl + F10을 눌러 〔문자표〕 대화 상자를 불러온 후 원하는 문자를 선택하여 〔넣기〕 단추를 누른다. 〔문자표〕 대화 상자에서 〔넣기〕를 한 문자가 〔글자 겹치기〕 대화 상자에 나타나면 〔넣기〕 단추를 누른다.

① 겹쳐 쓸 글자란에 Ctrl + F10을 누르거나 〔문자표〕 메뉴를 선택하면 문자
   표 대화 상자가 나타난다.

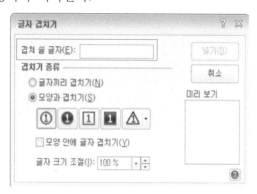

② 마우스로 해당 문자를 선택하고 〔선택〕 단추를 누르면 〔입력 문자〕란에
   표시된 다음 〔넣기〕 단추를 누른다.

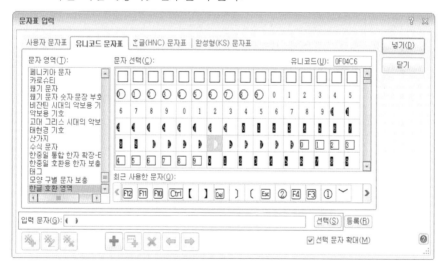

③ 〔겹쳐 쓸 글자〕 란에 입력된 문자가 타나고 〔넣기〕 단추를 누르면 작업
   화면에 표시된다.
   또한 〔모양 안에 글자 겹치기〕 옵션을 선택하면 글자를 서로 겹치게 할
   수 있으며, 글자크기를 〔글자 크기 조절〕을 통해 원하는 크기로 조절할
   수 있다.

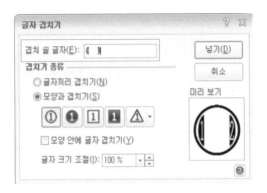

7. 편집 용지 설정

1) 여백의 개념

① 문서를 작성하기 전에 문서(또는 용지)의 크기, 여백, 방향 등을 설정하는 기능이다.

- 용지 종류: A4용지, B5용지, A3용지, 레너, 사용자 정의 등 다양하다.
- 용지 방향: 세로, 가로
- 용지 여백: 실제로 글자나 문자가 입력되는 공간을 의미한다.

② 표 안에서는 편집 용지를 설정할 수 없다.

2) 용지 여백 설정

① 사무 관리 규정에서의 A4용지 여백(세로 방향)

- 상 30mm, 하 15mm, 좌 20mm, 우 15mm

② 〔편집 용지〕 설정 방법

- 메뉴 이용: 〔쪽〕－〔편집 용지〕
- 단축키 사용: F7

8. 미리 보기 활용

- 메뉴 이용: 〔파일〕－〔미리 보기〕
- 도구 사용: 🖥

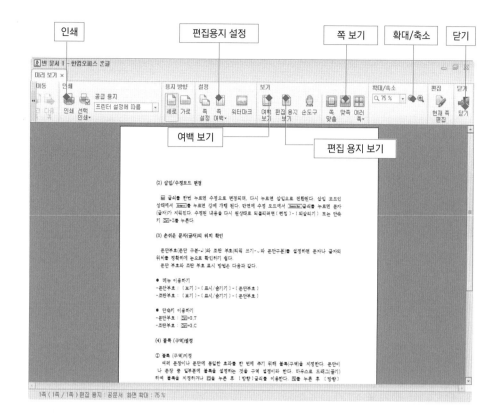

9. 글자 모양 편집하기

1) 글자 모양 지정 방법

글자의 모양 속성을 먼저 지정한 다음 글자를 입력하거나 글자를 먼저 입력하고 다음 불록을 설정하여 글자 모양 속성을 지정한다.

- 메뉴 이용: 〔모양〕-〔글자 모양〕
- 단축키 사용: Alt + L
- 바로 가기 메뉴 이용: 〔글자 모양〕

2) [글자 모양]대화 상자

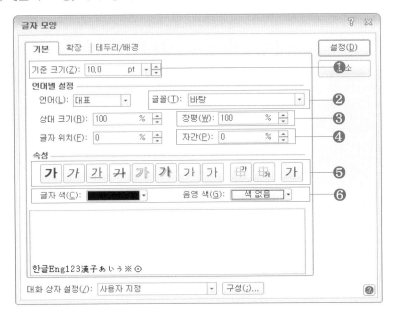

❶ 크기: 글자의 크기

❷ 글꼴: 글자체

❸ 장평: 글자의 가로, 세로의 비율 및 폭

❹ 자간: 글자와 글자 사이의 간격

❺ 속성: 진하게, 기울임, 밑줄, 외곽선, 그림자의 효과 설정

❻ 속성: 글자색, 음영색 설정

(1) 장평과 자간 변화

• 장평: 글자의 가로와 세로의 비율로 나타난다.

글자 크기가 변하지 않고 가로 폭을 확대하거나 축소하여 모양을 바꿔주는 기능이다. 글자를 블록으로 지정한 다음 글자 모양 대화 상자에서 장평 값을 지정하고 [설정] 단추를 누른다. 다음은 장평을 기본값 100%에서 150%의 값을 준 것이다.

① 문장이나 글자를 블록 지정한 후 [모양]-[글자모양]을 선택하거나 단축
키 Alt + L을 눌러서 글자모양 대화상자를 연다.

② 글자모양 대화상자에서 장평의 기본값이 100%에서 150%의 값을 주고
설정을 클릭한다.

③ 블록 지정된 문단이나 글자의 크기가 주어진 값에 따라 변한다.

• 자간: 글자와 글자 사이의 간격을 조절하는 것이다.

글자와 글자 사이의 간격을 의미하는 것으로 기본 값은 0%로 되어 있다. 글자를 블록 지정한 다음 글자모양 대화 상자에서 자간 값을 지정하고 [설정] 단추를 누른다. 자간이 작으면 많은 글자를 넣을 수 있지만 답답함을 느끼게 되며, 너무 넓으면 글자가 눈에 잘 들어오지 않아 글자 읽기가 어려워진다. 다음은 자간을 기본 값 0%에서 50%의 값을 준 것이다.

① 글자나 문단을 블록 지정한 다음 [모양]−[글자모양]을 선택하거나 단축키 Alt+L을 눌러서 글자 모양 대화 상자를 연다.

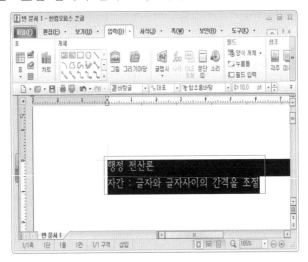

② 글자 모양 대화 상자에서 기본 값이 0%에서 50%의 값을 주고 설정을 클릭한다.

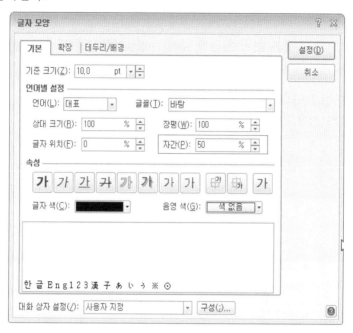

③ 블록 지정된 문단이나 글자의 크기가 주어진 값에 따라 변한다.

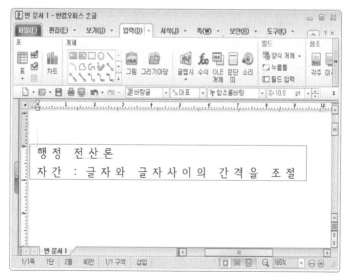

10. 문단 모양 변환

1) 문단 모양 지정 방법

문단의 모양 속성을 먼저 지정한 다음 문장을 입력하거나 문장을 먼저 입력한 다음 블록을 설정하여 문단 모양 속성을 지정한다.

- 메뉴 이용: 〔서식〕-〔문단 모양〕
- 단축키 사용: Alt + T
- 바로 가기 메뉴 이용: 문단 모양

2) 문단 모양 대화 상자

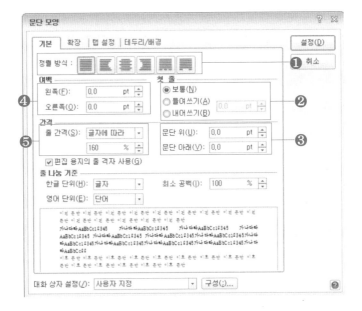

❶ 정렬: 양쪽, 가운데, 오른쪽 정렬
❷ 들여쓰기/내어쓰기: 들여쓰기는 새로운 문단의 첫 글자를 들여 넣어 표시/내어 쓰기는 새로운 문단의 첫 글자를 앞으로 내어 표시
❸ 간격: 문단과 문단간의 간격으로 문단 위와의 간격과 문단 아래와의 간격으로 구분

❹ 여백: 편집 용지의 왼쪽, 오른쪽 여백에서부터 적용되는 기능

❺ 줄 간격: 0%에서 500% 사이에서 설정되며 줄과 줄 사이의 간격을 지정

3) 정렬 방식

정렬하고자 하는 문단이나 글자를 블록 지정한 다음 문단 모양이나 서식 도구모음 줄의 아이콘에서 정렬한다.

- 양쪽 정렬: 양쪽을 가지런히 맞추어 정렬이며 문서 작성 시 가장 널리 적용된다.
- 왼쪽 정렬: 왼쪽을 기준으로 문서내의 모든 글자를 가지런히 맞추는 정렬이다.
- 오른쪽 정렬: 오른쪽 기준으로 하여 문서내의 모든 글자를 가지런히 맞추는 정렬이다.
- 가운데 정렬: 가운데를 기준으로 하여 문서내의 모든 글자를 가지런히 맞추는 정렬이다.
- 정렬 안함: 문단 정렬을 설정하지 않고 해제하므로 문서의 모든 오른쪽 글자가 들쑥날쑥하게 튀어 나오게 된다.

4) 줄 간격

줄 간격은 문단과 문단 사이의 간격을 의미하는 것으로 현재 줄의 시작 부분과 바로 아래줄의 첫 부분까지의 간격이다. 동일 문단 내에서는 줄 간격이 같다.

5) 여백/들여 쓰기/내어 쓰기

- 여백

문단 내의 왼쪽과 오른쪽 여백을 설정한다. 여백을 주고자 하는 부분을 블록 지정한 다음 문단 모양 대화상자의 여백에서 여백 값을 지정하고 〔설정〕 단추를 누른다.

- 들여 쓰기와 내어 쓰기

들여 쓰기는 문단의 시작 부분을 안쪽으로 위치시키는 것을 의미하며, 내어

쓰기는 문단의 시작 부분을 밖으로 위치시키는 것을 의미한다.

들여 쓰기나 내어 쓰기하려는 곳에 커서를 위치시킨 다음 문단 모양 대화 상자의 들여 쓰기 또는 내어 쓰기 값을 지정하고 〔설정〕 단추를 누른다. 덧붙여 기준으로 하고자 하는 문단에 커서를 위치시킨 다음 〔Shift〕 누르면 기준이 되는 문단에 맞춰 내어 쓰기가 된다.

6) 문단 간격

• 문단 아래 간격

문단 전체를 블록 지정한 다음 문단 모양 대화상자의 문단 아래 간격의 값을 지정하고 〔설정〕 단추를 누른다. 문단 간격은 동일한 문단 내에서 줄 간격에는 아무 영향을 미치지 않는다.

• 문단 위 간격

문단 전체를 블록 지정한 다음 문단 모양 대화상자의 문단 위 간격의 값을 지정하고 〔설정〕 단추를 누른다. 문단 간격은 동일한 문단 내에서 줄 간격에는 아무 영향을 미치지 않는다.

11. 머리말/꼬리말 만들기

1) 머리말 개요

머리말은 책의 제목, 책 내용 중 장의 제목 등과 같이 쪽마다 맨 위쪽에 동일한 내용이 반복되어 나타나는 내용이다. 현재 작업 화면에서는 보이지 않으나 〔미리보기〕를 실행하면 미리 보기 화면에서는 눈으로 확인된다.

2) 머리말 만드는 방법

- 메뉴 이용: 〔쪽〕 − 〔머리말/꼬리말〕
- 단축키 사용: 〔Ctrl〕 + N,H

3) 머리말/꼬리말 대화상자

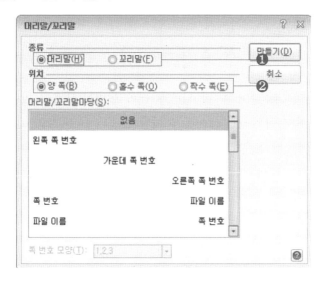

❶ 종류: 머리말 및 꼬리말을 선택한다.
❷ 위치: 머리말 및 꼬리말의 쪽 위치를 지정한다.

〔머리말/꼬리말〕대화상자에서 〔머리말〕을 선택한 뒤 〔만들기〕단추를 누르면 〔머리말〕입력 화면이 나타난다.

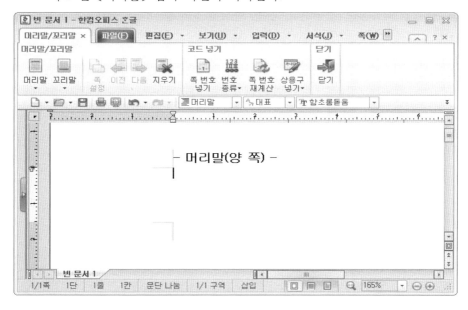

［머리말］화면에서 ［머리말］내용을 입력한다. ［머리말］내용을 입력한 다음 ［모양］－［글자모양］/［문단모양］에서 편집한다. ［머리말］입력이 끝나면 ［머리말/꼬리말］도구 상자에서 닫기 단추를 눌러 빠져 나온다.

4) 꼬리말 만들기

꼬리말 쪽 번호와 같이 쪽 마다 맨 아래쪽 동일한 내용이 반복되어 나타나는 내용이다. 현재 작업화면 에서는 보이지 않으나 ［미리보기］를 실행하면 미리 보기 화면에서는 눈으로 확인 된다.

5) 꼬리말 만드는 방법

- 메뉴 이용: ［쪽］－［머리말/꼬리말］
- 단축키 사용: Ctrl＋N, H

12. 주석 만들기

1) 각주 만들기

문서 내에 있는 본문 내용 중에서 인용된 내용의 출처 또는 부연 설명이 필요한 경우 적용하는 기능이다. 논문 형식의 문서를 작성할 때 반드시 필요한 기능이다.

2) 각주 지정 방법

- 메뉴 이용: ［입력］－［주석］－［각주］
- 단축키 사용: Ctrl＋N, N

① 각주를 입력하고자 하는 단어나 낱말 뒤에서 커서를 위치 시켜야 한다.

② 각주 내용을 입력한 다음 〔숨은 창 닫기〕 단추를 눌러 빠져 나온다.

3) 각주 수정하기

각주 내용을 고치기 위해서는 각주 번호 앞이나 뒤에 커서를 놓고 마우스 오른쪽을 클릭하면 뜨는 화면에서 각주/미주 모양을 선택하여 화면으로 이동된다. 각주 모양에서 번호 서식, 여백 등을 통해 설정할 수 있다.

❶ 각주 모양: 각주의 모양을 지정한다.

❷ 구분선 넣기: 본문과 각주 내용 사이의 구분선 길이를 편집한다.

❸ 여백: 구분선 위 여백, 구분선 아래, 각주 사이의 값을 지정한다.

4) 각주 변환하기

입력; 주석; 각주/미주 모양

1) 주저자, 본 연구는 순천향대학교 학술연구비 지원으로 수행하였음.↵
2) 교신저자.↵

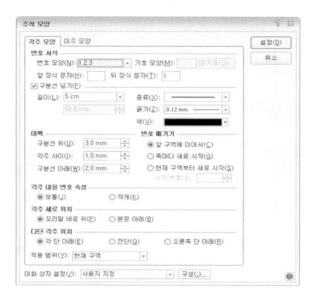

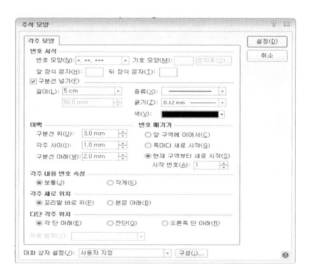

- 각주 모양에서 숫자 대신 *, ** 으로 변환하여 설정
- 설정된 페이지 제일 윗 선에서 쪽: 구역 나누기:

- 다음 각주가 존재하는 페이지 선정, 페이지 제일 상단에서 쪽: 구역 나누기 선정
  이미 앞 선정된 *을 숫자로 대체 시도

※ 각주 새롭게 변경하는 경우

① 페이지 윗선에서 구역 나누기, 현재 구역 새로 1번으로 시작

② 페이지 윗선에서 구역 나누기, 앞 구역 이어서

* 4가지 영역(구분, 분류, 빈도, 비율), 5가지 항목(성별, 학력, 직급, 연령, 근무연수)

1) 4가지 영역(구분, 분류, 빈도, 비율), 5가지 항목(성별, 학력, 직급, 연령, 근무연수)¸

- *를 숫자(1)로 변환

- 1차 변환의 결과로 다음 번호도 여전히 1)로 존재: 2)로 변환 시도 및 필요

- 쪽에서 구역나누기 시행

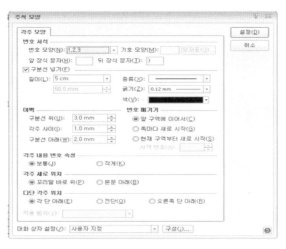

- 앞의 주석 번호(1)의 다음 번호 선정 위해 위의 기능 선택

• 주석 번호 새롭게 설정

❶ 마우스로 선정하고자 하는 위치 선정(마우스 좌측 클릭); 각주 고치기;
각주/미주 모양 고치기; 설정

❷ 번호 매기기 영역: 현재구역부터 새로운 번호 설정(예로 26번); 설정

❸ 번호 매기기 영역: 쪽마다 새로 시작; 설정

13. 쪽 번호 매기기

1) 쪽 번호 매기기 설정

현재 페이지(커서가 놓여 있는 페이지)에 쪽 번호를 자동으로 넣어 준다. 쪽
번호 매기기를 하면 자동으로 쪽 번호는 1쪽이 된다. 처음 시작 페이지가 "1"
이 아닌 경우 〔쪽〕－〔새 번호로 시작〕을 실행 하면 시작 할 페이지 번호를 미
리 지정한다. 쪽 번호는 현재 작업 화면에는 나타나지 않으며 미리 보기 화면
과 인쇄 시 출력 된다.

- 메뉴 이용: 〔쪽〕－〔쪽 번호 매기기〕
- 단축키 사용: Ctrl＋N, P

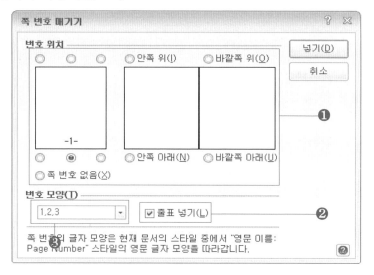

❶ 번호 위치: 쪽 번호의 위치를 지정한다.

❷ 번호 모양: 쪽 번호 모양을 지정하다(아라비아 숫자/로마자 대문자/로마자 소문자).

❸ 줄 표넣기: 쪽 번호에 줄표 표시 여부를 지정한다.

2) 새 번호로 시작

쪽 번호가 "1"이 아닌 다른 쪽 번호인 경우 사용하는 기능이다. 새 번호 지정 방법은 〔쪽〕－〔새 번호로 시작〕을 실행한다. 새 번호로 시작 대화상자가 나타나면 시작 번호를 지정한다.

❶ 번호종류: 새 번호를 시작할 영역을 지정한다.
❷ 시작 번호: 시작 번호를 지정한다.

14. 덧말 넣기

1) 덧말 넣기 방법

■ 메뉴 이용: 〔입력〕－〔덧말 넣기〕

한자 형태의 본말을 블록 지정한 다음 〔입력〕－〔덧말 넣기〕를 선택하여 〔덧말 넣기〕 대화 상자를 불러 온다. 〔덧말 넣기〕 대화상자에서 본말은 블록 지정된 것으로 자동 표기 되어 나타나며, 〔덧말〕에 한자어의 음을 한글로 입력한 다음 〔넣기〕 단추를 누른다. 덧말을 수정하려면 덧말 글자를 마우스로 더블클릭하여 덧말 넣기 대화상자를 불러온 다음 덧말을 수정한다.

15. 하이퍼텍스트 만들기

한글 문서 상호간 및 HTML을 연결한다.
■ 메뉴 이용: 〔입력〕－〔하이퍼링크〕－〔만들기〕
■ HTML: 인터넷 연결－인터넷 주소 입력

하이퍼텍스트를 연결하고자 하는 글자나 단추를 블록 지정한 다음 '〔입력〕－〔하이퍼링크〕－〔만들기〕'를 실행하여 하이퍼텍스트 만들기 대화상자를 불러온다. 하이퍼텍스트 만들기 대화상자에서 HTML문서로 연결을 선택하고 인터넷 주소를 입력하고 글자 또는 단추를 선택한 후 〔선택〕 단추를 누른다.

16. 수식 만들기

■ 〔입력〕－〔개체〕·〔수식〕
■ 단축키 사용: Ctrl＋N, M

■ 도구 사용: f_∞
수식

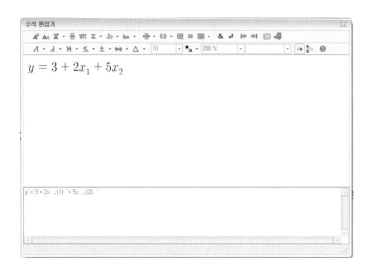

수식 만들기 사이트에서 만든 결과를 다음과 같이 받을 수 있다.

$$y = 3 + 2x_1 + 5x_2$$

17. 그리기 글 상자 만들기

1) 그리기 글 상자 만들기

그리기 글상자는 보다 기능면에서 더 효과적이므로 제목 도형의 문제에서 주로 사용한다.

- 단축키 사용: Ctrl + N, B
- 도구 사용:

2) 그리기 글상자 작업 과정

그리기 글상자 도구를 클릭하면 마우스 포인터의 모양이 +모양으로 변경된다. 마우스 포인터를 드래그(끌기)하면 화면에서 사각 모양의 그리기 글 상자 개체가 만들어 진다. 그리기 글상자가 작성되면 마우스 포인터를 그리기 글상자 안에 클릭하여 글자를 입력할 준비를 한다.

① 그리기 글상자에서 원하는 모양의 도형을 클릭 한다.

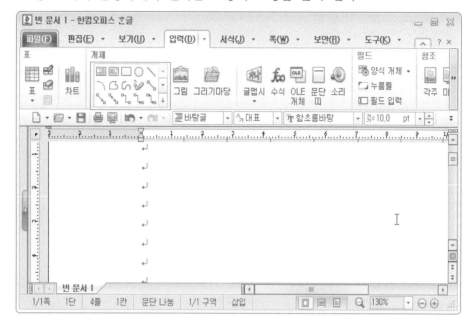

② 바탕 화면에 드래그를 하면 사각의 글상자가 나온다. 다음에 〔글자 넣기〕를 선택하면 도형 안에 글자를 입력 할 수 있다.

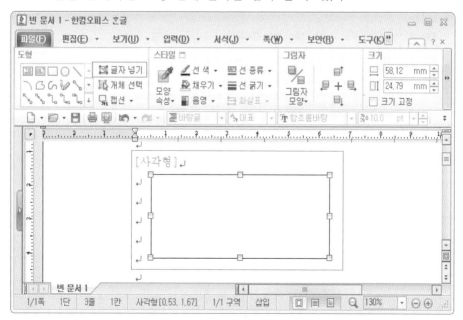

3) 그리기 글상자 편집

그리기 글상자 편집은 개체 속성을 불러온 다음 〔기본〕 탭을 선택하고 편집한다.

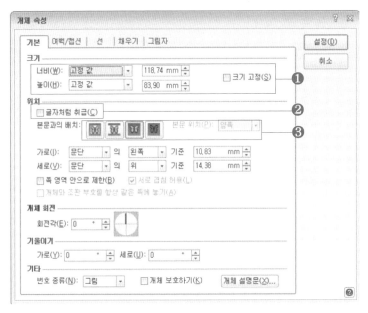

❶ 크기: 너비와 높이 값을 입력하여 크기를 결정 한다.

❷ 글자처럼 취급: 글자처럼 취급되도록 설정한다.

❸ 본문과의 배치
- 어울림: 글자와 개체가 서로 어울리도록 배치
- 자리차지: 글자와 개체가 서로 어울리지 못하고 따로 독립되어 배치
- 투명: 개체가 글자 뒤에 오도록 하여 글자와 투명하게 겹치도록 배치

18. 표 만들기

표를 만들기 위해서는 메뉴에서 〔표〕-〔표 만들기〕 이용하거나 도구상자에서 ⊞ 클릭하거나 단축키를 사용하면 표 만들기 대화 상자가 나타난다.
표

- 메뉴 이용: 〔입력〕-〔표〕-〔표 만들기〕
- 단축키 사용: Ctrl + N,T
- 도구 사용: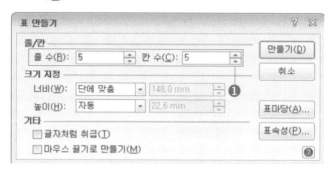
표

❶ 줄/칸: 원하는 값을 설정하여 표의 줄과 칸의 개수를 지정한다.

1) 셀 합치기/나누기

셀을 합치거나 나누기 위해서는 셀을 블록 지정해야 하는데 이때 F5를 사용하여 셀을 지정한다. F5를 한번 누르면 블록이 지정되고 한 칸씩 이동되고, 두 번 누르면 처음 지정한고에서 원하는 부분 까지 지정된다. 전체를 지정하려면 세 번을 누르면 된다.

블록이 지정되어 크기를 조절하려면 Ctrl키나 Shift 키를 누른 상태에서 방향키를 눌러 크기를 조절한다. Ctrl키는 표 전체가 움직이며, Shift는 표 안에서 셀이 부분적으로 움직인다.

셀을 합치거나 나누려면 블록을 지정하고 합치려면 빠른 메뉴를 이용하여 셀 합치기 또는 셀 나누기를 선택하면 된다. 단축키를 사용할 때 셀 합치기는 M, 셀 나누기는 S를 사용하면 된다.

① 셀 합치기를 할 부분을 블록 설정한 다음 단축키 Ⓜ을 누르면 자동으로 셀이 합치기가 된다.

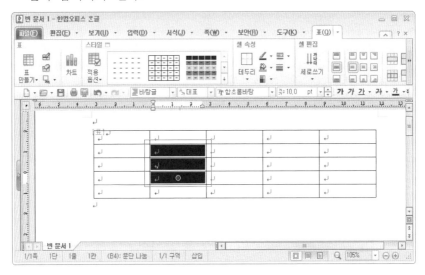

② 지정된 블록이 셀이 합쳐진 것을 볼 수 있다.

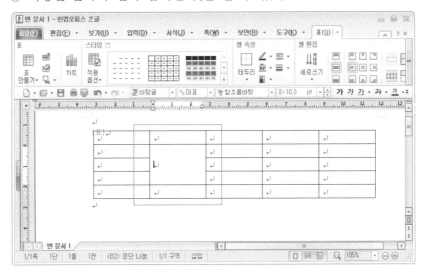

③ 표에서 셀을 나눌 부분을 선택한 다음 단축키 Ⓢ를 누른다.

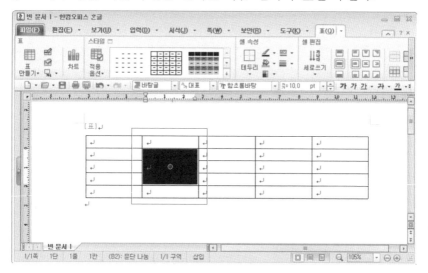

④ 셀 나누기 대화상자가 나타나면 줄 수 와 칸수에 값을 지정하고 나누기
를 클릭한다.

⑤ 이전에 합쳐진 셀이 지정된 값에 따라 나누어 졌다.

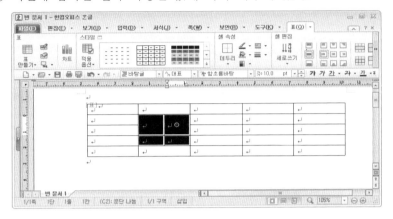

2) 셀 편집

셀 편집 설정 방법은 셀 테두리 및 선 모양, 셀 배경, 대각선 넣기, 셀 음영을 설정한다. [셀 테두리 배경]을 선택한 다음 각 셀에 적용할 것인 여러 셀에 적용할 것인지를 선택한다.

- 메뉴 이용: [표]-[셀 테두리 배경]

※ 만든 표를 블록지정하면 [표] 메뉴창이 새로 생긴다.

- 빠른 메뉴 사용: [셀 테두리 배경]
  • 셀 테두리 및 선 모양

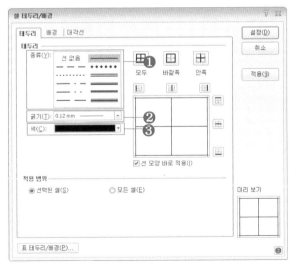

❶ 종류: 다양한 종류의 선에서 알맞은 선 모양을 선택함

❷ 굵기: 선의 굵기를 지정함

❸ 색: 선의 색깔을 지정함

• 셀 배경

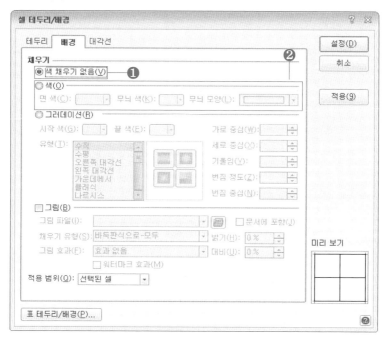

❶ 색 채우기 없음: 셀의 배경에 색을 채우지 않음

❷ 색: 셀에 색을 채워 넣을 경우 어떤 색을 채울지 선택함

- 셀 대각선

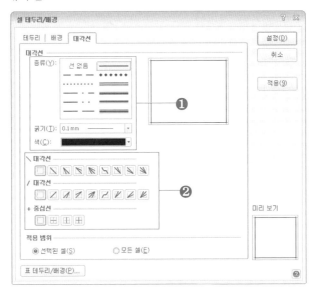

❶ 대각선: 대각선에 사용되는 선의 종류 및 굵기, 색을 지정함.
❷ 대각선: 다양한 대각선의 형태와 중심선을 지정함.

3) 표에 캡션 넣기

표에 캡션을 넣으려면 표를 먼저 선 8개의 마디점이 나타난다. 마디점이 나타나면 〔입력〕-〔캡션 달기〕를 실행하여 캡션 편집 화면으로 이동한다. 캡션 편집 화면에서 "1"과 같이 캡션 번호가 나타나면 번호를 지운다. 이 때 "표 번호를 지울까요?"라는 조판 부호 대화 상자가 나타나면 〔지우기〕 단추를 누른다. 캡션번호를 지웠으면 캡션 내용을 입력한다. 표의 아래쪽에 캡션 내용이 표시 되어 나타난다. 표 캡션 내용을 오른쪽으로 정렬 하려면 내용 입력 후 오른쪽 정렬을 한다.

- 메뉴 이용: 〔입력〕-〔캡션 달기〕
- 단축키 사용: Ctrl+N, C
- 바로 가기 메뉴 이용: 〔캡션 편집〕

① 표를 선택한 후 마우스 오른쪽을 클릭하여 바로 가기 메뉴에서 캡션 달
  기를 클릭한다.

② [표1]의 캡션이 나타나면 원하는 번호를 넣기 위해서는 캡션을 지우면
  지우기 대화상자가 나타나는데 [지움]을 클릭한다.

③ 표에 [캡션내용달기]가 나타나면 원하는 캡션을 쓰고, 글자 모양을 편집
  하면 캡션 넣기는 끝이 난다.

4) 캡션 위치 지정하기

캡션을 편집하려면 표를 선택하여 바로가기 메뉴에서 개체속성을 클릭하면 [표/속성] 대화 상자가 나타나는데 [여백/캡션]탭을 선택한 후 캡션의 위치를 지정하면 된다.

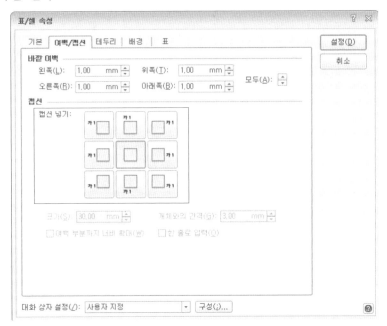

5) 글자처럼 취급 활용

표를 설정하고 아래의 배치에서 글자처럼 취급을 활용하여 2페이지에 걸쳐서 도식화

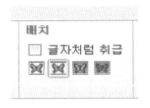

구분	분류	빈도(명)	비율(%)
성별	남	70	70
	여	30	30
학력	고졸이하	11	12.5
	전문대졸	13	15.5
	대졸	64	56.5
	대학원졸	12	15.5

직급	4-5급	5	4.2
	6-7급	65	78.0
	8-9급	30	17.9

6) 표 두 페이지로 분리 표기

표 선택; 마우스 클릭; 개체 속성 선택;

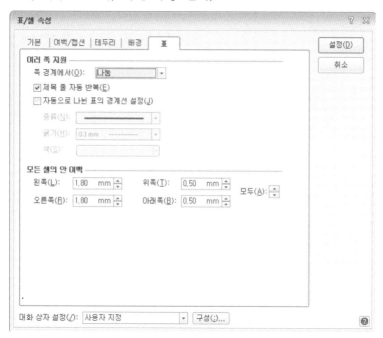

19. 차트 만들기

차트를 만들기 위해서는 메뉴에서 [입력−개체−차트]를 실행하거나 [입력] 탭의 [표] 그룹에서 [차트] 아이콘을 누릅니다. 편집 화면에 3차원의 세로 막대 차트가 삽입됩니다. 삽입된 차트를 선택한 다음 마우스 오른쪽 단추를 눌러 빠른 메뉴가 나타나면 [제목 모양]을 선택합니다. [제목 모양] 대화 상자가 나타나면 [글자] 탭을 선택하고 [글자 설정−내용] 입력 상자에 [차트 제목] 입력 상자에 "성적표"라고 입력합니다. [위치] 탭에서 [보임]을 선택하고 [위치−아래]를 선택한 다음 [설정] 단추를 누릅니다. 삽입된 차트를 선택한 다음 마우스 오른쪽 단추를 눌러 빠른 메뉴가 나타나면 [범례 모양]을 선택합니다. [범례 모양] 대화 상자가 나타나면 [위치] 탭에서 [보임]을 선택하고 [위치−아래]를 선택한 다음 [설정] 단추를 누릅니다. 차트 영역 바깥쪽을 마우스로 한 번 눌러 차트 만들기를 끝냅니다.

표 데이터를 이용하여 차트 만들기는 다음과 같습니다: 차트로 변환할 표를 하나 만듭니다. 표 안에서 <F5>를 3번 눌러 표의 첫 번째 칸부터 마지막 칸까지 블록을 설정합니다. [입력−개체−차트]를 실행하거나 [입력] 탭의 [표] 그룹에서 [차트] 아이콘을 누릅니다. 현재의 표 내용대로 편집 화면에 3차원의 세로 막대 차트가 삽입됩니다. 차트 영역 바깥쪽을 마우스로 한 번 눌러 차트 만들기를 끝냅니다.

간단하게 예를 통해 표현하면 A와 B를 4년간의 변화를 비교·표현하면 다음과 같습니다.

[표 1] 한국의 변화

	A	B
2017년	27	21
2018년	35	36
2019년	47	48
2020년	59	62

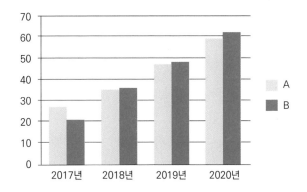

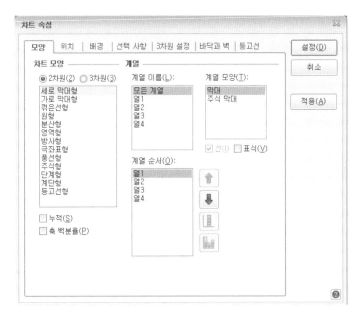

20. 모양복사

　모양복사는 커서 위치의 글자 모양이나 문단모양, 스타일 등을 다른 곳으로 간편하게 복사 하는 기능이다. 특정한 모양을 반복적으로 자주 지정해야 하는 경우에 매우 편하게 쓸 수 있다.

　모양복사를 하기 위해서는 메뉴에서 〔편집〕-〔모양복사〕 이용하거나 도구 상자에서 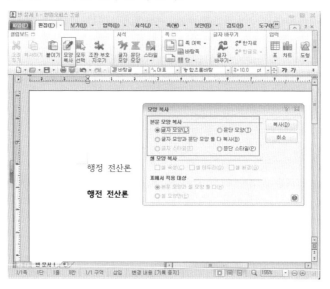 클릭하거나 단축키를 사용하면 모양복사 대화 상자가 나타난다.

- 메뉴 이용: 〔편집〕-〔모양복사〕
- 단축키 사용: [Alt]+C
- 도구 사용: 모양 복사

① 복사할 글자 모양을 가진 글자 바로 뒤에 커서를 놓고 [모양복사] 아이 콘을 누르거나 ALT+C 단축키를 실행한다. 그 뒤에 대화상자가 나타나면 복사하고자 하는 단추를 누른다.

② 모양을 바꿀 부분을 블록을 설정한 뒤에 다시 [모양복사] 아이콘을 누르거나 ALT+C 단축키를 실행한다.

③ 블록으로 설정한 부분의 글자 모양이 복사해 두었던 글자모양으로 바뀌게 된다.

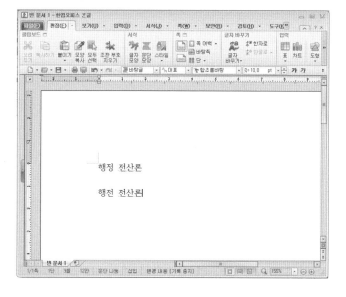

21. 인쇄

인쇄를 하기 위해서는 메뉴에서 〔파일〕－〔인쇄〕 이용하거나 도구상자에서
🖨 클릭하거나 단축키를 사용하면 인쇄 대화 상자가 나타난다.

- 메뉴 이용: 〔파일〕－〔인쇄〕
- 단축키 사용: Alt + P (또는 Ctrl + P)
- 도구 사용: 🖨

❶ 인쇄 범위: 인쇄하고자 하는 범위를 지정
❷ 인쇄 매수: 인쇄 매수를 지정함
❸ 인쇄 방식: 인쇄 방식을 지정함

1) 인쇄 범위

인쇄범위는 문서전체, 쪽 번호가 연속적인 문서 일부분 인쇄, 쪽 번호가 연
속적이지 않은 문서 일부분 인쇄로 구분할 수 있다.

구 분	옵 션	설 명
문서 전체 범위	문서전체	현재 파일의 처음부터 끝까지 모든 쪽을 빠짐없이 인쇄
쪽 번호가 연속적인 문서 일부분	현재까지	현재 파일의 처음부터 커서가 놓여 있는 현재 쪽까지 인쇄
	현재부터	커서가 놓여 있는 현재 쪽부터 끝 쪽까지 인쇄
	선택한 쪽만	문서에서 블록으로 설정된 부분이 속해 있는 쪽만 인쇄
쪽 번호가 비연속적인 문서 일부분	현재 쪽	현재 커서가 놓여 있거나 블록지정 되어 있는 쪽만 인쇄
	현재구역	문서가 여러 개의 구역으로 구성 되어 있을 때, 커서가 놓여 있는 위치의 구역만 인쇄
	일부분	인쇄할 쪽 번호나 범위를 직접 입력하여 지정된 쪽 범위만을 인쇄합니다. 각 범위 사이의 구분은 쉼표(,) 예를 들어 "1,3,5-7"과 같이 입력하면, 1쪽을 인쇄한 후 3쪽이 인쇄. 그리고 나서 5쪽, 6쪽, 7쪽을 차례로 인쇄 문서 내의 같은 쪽 번호가 여러 개 있는 경우 같은 쪽 번호를 가진 문서가 모두 출력되기 때문에 무심코 일부분을 이용해서는 안 됨.

2) 인쇄 매수

같은 내용의 문서가 여러 매 필요한 경우, 매수 칸에 원하는 숫자를 입력한 뒤 인쇄를 하면 원하는 매수만큼 인쇄가 된다.

여러 쪽을 인쇄할 때, 〔한 부씩 찍기〕를 선택해주면 1-2-3, 1-2-3, 1-2-3 쪽의 순서로 인쇄가 된다. 〔한 부씩 찍기〕를 선택하지 않으면 1-1-1, 2-2-2, 3-3-3 쪽의 순서로 인쇄가 된다.

3) 인쇄 방식

인쇄 방식 옵션선택을 통해 여러 쪽의 내용을 한 장의 종이에 모아서 인쇄하거나, 큰 용지에 맞추어 편집된 문서를 작은 종이 여러 장에 나누어 인쇄하는 등 다양한 방법으로 인쇄가 가능하다. 모아찍기와 나눠찍기는 인쇄 전 미리보기를 통해 인쇄물을 미리 확인 할 수 있다.

(1) 기본인쇄

- 자동인쇄: 〔자동인쇄〕, 〔프린터 설정에 따름〕으로 되어 있으면, 문서에서 사용된 〔편집 용지〕에 따라 인쇄용지를 프린터가 자동으로 맞추어 인쇄
- 공급용지에 맞추어: 편집용지와 공급용지의 크기가 서로 다른 경우, 편집된 문서를 〔공급 용지〕의 크기에 맞추어 자동으로 확대하거나 축소하여 인쇄

(2) 모아찍기

- 자동으로 모아 찍기: 공급 용지에 들어갈 수 있는 최대 쪽수만큼 한 장에 모아서 인쇄
- 2, 3, 4, 6, 8, 9, 16쪽씩 모아찍기: 공급용지 한 장에 편집된 문서 내용이 정해진 쪽수만큼 들어갈 수 있도록 축소 비율을 자동으로 조절하여 인쇄

(3) 나눠찍기

편집용지의 종류가 B4나 A3와 같이 일반적인 사용자들이 흔히 쓰는 프린터에서 인쇄할 수 없는 크기 일 때, 나눠 찍기를 지정하면 A4 여러 장에 편집된 문서 한 쪽을 나누어 인쇄. 출력된 몇 장의 인쇄물을 모아 붙여 원하는 크기의 결과물을 얻을 수 있음

(4) 끊어찍기

일정한 쪽수만큼 인쇄 한 다음, 수시로 출력물을 확인하고 다음 인쇄를 진행

부록(논문기고 및 게재에 관한 규정)

논문의 기고(파일; 문서 정보; 문서 통계)

① 원고는 한글프로그램을 사용하여 A4용지에 단면으로 출력하며, 원고의 전체 분량은 200자 원고지 135매(27,000자)를 원칙으로 하되, 이를 초과할 경우에는 초과 200자 원고지 5매(1,000자)당 1만원원의 인쇄비를 징수한다(한글 2010 프로그램에서: 파일 – 문서 – 정보 – 문서통계 – 원고지로 체크). 단, 전체 원고분량은 200자 원고지 175매[1]를 초과할 수 없으며, 분량이 초과된 원고는 투고할 수 없다.

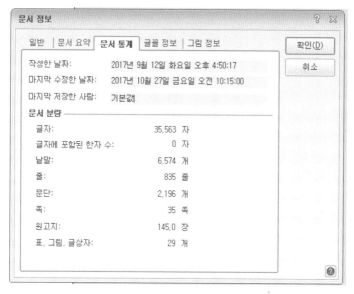

② 원고는 표지, 국문초록(500자 이내), 영문초록(200 단어 이내), 국문 주제어

---

1) 원고분량 한계는 200자×175＝35,000(자)이고, 위의 사례는 200×145＝29,000(자)로 분량 기준 통과

(3개), 영문 주제어(3개), 본문, 참고문헌, 부록의 순으로 배열한다.

③ 제출 원고의 본문, 각주와 참고문헌에 필자의 이름, 필자가 누구인지 확인할 수 있는 글은 공란 없이 삭제한다.

④ 해당 원고와 함께 심사 요청 편지를 제출한다. 심사 요청 편지에는 국문 및 영문 논문 제목과 저자명, 소속기관, 직위, 주소, 전화번호를 기입한다.

⑤ 원고 편집 방법(원고용지 편집)은 다음 기준에 의한다:

편집용지			문단모양			글자모양	
용지여백	위쪽	30	여백	왼쪽	0	글꼴	바탕
	아래쪽	30		오른쪽	0	크기	11
	왼쪽	30	간격	줄간격	160	장평	100
	오른쪽	30		문단위	0	자간	0
	머리말	12		문단아래	0		
	꼬리말	12	첫째줄	들여쓰기	10.0 pt		
	제본	0	정렬	정렬방식	양쪽혼합		
				낱말방식	0		

• 편집 용지: 쪽 – 편집용지

• 문단모양: 서식 – 문단모양

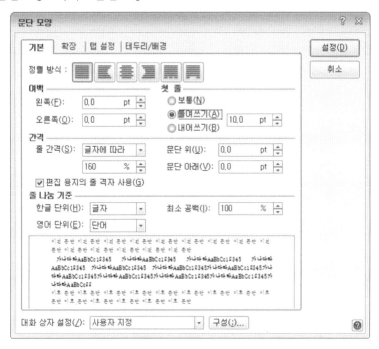

• 글자모양: 서식 – 글자모양

부록(서식파일 선택)

• 파일 – 새문서 – 문서마당 – 문서마당 꾸러미 – 서식파일

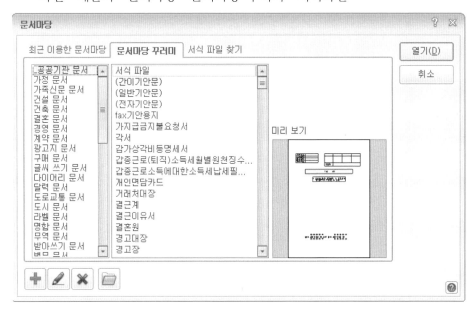

행 정 기 관 명

수신자

(경유)

제 목

발 신 명 의   [직인]

기안자 직위(직급) 서명   검토자 직위(직급)서명   결재권자 직위(직급)서명

협조자

시행   처리과–일련번호(시행일자)   접수   처리과명–일련번호(접수일자)

우   주소   / 홈페이지 주소

전화( )   팩스( )   / 공무원의 공식 전자우편주소 / 공개구분

210㎜×297㎜[일반용지(재활용품)]

행 정 기 관 명

수신자

(경유)

제 목

_____

발 신 명 의 │ 직인 │

_____

기안자 직위(직급) 서명   검토자 직위(직급)서명   결재권자 직위(직급)서명

협조자

시행   처리과–일련번호(시행일자)   접수   처리과명–일련번호(접수일자)

우   주소   / 홈페이지 주소

전화( )   팩스( )   / 공무원의 공식 전자우편주소 / 공개구분

210mm×297mm[일반용지(재활용품)]

VI

마이크로소프트 오피스: 엑셀(Excel)

VI 마이크로소프트 오피스: 엑셀(Excel)

1. 엑셀의 기능

스프레드시트의 일종인 엑셀은 계산 프로그램으로 경리, 회계 업무 및 데이터베이스 기능, 그래픽 기능, 통신 기능까지 갖추고 있으며, 엑셀은 스프레드시트의 프로그램으로 다음과 같은 작업이 가능하며 다음과 같다: ① 표 문서를 쉽게 작성하고 스프레드시트 및 함수 기능을 포함한다. ② 데이터베이스화된 데이터를 쉽게 볼 수 있게 차트 기능을 가진다. ③ 데이터베이스화된 데이터에서 원하는 데이터를 뽑아서 정리·분석·요약 가능하다. ④ 매크로를 통해 자동화된 기능을 제공하고 있다. 그리고 ⑤ 엑셀에서도 기술통계 분석, 분산분석, 상관분석, 회귀분석 등의 통계 데이터 분석이 가능하다.

2. 엑셀의 화면 구성

1) 기본 화면

2007 버전과 마찬가지로 2010 버전에서도 기존의 도구 메뉴에 있는 도구상자를 아이콘 형식으로 구성한 "리본 메뉴"라고 부르는 구성을 채택하였다. 리본 메뉴 아래 워크시트는 실질적인 작업을 위한 것이다. 맨 아래는 현재의 작업 상태를 표시하는 상태 표시줄이다.

[그림 6-1] Excel 기본화면

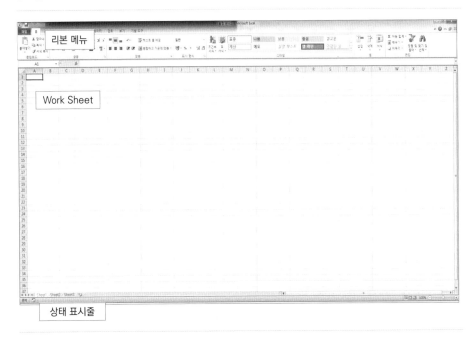

리본 메뉴는 홈, 삽입, 페이지 레이아웃, 수식, 데이터, 검토, 보기, 추가기능 등으로 구성되어있고, 작업장은 행과 열로 구분하여 20,000여개의 데이터를 정리할 수 있게 만들어 두었다.

리본 메뉴의 구성요소를 살펴보면 <그림 6-2>와 같다.

[그림 6-2] 리본 메뉴의 구성요소

❶ 파일 단추: 새로 만들기, 열기, 저장, 다른 이름으로 저장, 인쇄, 준비, 게시, 닫기 등의 메뉴와 최근에 사용한 문서가 나타난다.

❷ 빠른 실행 도구 모음: 빠른 실행 도구 모음은 사용자 지정으로 사용자가 직접 지정할 수 있다.

❸ 제목 표시줄: 현재 작업 중인 파일의 이름이 표시되며, 작업 상태에 따라 "읽기 전용", "호환모드", "공유", "그룹"이 표시된다.

❹ 리본메뉴: 텍스트 형태의 메뉴와 아이콘 형태가 통합된 메뉴이다.

❺ 탭: 리본 메뉴에서 텍스트 형태의 메뉴부분이다.

❻ 그룹: 리본메뉴에서 아이콘 형태의 명령 단추 그룹 이름이다.

❼ 문서창 조절 단추: 문서창을 최소화, 최대화, 닫기 할 수 있는 단추이다.

❽ 프로그램 창 조절 단추: 도움말 단추도 포함되고, 엑셀 창을 최소화, 최대화, 닫기 할 수 있는 단추이다.

[그림 6-3] 워크시트의 구성요소

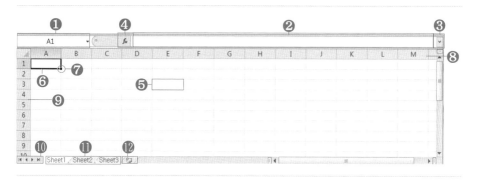

❶ 이름 상자: 현재 선택된 셀의 주소가 표시되는 것이다. 차트나 그리기 개체를 선택하면 개체 이름이 표시되고, 수식이나 함수를 입력하면 함수 목록이 표시된다.

❷ 수식 입력줄: 선택한 셀에 입력되어 데이터나 수식의 원본을 표시한다. 데이터나 수식의 원본을 수정할 수 있다.

❸ 수식 입력줄 확장/축소: 수식 입력줄을 확장/축소가 가능하다.

❹ 함수 삽입: 함수 마법사가 실행된다.

❺ 셀: 행과 열이 교차하면서 만들어진 사각형 영역이며 셀이 모여서 작업 공간을 형성한다.

❻ 셀 포인터: 현재 작업의 중심이 되는 활성 셀을 표시한다.

❼ 채우기 핸들: 드래그하면 셀 내용을 연속 복사한다.

⑧ 열 머리글: 열 이름이 표시되는 부분이며 XFD열까지 16,384개의 열이 있다.

⑨ 행 머리글: 행 번호가 표시되는 부분으로 1,048,576행 까지 있다.

⑩ 시트 탭 이동 단추: 시트 개수가 많아지면서 감추어진 시트를 볼 수 있게 한다.

⑪ 시트탭: 시트의 이름이 표시되는 곳으로 작업할 시트를 선택하는 곳이다. 선택된 시트는 흰색으로 표시 된다.

⑫ 워크시트 삽입 단추: 새 워크시트를 삽입한다.

[그림 6-4] 상태표시줄의 구성요소

❶ 셀 모드: 준비, 입력, 편집 등의 셀 작업 상태를 표시한다.

❷ 매크로: 하나 이상의 작업을 단축키나 별도의 버튼으로 지정하고, 저장하여 이후 동일한 작업을 손쉽게 할 수 있게 하는 기능

❸ 표시 영역: 각종 기능키의 선택 상태를 표시하며, 숫자가 입력된 셀 범위를 지정하면서 자동 계산 결과를 표시한다.

❹ 보기 바로 가기: 기본, 페이지 레이아웃, 페이지 나누기, 미리 보기 등 워크시트 보기 상태를 선택한다.

❺ 확대/축소 비율: 확대/축소 대화상자를 연다.

❻ 확대/축소 슬라이더: 확대/축소 단추를 눌러서 10%단위로 확대/축소하거나, 가운데 슬라이드 단추를 드래그 하여 확대/축소할 수 있다.

2) 엑셀의 기본적인 메뉴의 이해

(1) 파일관련 메뉴의 이용

① 새로 만들기

[파일] → [새로 만들기] → [새 통합 문서] → [만들기]

[그림 6-5] 새 통합 문서 대화상자

[새로 만들기]의 메뉴를 보면 새문서 및 최근 문서아래 설치된 서식 파일, 내 서식 파일, 기존 파일에 새로 만들기가 있으며, MS Office Online을 통해 제공되는 다양한 서식이 있다.

② 열기

[파일] → [열기(📂)]를 선택하거나 [단축키(Ctrl+O)]를 이용하여 저장된 엑셀 파일을 불러 온다.

[그림 6-6] 열기 대화상자

③ 저장

저장 방식은 두 가지로 분류 된다. 일반적으로 저장하는 방식과 다른 이름으로 저장하는 방식이다. 일반적으로 [파일] → [저장(🖫)]을 선택하거나 다른 이름으로 저장하기를 원할 때에는 [파일] → [다른 이름으로 저장하기(🖫)]를 하거나 [단축키(Ctrl+S)]를 이용하여 저장하기를 실행한다.

[그림 6-7] 저장 대화상자

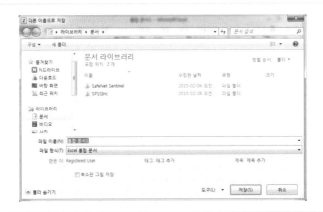

④ 닫기

[파일] → [닫기(🗀)]를 선택하거나[단축키(Ctrl+F4)]를 이용하거나, 제목 표시줄의 [✕]를 이용하여 창을 닫는다.

[그림 6-8] 닫기 대화상자

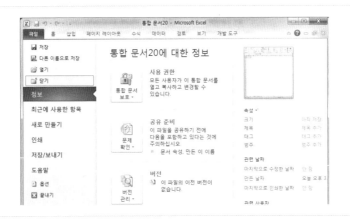

(2) 편집 관련 메뉴의 이용

① 이동하기(잘라내기와 붙여 넣기)

잘라낼 범위를 지정한 후 리본 메뉴에서 [홈]-[(잘라내기)], [단축키([Ctrl] +X)]를 누르면 된다. 다음은 워크시트상의 원하는 위치에 [홈]-[(붙여 넣기)]를 선택하거나, [단축키([Ctrl]+V)]를 눌러서 붙여 넣기를 하면 된다.

마우스를 이용하여 이동할 경우 이동할 부분의 범위를 지정하고 범위의 테두리 선으로 마우스 커서( )를 이동하면 커서의 모양이[ ]로 바뀌고, 마우스 왼쪽 버튼을 누른 상태에서 이동한 부분으로 끌기를 한다. 만약 마우스를 이동이 되지 않는 경우[빠른 실행 도구 모음 사용자 지정]-[기타 명령]-[고급]에서 채우기 핸들 및 셀 끌어서 놓기 사용을 클릭하면 된다.

② 복사(복사하기와 붙여 넣기)

복사할 부분의 범위를 지정하거나 문서상의 개체를 선택한 후 리본 메뉴에서 [홈]-[(복사하기)], [단축키([Ctrl]+C)]를 누르면 된다. 다음은 워크시트상의 원하는 위치에 [홈]-[(붙여 넣기)]를 선택하거나, [단축키([Ctrl]+V)]를 눌러서 붙여 넣기를 하면 된다.

마우스를 이용하여 이동할 경우 이동할 부분의 범위를 지정하고 범위의 테두리 선으로 마우스 커서( )를 이동하면 [Ctrl]를 누른 상태로 이동하면 커서 우측 끝에 (+)가 생기면서 커서의 모양이[ ]로 바뀌고, 마우스 왼쪽 버튼을 누른 상태에서 이동할 부분으로 끌기를 한다.

③ 채우기

셀의 숫자 또는 문자를 입력한 후 채우고자 하는 부분의 범위를 지정한 후 범위의 테두리 선 우측 끝에 마우스를 대고 원하는 방향으로 끌면 된다.

[그림 6-9] 채우기

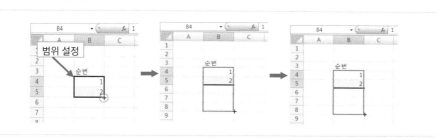

3. 엑셀의 기본 조작

1) 셀 포인트의 이동

엑셀에서 모든 작업은 셀 단위로 이루어지므로 셀 포인트를 빠르게 이동할 수 있으면 문서의 작성을 더욱 효율적으로 수행할 수 있다. 키보드 및 마우스를 통한 셀 포인터의 이동 방법은 다음 표와 같다.

[표 6-1] 셀 포인터의 이동 방법

키보드	←→↑↓	셀 포인터를 상/하/좌/우 방향으로 한 칸씩 이동
	Page Up / Page Down	셀 포인터를 위/아래 방향으로 한 칸씩 이동
	Alt + Page Down / Page Up	셀 포인터를 왼쪽/오른쪽 방향으로 한 화면씩 이동
	Home	셀 포인터가 위치한 행의 처음 열, 즉 A열로 이동
	Alt + Home	어느 위치에서나 셀 포인터가 항상 A1셀로 이동
	End, Home	문성의 작성된 마지막 행 마지막 열로 이동
	Ctrl + ↑ / End, ↑	빈 공간의 셀을 기준으로 하여 위쪽으로 문서의 마지막 셀과 처음 셀로 반복 이동하며, 마지막으로는 가장 위쪽행의 1행으로 이동
	Ctrl + ↓ / End, ↓	빈 공간의 셀을 기준으로 하여 왼쪽으로 문서의 마지막 셀과 처음 셀로 반복 이동하며, 마지막으로는 가장 왼쪽 열의 A열로 이동
	Ctrl + → / End, →	빈 공간의 셀을 기준으로 하여 오른쪽으로 문서의 처음 셀과 마지막 셀로 반복 이동하며, 문서가 없을 경우 가장 오른쪽 열 IV열로 이동
마우스		마우스 커서를 원하는 셀로 위치한 다음 클릭
		화면 오른쪽과 하단의 스크롤 바를 이용하여 이동

2) 셀의 조정

(1) 열 너비와 행 높이의 조정

열 너비의 조정은 열 번호의 경계선에 마우스 커서를 가져갈 때 커서의 모양이 바뀌면 좌측, 또는 우측으로 끌기를 하여 열의 너비를 조정한다. 같은 방법으로 행 높이의 조정은 행 번호의 경계선에 마우스 커서를 가져갈 때 커서의 모양이 바뀌면 위/아래로 끌기를 하여 행의 높이를 조정한다. 열과 열 및 행과 행 사이에 마우스 포인터를 가져가서 마우스 오른쪽을 클릭하면 바로 가기 메뉴에서 열 너비 및 행 너비를 조정할 수 있다.

　또한 셀 안에 입력된 내용이 길 경우에 내용에 맞게 자동으로 열 너비나 행 높이를 조정 할 수 있다. 열이나 행 번호의 경계를 더블 클릭하면 된다. 입력된 데이터에 비해 열이 너무 좁을 때 ['#####']와 같은 표시가 나타날 때가 있는데 셀의 너비를 넓히면 제대로 보이게 된다.

[그림 6-10] 열 너비 및 행 높이 조정

(드래그를 이용한 열과 행 지정)

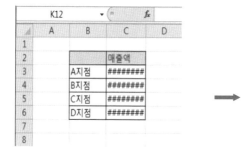 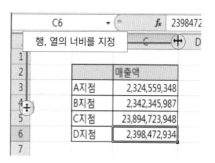

(더블 클릭을 이용한 열과 행 지정)

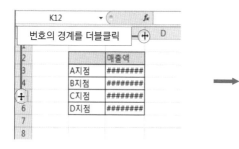 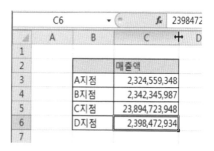

(바로 가기 메뉴를 이용한 열과 행 지정)

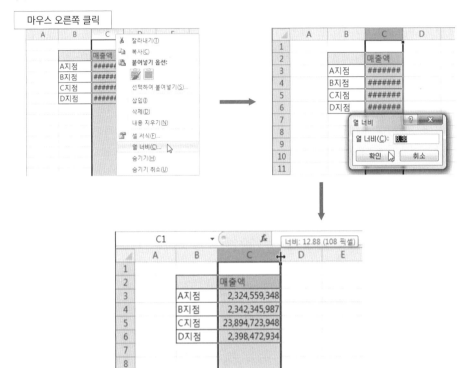

(2) 열과 행의 삽입

열과 행의 삽입은 열과 열 사이 및 행과 행 사이에 마우스 오른쪽 클릭하여 바로가기 메뉴에서 삽입을 선택하면 행과 열이 삽입이 된다.

(3) 셀 범위의 지정

원하는 셀만큼 마우스를 클릭한 상태에서 드래그하거나, <Shift> +↓↑→ ←(방향키)를 누른다. 떨어져 있는 셀을 각각 따로 지정하고자 하는 경우에는 Ctrl키를 누른 상태에서 지정할 셀들을 클릭하면 된다.

(4) 채우기 핸들을 이용한 연속 데이터의 자동 채우기

채우기 핸들은 셀 지정 후 마우스 포인트를 셀의 오른쪽 아래 경계선의 작은 사각형을 지칭한다. 마우스 포인터를 이곳에 위치시키면 십자가 모양(✚)으로 바뀌며 마우스로 클릭한 채 드래그하면 드래그 한 열이나 행까지 데이터가 자동으로 채워진다.

[그림 6-11] 채우기 핸들을 이용한 연속 데이터 자동 채우기

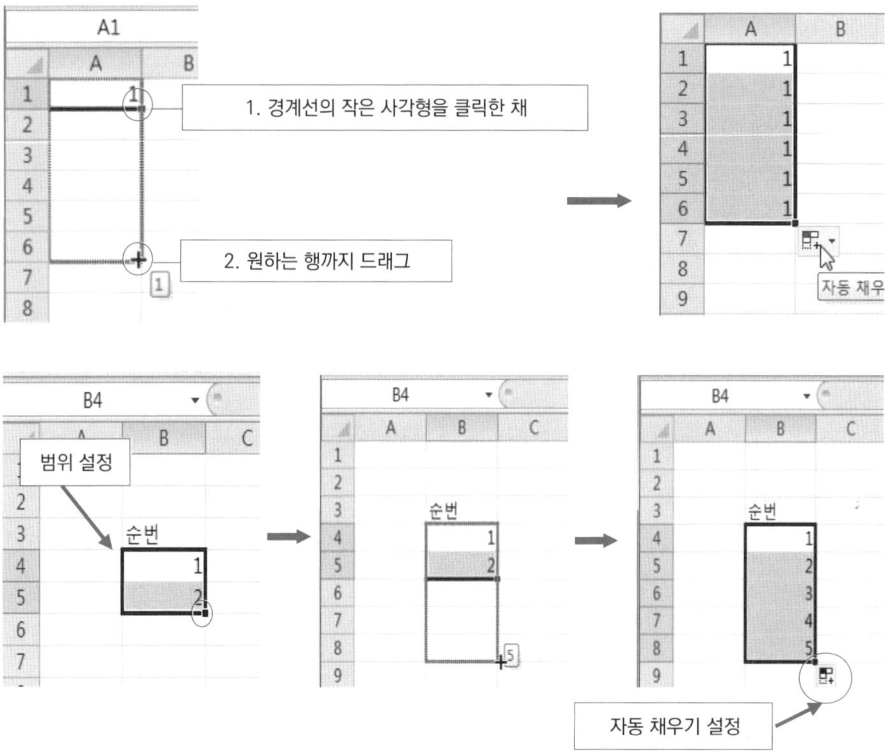

채우기 핸들을 이용하면 비어 있는 셀에 같은 데이터를 연속해서 입력하거나 순차적으로 증가하는 연속 데이터를 쉽게 입력할 수 있다. 연속 데이터란 일정한 범위로 증가하는 연속 데이터를 쉽게 입력할 수 있다. 연속데이터란 일정한 범위로 증가하거나 감소되는 값을 말한다. 숫자, 요일, 날짜, 월 등 일정한 순서를 가지고 있는 연속적인 데이터나 사용자가 임의로 정해 준 순서를 가진 데이터도 채우기 핸들을 이용하여 자동으로 채워지는 셀들의 내용들은 첫 번째 셀의 데이터와 같은 형태로 만들어진다. 엑셀에서 제공하는 연속 데이터

의 형태는 [빠른 실행도구 모음 사용자 지정]–[기타명령]–[기본설정]–[사용자 지정 목록을 편집]을 선택한 후 추가단추를 눌러 사용자가 추가시킬 수 있다.

[그림 6-12] 사용자 지정 목록

숫자의 증가 및 감소 정도는 [홈]–[⬛▾]–[계열]을 선택 한 후 연속데이터 대화상자를 통해 데이터의 방향 종류 및 증감의 단계 값을 조정할 수 있다. 예를 들어, 0.5씩 늘리고자 하는 경우 단계 값을 0.5로 바꾼 후 [확인] 단추를 누르면 된다. 연속데이터 대화상자의 항목 기능과 예시는 다음 그림을 참조하기 바란다.

[그림 6-13] 연속데이터 대화상자의 항목 기능 및 예시

(5) 데이터의 입력, 수정 및 삭제

데이터의 입력과 수정은 보통 다음의 세 가지 방법을 통해서 실행한다. 첫째, 셀 선택 후 「수식 입력 줄」을 클릭한다. 둘째, 해당 셀을 더블 클릭한다. 셋째, 셀 선택 후, F2키를 누른다.

데이터의 내용을 지우기 위해서는 메뉴의 [홈]-[②▼]-[모두지우기/서식지우기/내용지우기/메모지우기]를 선택하거나 Delete키를 눌러 실행한다. 실행 후에는 셀의 내용만 지우고 셀의 위치나 셀 서식은 그대로 남아있다. 내용뿐만 아니라 서식도 지울 경우엔 [홈]-[②▼]-[모두지우기]를 선택한다.

엑셀은 셀에 데이터를 입력하고 Enter↵를 누르면 바로 아래 셀로 이동하는 것이 기본이다. 그러나 데이터의 입력 작업을 수행할 때 옆 셀(오른쪽 셀)로 이동하도록 하는 것이 더 편리하게 입력할 수 있는 경우가 있는데 [빠른 실행도구 모음 사용자 지정]-[기타 명령]-[고급]을 누르면 <Enter>키를 누른 후 다음 셀로 이동하기를 선택하면 된다.

[그림 6-14] 셀 이동 방식의 변경

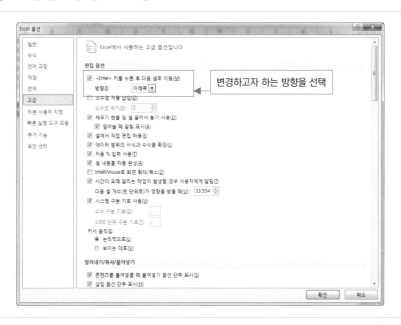

(6) 셀 서식의 조정

[홈]에서 표시 형식 메뉴의 아이콘이나 마우스 오른쪽 버튼을 클릭하면 「셀 서식」대화상자가 나타난다. 여기에서 데이터의 종류에 따른 표시 형식(숫자, 통화, 날짜, 백분율 등)을 바꿀 수 있다.

[그림 6-15] 셀 서식 대화상자

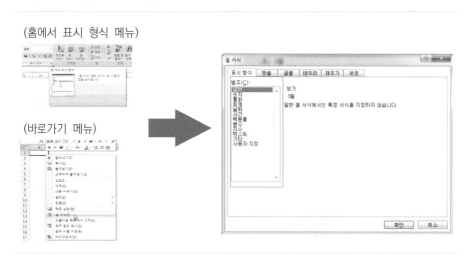

(홈에서 표시 형식 메뉴)

(바로가기 메뉴)

자주 쓰이는 셀 서식 중 숫자의 소수점 자리 조정 또는 숫자 데이터의 1000 단위마다 콤마를 찍는 것 등은 셀 서식 대화상자를 이용해도 되겠지만 도구 모음의 아이콘을 이용하여 간편하게 바꿀 수 있다. 숫자에 서식을 적용하는 데 사용하는 도구 모음의 아이콘은 <그림 6-16>과 같다.

[그림 6-16] 셀 표시 형식 도구

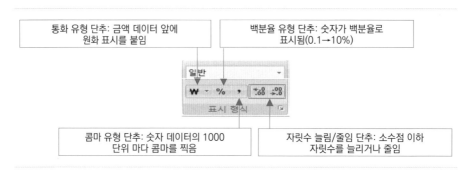

통화 유형 단추: 금액 데이터 앞에 원화 표시를 붙임

백분율 유형 단추: 숫자가 백분율로 표시됨(0.1→10%)

콤마 유형 단추: 숫자 데이터의 1000 단위 마다 콤마를 찍음

자릿수 늘림/줄임 단추: 소수점 이하 자릿수를 늘리거나 줄임

4. 기본적인 데이터의 계산

엑셀에서 가장 중요한 기능은 바로 수치 데이터의 처리라고 할 수 있다. 엑셀에서 단순한 사칙연산은 물론 복잡한 통계학적 데이터도 처리할 수 있다. 수식 및 함수의 입력은 [수식 입력 줄]을 통해 이루어진다. 수식 입력 줄의 왼쪽에 있는 "이름 상자"는 현재 지정된 셀(활성화된 셀)의 위치를 나타낸다.

[그림 6-17] 수식 입력줄

1) 연산자를 이용한 계산

엑셀에서 수치 데이터를 계산하기 위해서는 [연산자]를 사용한다. 연산자를 이용한 계산식에서는 반드시 맨 앞에 [등호(=)]를 붙여서 사용한다. 연산자의 종류 및 기능은 <표 6-2>와 같다.

[표 6-2] 연산자의 종류 및 기능

종류	연산자	기능	사용 예
산술 연산자	+	더하기	=A1+A2
	−	빼기	=A1−A2
	*	곱하기	=A1*A2
	/	나누기	=A1/A2
	^	지수	=A1^2
	%	백분율	=A1%
비교 연산자	=	같다	=A1=A2
	〈	~보다 작다	=A1〈A2
	〉	~보다 크다	=A1〉A2
	〈=	~보다 작거나 같다	=A1〈=A2

	>=	~보다 크거나 같다	=A1>=A2
	<>	같지 않다	=A1<>A2
문자열 연산자	&	문자열의 결합	=B2&C2
참조 연산자	:	셀 범위 지정	A1:A10
	,	복수의 셀 범위 지정	SUM(B2:B5, C2:C5

(1) 산술 연산자

[산술 연산자]를 통한 계산 및 결과는 <그림 6-18>과 같이 나타난다.

[그림 6-18] 산술 연산자를 이용한 계산

(사칙 연산)

▲	A	B	C	D	E	F
1			더하기	빼기	나누기	곱하기
2	6	7	=A2+B2	=A2-B2	=A2/B2	=A2*B2
3	4	7	=A3+B3	=A3-B3	=A3/B3	=A3*B3
4	-5	2	=A4+B4	=A4-B4	=A4/B4	=A4*B4
5	-3	-7	=A5+B5	=A5-B5	=A5/B5	=A5*B5

▲	A 이름 상자		C	D	E	F
1			더하기	빼기	나누기	곱하기
2	6	7	13	-1	0.857142857	42
3	4	7	11	-3	0.571428571	28
4	-5	2	-3	-7	-2.5	-10
5	-3	-7	-10	4	0.428571429	21

(지수/백분율)

▲	A	B	C
1			백분율
2	100	200	50
3	25	100	25
4	200	80	250
5			지수
6	2	2	4
7	3	3	27
8	8	2	64

▲	A	B	C
1			백분율
2	100	200	=A2/B2%
3	25	100	=A3/B3%
4	200	80	=A4/B4%
5			지수
6	2	2	=A6^B6
7	3	3	=A7^B7
8	8	2	=A8^B8

눈으로 보면서 계산식을 직접 입력하면 간혹 잘못된 셀 번호를 입력하게 되는 경우가 있다. 이때는 다음 그림처럼 마우스로 셀 커서를 이동하면서 입력하면 도움이 된다.

[그림 6-19] 마우스를 이용한 셀 번호 입력

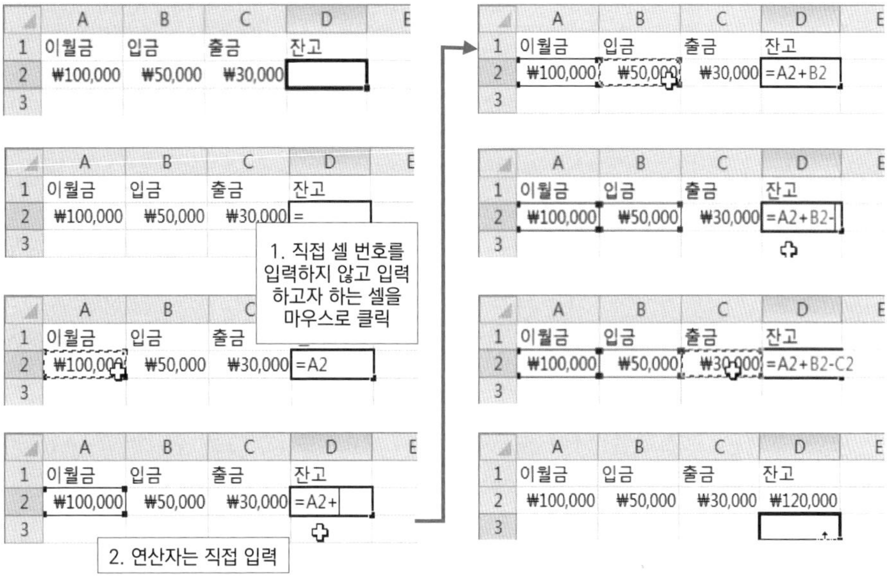

(2) 비교 연산자와 문자열 연산자

[비교 연산자]의 결과 값은 [참(True)] 또는 [거짓(False)]으로 나타난다.

[그림 6-20] 비교 연산자의 출력결과

	A	B	C	D
1	값		비교연산자	
2	1		=	=A2=A3
3	2		<	=A2<A3
4			>	=A2>A3
5			<=	=A2<=A3
6			>=	=A2>=A3
7			<>	=A2<>A3
8				

→

	A	B	C	D
1	값		비교연산자	
2	1		=	FALSE
3	2		<	TRUE
4			>	FALSE
5			<=	TRUE
6			>=	FALSE
7			<>	TRUE
8				

문자열 연산자는 계산식의 입력 시 &를 이용하는 것 이외에도 " "를 이용하여 직접 입력할 수 있다.

[그림 6-21] 문자열 연산자의 출력결과

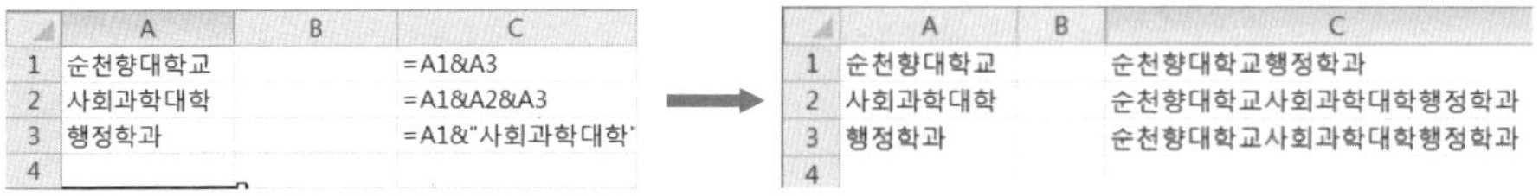

(3) 참조 연산자

참조연산자의 종류 중 콜론(:)은 범위를 지정한다. 콤마(,)는 복수의 셀 범위를 지정하여 합집합을 나타낸다. 예를 들어, 'SUM(A1:A10, B1:B5)'라는 함수식은 A1부터 A10 뿐만 아니라 B1부터 B5까지 15개 셀의 합을 구하는 식이다.

또한 공백은 교집합을 나타내며 'SUM(A1:A10 A8:A15)'라는 함수식은 A1부터 A10, A8부터 A15의 두 범위의 공통부문을 구하는 식으로 결과적으로 A8, A9, A10의 합을 나타낸다.

(4) 계산식의 복사

동일한 과정의 계산을 반복해야 하는 경우 앞서 언급한 '채우기 핸들'을 통한 자동 채우기 기능을 이용하여 효율적으로 작업을 진행할 수 있다. 아래 그림은 개인별 총점을 구하는 예로 자동 채우기를 실행한 것이다.

[그림 6-22] 계산식의 복사

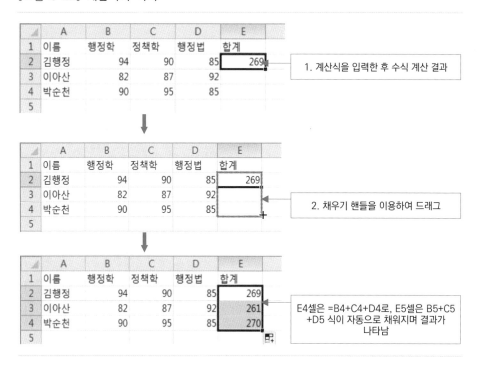

경우에 따라 계산식 내의 셀 번호가 변하지 않아야 될 상황이 발생한다. <그림 6-23>은 개인별 평균을 구하는 예로 채우기 핸들을 통해 위 방식으로 복사된 계산식은 각각 E3/C6, E4/C7, E5/C8을 셀 번호 또한 증가하여 잘못된 계산식이 채워지는 것을 볼 수 있다. C6은 과목수를 나타내는 것으로 평균을 구하기 위해 셀 번호를 고정시켜야 할 필요가 있는데 이 경우 '$'를 사용하여 셀 번호를 고정시킬 수 있다. 셀 번호를 고정시킨 후 자동 채우기를 하면 계산식이 각각 E3/$C$6, E4/$C$6, E5/$C$6으로 채워짐을 확인할 수 있다. 그림의 예에서 고정된 셀 번호의 표기인 '$C$6'은 C열과 6행을 모두 고정시키는 것을 의미한다. 이와 같이 셀의 행과 열을 모두 고정시키는 것을 [절대 참조]라 하며, 이와 비교하여 셀 번호를 고정시키지 않는 것을 [상대 참조]라 한다.

[그림 6-23] 절대 참조를 이용한 계산식의 복사

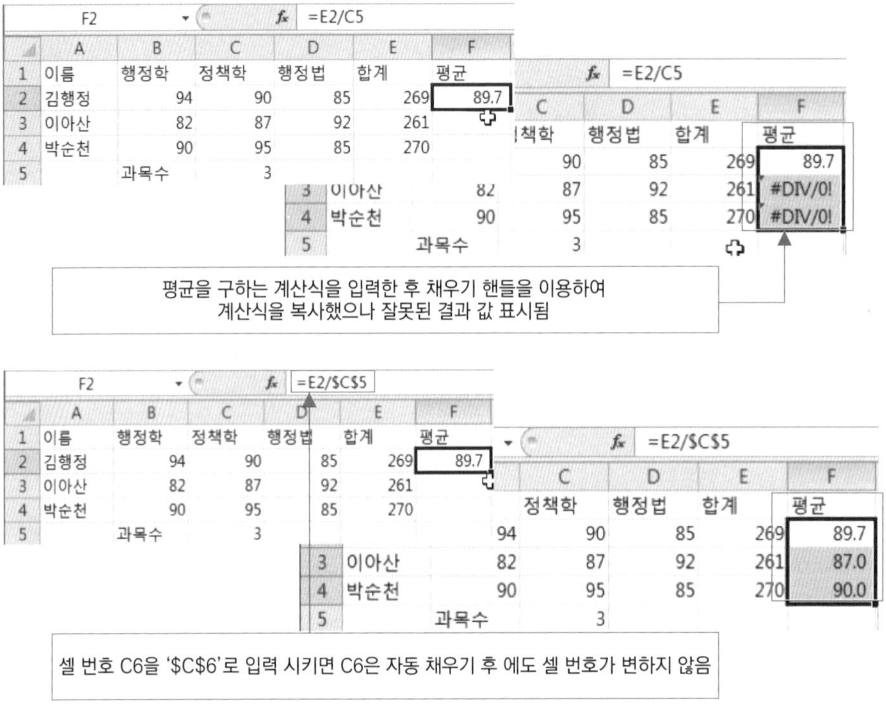

	F2	▾	f_x	=E2/C5	

	A	B	C	D	E	F
1	이름	행정학	정책학	행정법	합계	평균
2	김행정	94	90	85	269	89.7
3	이아산	82	87	92	261	
4	박순천	90	95	85	270	
5		과목수	3			

	f_x	=E2/C5			

		C	D	E	F
		책학	행정법	합계	평균
		90	85	269	89.7
3	이아산	82	87	92	261	#DIV/0!
4	박순천	90	95	85	270	#DIV/0!
5		과목수	3		

평균을 구하는 계산식을 입력한 후 채우기 핸들을 이용하여
계산식을 복사했으나 잘못된 결과 값 표시됨

	F2	▾	f_x	=E2/$C$5	

	A	B	C	D	E	F
1	이름	행정학	정책학	행정법	합계	평균
2	김행정	94	90	85	269	89.7
3	이아산	82	87	92	261	
4	박순천	90	95	85	270	
5		과목수	3			

	f_x	=E2/$C$5			

		C	D	E	F
		정책학	행정법	합계	평균
		94	90	85	269	89.7
3	이아산	82	87	92	261	87.0
4	박순천	90	95	85	270	90.0
5		과목수	3		

셀 번호 C6을 '$C$6'로 입력 시키면 C6은 자동 채우기 후 에도 셀 번호가 변하지 않음

필요에 따라 열만 절대 참조로 하는 경우 '$C$6'처럼 열 번호의 앞에, 행만 절대 참조로 하는 경우 '$C$6'처럼 행 번호의 앞에 $를 붙여, 열이나 행에서 한 쪽 만 절대 참조를 하고 나머지는 상대 참조를 하는 경우를 '혼합 참조'라 한다.

(5) 자동 합계

데이터의 합계를 구하고자 할 때에는 연산자를 이용한 계산식을 직접 입력해도 무방하겠지만, 셀 번호가 많은 경우 식이 길어져 실수를 범할 수 도 있다. 이 때 「자동 합계」 단추9 Σ ▾)이용하여 간편하게 데이터의 합을 구할 수 있다. 또한 하나의 열 또는 행의 숫자 데이터의 범위가 지정되면 상태 표시줄에 합계가 표시되어 쉽게 확인할 수 있다.

[그림 6-24] 자동합계 단추를 이용한 데이터의 합계 계산

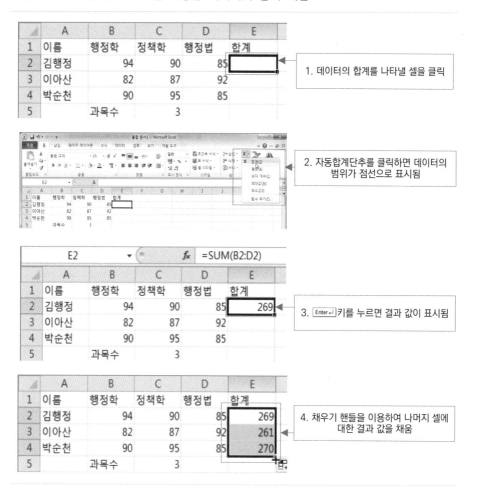

위 그림에서 'SUM(B3:D3)' 함수식을 이용한 계산으로 'SUM'은 인수의 합을
나타내는 함수이며 'B3:D3'는 범위를 나타내는 것이다.

2) 함수를 이용한 계산

엑셀에는 다양한 함수를 제공한다. 리본 메뉴에서 [수식]에 있는 함수 삽입
단추(𝑓𝑥 함수삽입)를 클릭하면 엑셀에서 제공하는 함수의 종류들을 확인할 수 있다. 또
는 수식 입력줄에서(𝑓𝑥)단추를 클릭해도 무방하다.

[그림 6-25] 함수식의 종류

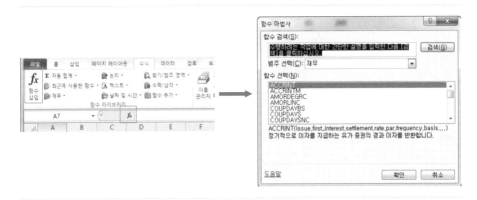

(1) 엑셀의 함수의 기능과 형식

엑셀의 함수의 기능은 값, 셀 참조, 함수 등을 이용하여 새로운 값을 생성하는 것이다. 함수의 형식은 보통 '=SUM(A1:A3)'와 같이 '=함수명(인수, 인수, …, 인수)으로 이루어진다.

(2) 엑셀의 함수의 사용 규칙

함수는 다음과 같은 규칙을 통해 사용된다.

첫째, 수식은 등호(=)로 시작한다. 예를 들어 '=SUM(A1:A3)'는 A1부터 A3셀까지 값의 합을 구하는 것이다.

둘째, 인수를 묶는 양쪽의 괄호(( ))가 반드시 필요하다.

셋째, 함수의 인수는 '=SUM(5+2,AVERAGE(5,7),10)'과 같이 숫자, 셀 범위, 논리값, 문자값, 다른 함수 등이 가능하다.

넷째, 인수가 여러 개 사용되는 함수는 콤마(,)를 사용하여 분리한다.

(3) 기본 함수의 이해

① 합계(SUM)

인수로 지정된 숫자나 셀 범위의 데이터들의 합계를 구해준다.

② 평균(AVERAGE)

인수로 지정된 숫자나 셀 범위의 데이터들의 평균값을 구한다.

③ 카운트(COUNT)

인수로 지정된 숫자의 개수를 구한다.

④ 최대값(MAX)

인수로 지정된 숫자의 개수를 구한다.

⑤ 최소값(MIN)

인수로 지정된 숫자나 셀 범위의 데이터들의 최소값을 구하는데 사용된다.

⑥ 순위(RANK)

선택된 범위 내에서 순위를 구해준다. 성적의 등수 구하기 등에 자동 사용될 수 있다.

⑦ 개수(COUNTA)

인수가 지정되는 범위에서 값이나 데이터가 입력되어 있는 셀의 개수를 구한다.

⑧ 수치개수(COUNT)

인수가 지정하는 범위에서 숫자 데이터가 있는 셀의 개수를 구한다.

⑨ 표준편차(STDEV)

인수로 지정된 범위의 데이터들이 평균값에서 벗어나 있는 정도를 나타낸다.

⑩ 표본 표준편차(STDEVA)

함수 표본 집단으로 사용되는 데이터들이 평균값에서 벗어나 있는 정도를 나타낸다.

함수 사용방법 예 COUNT, COUNTA, COUNTBLANK 함수

가. COUNT: 인수 목록에서 숫자, 날짜가 있는 셀의 개수를 구한다.

나. COUNTA: 인수 목록에서 공백이 아닌 셀과 값의 개수를 구한다.

다. COUNTBLANK: 인수 목록에서 공백 셀의 개수를 구한다.

라. 수식: COUNT(value1, value2, …)

예제 1) 연봉 영역 중에서 숫자로 표시된 셀의 수를 구하고자 한다.

[표 6-3] 함수 실습 데이터

이름	부서	직급	호봉	연봉	결혼여부
김진주	총무부	사원	3	22000000	기혼
곽영일	경리부	부장	10	54000000	기혼
전수진	영업부	차장	8	27800000	미혼
조상희	영업부	대리	4	45000000	미혼
장원중		전무	8	98000000	기혼
박현일	인사부	상무	8		기혼
유형용	기획부	사원	3	18000000	기혼
권지혜	총무부	대리	4	42000000	미혼
주일영		과장	5	52000000	기혼
박나미	영어부	주임	6		기혼
김영수	인사부	사원	2	16500000	미혼
박철수		이사	5	75000000	미혼
김영희	기획부	이사	8	69000000	기혼
최상희	총무부	과장	8	50000000	미혼
김종철	총무부	사원	2	21000000	미혼

① [함수 마법사]-[COUNT]를 선택한다.
② [Value1]에 원하는 영역을 설정한 후 확인 버튼을 클릭한다.

[그림 6-26] 함수 마법사

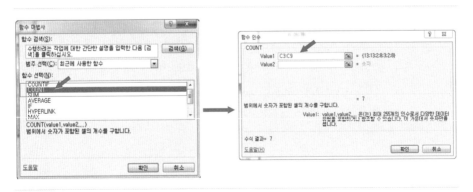

■ COUNTIF 함수

　　가. 의미: 주어진 찾을 조건과 일치하는 셀의 개수를 구한다.

　　나. 수식: COUNTIF(range, criteria)

참조: COUNTIF는 두 가지 이상의 조건식과 구간 비교 조건식은 불가능하다.

예제 2) 근무 부서 중에 총무부에 근무하는 사원의 수를 알아보고자 한다.

① [함수 마법사]－[COUNTAIF] 선택

② [Range]에 원하는 영역을 설정하고, [Criteria]에 조건을 입력한 후 확인 버튼을 클릭한다.

[그림 6-27] IF 함수의 활용

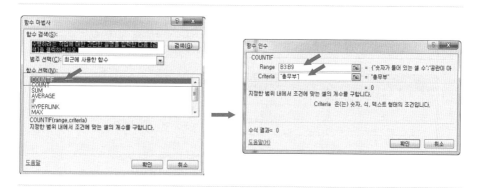

예제 3) 목록을 만족하는 함수를 계산하고자 한다.

이름	부서	직급	호봉	연봉	결혼여부
김진주	총무부	사원	3	22000000	기혼
곽영일	경리부	부장	10	54000000	기혼
전수진	영업부	차장	8	27800000	미혼
조상희	영업부	대리	4	45000000	미혼
장원중		전무	8	98000000	기혼
박현일	인사부	상무	8		기혼
유형용	기획부	사원	3	18000000	기혼
권지혜	총무부	대리	4	42000000	미혼
주일영		과장	5	52000000	기혼

박나미	영어부	주임	6		기혼
김영수	인사부	사원	2	16500000	미혼
박철수		이사	5	75000000	미혼
김영희	기획부	이사	8	69000000	기혼
최상희	총무부	과장	8	50000000	미혼
김종철	총무부	사원	2	21000000	미혼

① [함수 마법사]를 이용하여 계산하거나 오른쪽의 수식을 그대로 입력하여 계산한다.

목록	빈도	
숫자가 들어 있는 셀수	13	=COUNT(E3:E17)
공란이 아닌 셀수	13	=COUNTA(C3:C17)
공란인 셀수	2	=COUNTBLANK(E3:E17)
40,000,000 이상인 세의 수	8	=COUNTIF(E3:E17,">40000000")
영업부에 근무하는 직원의수	3	=COUNTIF(C3:C17,C6)
직급이 이사인 직원의 수	2	=COUNTIF(D3:D17, D14)
결혼한 사람의 수	8	=COUNTIF(F3:F17,F3)

목록	계산값	
MAX(최대값)	10	=MAX(E3:E17)
MIN(최소값)	2	=MIN(E3:E17)
AVERAGE(평균)	5.6	=AVERAGE(E3:E17)
MEDIAN(중위수)	5	=MEDIAN(E3:E17)
MODE(최빈값)	8	=MODE(E3:E17)
STDEV(표준편차)	2.6	=STDEV(E3:E17)
KURT(첨도)	-1.4	=KURT(E3:E17)
SKEW(왜도)	0.08	=SKEW(E3:E17)

기타 함수식은 위의 예제의 방법과 동일한 방법을 사용하여 계산할 수 있다.

5. 함수를 이용한 데이터의 계산

엑셀에는 320여 가지의 다양한 함수를 제공한다. 다음 <그림 6-28>과 같이, 리본 메뉴에서 [수식]에 있는 함수 마법사 단추(f_x)를 클릭하면 엑셀에서 제공하는 함수의 종류들을 확인할 수 있다.

[그림 6-28] 함수식의 종류

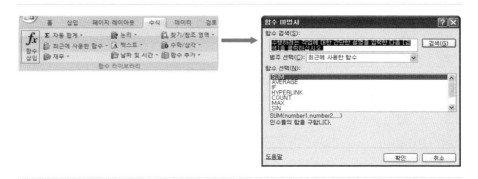

1) 엑셀 함수의 기능과 형식

엑셀 함수의 기능은 값, 셀 참조, 함수 등을 이용하여 새로운 값을 생성하는 것이다. 함수의 형식은 보통 '=SUM(A1:A3)'와 같이 '=함수명(인수, 인수, …, 인수)'으로 이루어진다.

2) 엑셀 함수의 사용 규칙

함수는 다음과 같은 규칙을 통해 사용된다. 첫째, 수식은 등호(=)로 시작한다. 예를 들어 '=SUM(A1:A3)'는 A1부터 A3셀까지 값의 합을 구하는 것이다. 둘째, 인수를 묶는 양쪽의 괄호(( ))가 반드시 필요하다. 셋째, 함수의 인수는 '=SUM(5+2,AVERAGE(5,7),10)'과 같이 숫자, 셀 범위, 논리값, 문자값, 다른 함수 등이 가능하다. 넷째, 인수가 여러 개 사용되는 함수는 콤마(,)를 사용하여 분리한다.

3) 함수 실습

다음의 예를 통해서 몇 가지 함수를 활용해 보자. 우선 Excel을 실행하고 다음 <표 6-4>와 같은 데이터를 Excel Sheet에 입력하자.

[표 6-4] 함수 실습 데이터

	A	B	C	D	E	F	G	H
1	이름	부서	직급	결혼여부	호봉	연봉	구분	연봉순위
2	김진주	총무부	사원	기혼	3	22,000,000	(1)	(2)
3	곽영일	경리부	부장	기혼	10	54,000,000	(1)	(2)
4	전수진	영업부	차장	미혼	8	27,800,000	(1)	(2)
5	조상희	영업부	대리	미혼	4	45,000,000	(1)	(2)
6	장원중		전무	기혼	8	98,000,000	(1)	(2)
7	박현일	인사부	상무	기혼	8		(1)	(2)
8	유형용	기획부	사원	기혼	3	18,000,000	(1)	(2)
9	권지혜	총무부	대리	미혼	4	42,000,000	(1)	(2)
10	주일영		과장	기혼	5	52,000,000	(1)	(2)
11	박나미	영업부	주임	기혼	6		(1)	(2)
12	김영수	인사부	사원	미혼	2	16,500,000	(1)	(2)
13	박철수		이사	미혼	5	75,000,000	(1)	(2)
14	김영희	기획부	이사	기혼	8	69,000,000	(1)	(2)
15	최상희	총무부	과장	미혼	8	50,000,000	(1)	(2)
16	김종철	총무부	사원	미혼	2	21,000,000	(1)	(2)
17	SUM(합계)				(3)	(3)		
18	MAX(최대값)				(4)	(4)		
19	MIN(최소값)				(5)	(5)		
20	AVERAGE(평균)				(6)	(6)		
21	MEDIAN(중위수)				(7)	(7)		
22	MODE(최빈값)				(8)	(8)		
23	STDEV(표준편차)				(9)	(9)		
24	KURT(첨도)				(10)	(10)		
25	SKEW(왜도)				(11)	(11)		
26	부서가 '총무부'인 직원의 연봉 합계					(12)		
27	'연봉'열이 공란이 아닌 직원의 수					(13)		
28	'연봉'열이 공란인 직원의 수					(14)		
29	연봉이 40,000,000 이상인 직원의 수					(15)		

(1) G열(구분)에 연봉이 "50,000,000" 이상이면 "고액연봉자", 그렇지 않으면 "공백"으로 표시하라(IF 함수 활용).

IF 함수

IF함수는 조건에 대한 결과를 출력하는 함수로서, '= IF(Logical_test, Value_if_trust, Value_if_false)' 형식으로 사용한다.
① Logical_test: 조건식 입력
② Value_if_trust: 앞의 조건식이 참일 때 출력하는 값
③ Value_if_false: 앞의 조건식이 거짓일 때 출력하는 값

① G2열에 "="를 클릭하고 [함수 마법사]−[IF]를 선택한다(<그림 6−29> 참조).
② [Logical_test]에 조건식을 입력하고, [Value_if_trust]에 "고액연봉자"라고 입력한 뒤, [Value_if_false]에 ""을 입력한다.
③ 나머지 행에 복사해서 붙인다.

[그림 6-29] IF 함수의 활용

(2) H열(연봉순위)에 연봉의 내림차순으로 순위를 표시하라(RANK 함수 활용).

RANK 함수

RANK함수는 지정된 범위에서 순위를 표시하는 함수로서, '=RANK(Number, Ref, Order)' 형식으로 사용한다.
① Number: 지정된 범위에서 순위를 구하고자 하는 셀 선택
② Ref: 순위를 구하고자 하는 지정 범위
③ Order: 정렬(비워두면 큰 값이 1등, False를 입력하면 작은 값이 1등)

① H2셀에 "="를 클릭하고 [함수 마법사]-[RANK]를 선택한다.

② [Number]란에 순위를 구하려고 하는 셀인 "F2"를 입력하고, [Ref]란에 참조하고자 하는 범위인 "F2:F16"을 입력한 뒤(또는 범위를 마우스로 드래그한 뒤), F4를 눌러서 참조 범위가 변하지 않도록 한다(절대참조). 그리고 [Order]란은 비워둔다.

③ 나머지 행에 복사해서 붙인다.

(3) E17셀에는 호봉의 합계를 F17셀에는 연봉의 합계를 출력하라.

SUM 함수

SUM함수는 인수로 지정된 숫자나 셀 범위의 데이터들의 합계를 구해주는 함수로서, '=SUM(Number, Number, ...)' 형식으로 사용한다.
① Number: 범위를 선택하거나 숫자를 입력

---

① E17셀에 "="를 입력하고 [함수 마법사]-[SUM]을 선택한다.

② [Number]란에 "E2:E16"을 입력하고(또는 마우스로 드래그를 하고), Enter를 누른다.

③ F17셀에 "="를 입력하고 [함수 마법사]-[SUM]을 선택한다.

④ [Number]란에 "F2:F16"을 입력하고(또는 마우스로 드래그를 하고), Enter를 누른다.

(4)~(11) 각 셀에 요구하는 조건에 해당하는 값을 출력하라.

(3) 합계를 구하는 방식과 동일하게 작업을 하면 된다.

기본 함수

(4) MAX(최대값): 인수로 지정된 숫자나 셀 범위의 데이터들의 최대값을 구하는데 사용된다.
(5) MIN(최소값): 인수로 지정된 숫자나 셀 범위의 데이터들의 최대값을 구하는데 사용된다.
(6) AVERAGE(평균): 인수로 지정된 숫자나 셀 범위의 데이터들의 평균을 구하는데 사용된다.
(7) MEDIAN(중위수): 인수로 지정된 숫자나 셀 범위의 데이터들의 중위수를 구하는데 사용된다.

---

(8) MODE(최빈값): 인수로 지정된 숫자나 셀 범위의 데이터들의 최빈값을 구하는데 사용
된다.

(9) STDEV(표준편차): 인수로 지정된 숫자나 셀 범위의 데이터들의 중위수를 구하는데
사용된다.

(10) KURT(첨도): 인수로 지정된 숫자나 셀 범위의 데이터들의 첨도를 구하는데 사용된다.

(11) SKEW(왜도): 인수로 지정된 숫자나 셀 범위의 데이터들의 왜도를 구하는데 사용된다.

(12) 부서가 '총무부'인 직원의 연봉 합계를 출력하시오.

SUMIF 함수

SUMIF함수는 주어진 조건에 의해 지정된 셀들의 합을 구하는 함수로, '=SUMIF(Range, Criteria, Sum_range)' 형식으로 사용된다.
① Range: 조건에 맞는지를 검사할 셀들임
② Criteria: 조건 입력
③ Sum-range: 합을 구할 실제 셀들임.

① F26셀에 "="를 입력하고 [함수 마법사] - [SUMIF]를 선택한다.
② [Range]란에 조건의 범위인 "B2:B16"을 입력하고, Criteria에 조건인 "총무부"를 입력한 뒤, [Sum_range]란에 합계의 범위인 "F2:F16"을 입력한다.

(13) '연봉'열이 공란이 아닌 직원의 수를 출력하시오.

COUNTA

인수 목록에서 공백이 아닌 셀과 값의 개수를 구하는 함수로, '=COUNTA(Value 1, Value 2, ...)'형식으로 사용된다.
① Number: 범위를 선택하거나 숫자를 입력

① F27셀에 "="를 입력하고 [함수 마법사] - [COUNTA]를 선택한다.
② [Value 1]란에 "F2:F16"을 입력하고, 확인을 누른다.

(14) '연봉'열이 공란인 직원의 수를 출력하시오.

COUNTBLANK

인수 목록에서 공백인 셀과 값의 개수를 구하는 함수로, '=COUNTBLANK(Range)' 형식
으로 사용된다.
① Range: 빈 셀의 개수를 구하려는 셀 범위임.

---

① F28셀에 "="를 입력하고 [함수 마법사] — [COUNTBLANK]를 선택한다.
② [Range]란에 "F2:F16"을 입력하고, 확인을 누른다.

(15) 연봉이 40,000,000 이상인 직원의 수를 출력하시오.

COUNTIF

지정한 범위 내에서 조건에 맞는 셀의 개수를 구하는 함수로서, '=COUNTIF(Range, Criteria)'
형식으로 사용된다.
① Range: 조건에 맞는 셀의 수를 구하려는 셀 범위임.
② Criteria: 조건을 입력하는 란임

---

① F29셀에 "="를 입력하고 [함수 마법사] — [COUNTIF]를 선택한다.
② [Range]란에 "F2:F16"를 입력하고, [Criteria]란에 "＞＝40000000"을 입
   력한 뒤, 확인을 누른다.

6. 서식 편집

데이터를 입력하고, 열 너비, 행 높이 등을 조절한 후에 글꼴, 테두리, 맞춤,
표시 형식 등을 이용하여 문서를 좀 더 보기 좋게 정리한다. 엑셀에서 기본으
로 제공하는 표 서식이나 셀 스타일을 적용하여 쉽고 빠르게 서식을 지정할 수
있다.

1) 기본 서식 지정하기

(1) [글꼴]과 [맞춤] 그룹 서식 지정하기

리본 메뉴의 [글꼴] 그룹에서 글꼴, 글꼴 크기, 글꼴 효과, 글꼴 색, 셀 테두리, 셀 색 등의 서식명령들이 모여 있다. [맞춤] 그룹에는 텍스트 가로, 세로 맞춤, 텍스트 방향, 들여 쓰기, 내어 쓰기, 셀 병합, 텍스트 줄 바꿈 등의 서식명령들이 모여 있다.

[그림 6-30] 서식 편집 예

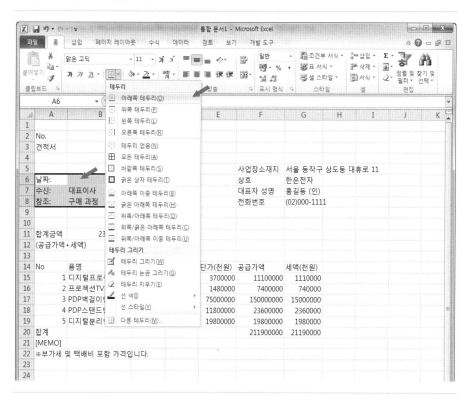

① A5:B5, A6:B6, A7:B7셀 범위를 지정한 다음 [홈]탭의 [글꼴] 그룹에서 테두리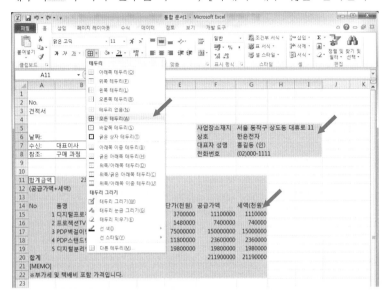의 목록 단추를 누르고, [아래쪽 테두리]를 선택한다.

② F5:G8셀 범위를 지정하고 Ctrl키를 누른 상태에서 A10:G22셀 범위를 선택한 후 [홈]탭의 [글꼴] 그룹에서 테두리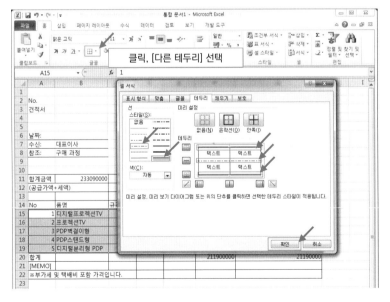의 목록 단추를 누르고, [모든 테두리]를 선택한다.

③ A14:G18셀 범위를 지정하고 [홈]탭의 [글꼴]그룹에서 테두리▦의 목록
단추를 누르고 [다른 테두리]를 선택한다. 셀서식 대화상자에서 테두리
탭을 선택하고 선스타일 목록에서 점선을 선택하고 테두리 위치로 가운
데 가로선을 선택하고, 선 스타일에서 다시 이중선을 선택하고 테두리
위치로 위쪽과 아래쪽을 선택한 다음 확인을 누른다.

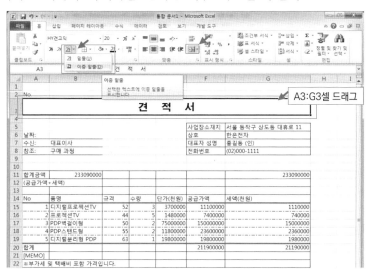

④ A3:G3셀 범위를 지정하고 [홈]탭의 [맞춤] 그룹에서 병합하고 가운데
맞춤 ▦을 클립한 후 [홈]탭의 [글꼴] 그룹에서 글꼴은 'HY견고딕', 글
꼴 크기는 '20', '이중 밑줄'을 선택합니다.

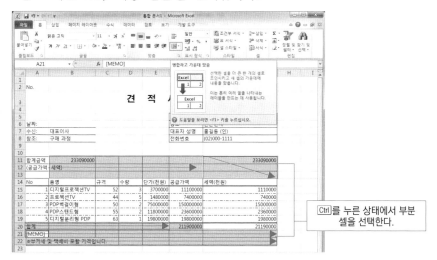

⑤ B10:F11, G10:G11, A19:AE, A20:G20, A21:G22의 각각의 범위를 지정한다. [홈]탭의 [맞춤] 그룹에서 병합하고 가운데 맞춤을 클릭한다.

⑥ E5:F5셀의 범위를 지정하고 [홈]탭의 [맞춤] 그룹에서 대화상자 표시 단추를 클릭하면 셀 서식 대화상자에서 [맞춤] 탭의 가로에서 균등 분할을 선택한다.

⑦ A11셀을 선택하고 [홈]탭에서 [맞춤] 그룹에서 대화상자 표시 단추를 클릭하면 셀서식 대화상자의 [맞춤] 태에서 텍스트 조절을 셀에 맞춤을 선택하면 셀 크기에 맞추어서 글씨가 편집된다.

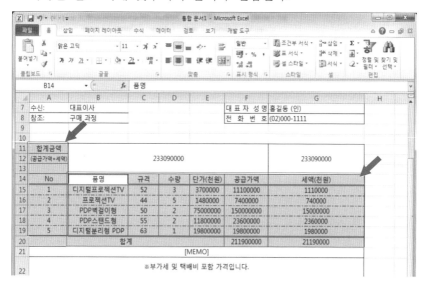

⑧ A10:A19, B13:G19의 셀 범위를 각각 지정하고 [홈]탭에서 [맞춤]에서 가운데 정렬을 선택하면 글씨가 가운데 정렬된다.

(2) 표시 형식

엑셀은 날짜, 숫자, 문자 등의 데이터 종류에 따라 다양한 표시 형식을 지정할 수 있다. 리본 메뉴의 표시 형식 그룹에서 데이터 종류별 표시 형식 목록, 백분율 스타일, 쉼표 스타일 등의 단추가 있다. 리본 메뉴 그룹에 없는 표시 형식은 서식 코드를 사용자 지정하여 표시할 수 있다.

(3) 사용자 지정 서식 코드

지정하고 싶은 서식을 표시 형식의 범주에서 찾을 수 없을 때는 사용자가 서식을 직접 지정할 수 있다. 표시 형식 범주 중 '사용자 지정' 표시 형식을 선택하고, 엑셀에서 사용할 수 있는 서식 코드를 지정하여 사용자가 임의로 표시 형식을 만들 수 있다.

① 숫자 표시 형식의 사용자 정의

사용자가 지정 표시 형식은 양수, 음수, 0, 문자 데이터에 따라 구분하여 지정할 수 있다. 구분자는 세미콜론(;)이다. 구분자 없이 한 가지 서식 코드만 지정하여 양수에 대한 서식으로 적용되고, 나머지 음수, 0, 문자 서식은 일반 서식이 적용된다.

- 양수 서식 ; 음수 서식 ; 0 ; 문자 서식

② 서식 코드

사용자가 지정 표시 형식을 만들려면 형식을 만드는데 필요한 코드를 이해하여야 한다. 사용자 지정 표시 형식에 사용할 수 있는 코드와 해당코드가 어떤 역할을 하는지 살펴보자.

서식코드	기능	서식코드	기능
G/표준	숫자를 일반 표시 형식으로 지정	,	천 단위 구분 기호
;	양수: 음수: 0값: 문자열 구분 지정된 조건에 따른 표시 형식을 구분	$,₩	화폐 단위 표시
#	자릿수 표시(필요 없는 자릿수의 숫자는 제외	" "	임의의 문자열 삽입
0	자릿수 표시(필요 없는 자릿수의 숫자까지 0으로 표시)	[ ]	색깔이나 조건 지정
?	필요 없는 자릿수의 자리에 공백 추가	*	뒤에 입력한 문자를 반복 표시
.	소수점 구분 기호	@	특정한 문자를 붙여서 표시

표시 형식에 따라 입력한 데이터가 어떻게 나타나는지를 표를 보면서 살펴보자.

표시 형식 코드 \ 입력데이터	1234.5	-1234.5	0.1234	0
G/표준	1234.5	-1234.5	0.1234	0
0	1234	-1234	0	0
0.00	1234.50	-1234.50	0.12	0.00
#,##0	1,235	-1,235	0	0

#,##0.0;(#,##0.0);_	1234.5	(1234.5)	0.1	_
₩#,##0;₩-#,##0	₩1,235	₩-1,235	₩0	₩0
[파랑][〉0]0;[빨강][〈0]0	1235	-1235	0	0
0%	123450%	-123450%	12%	0%
# ?/?	1234 1/2	-1234 1/2	1/8	0
0.00E+00	1.23E+03	-1.23E+03	1.23E+-01	0.00E+00
#,##0 "원"	1,235월	-1,235	0원	0원

이외에도 날짜 형식을 사용자가 직접 지정할 수 있다. 날짜 표시에 사용하는 코드는 다음과 같다.

표시 형식	설명	표시 형식	설명
YY	년도를 2자리로 표시	MMMM	월을 영문으로 표시 예 December
YYYY	년도를 4자리수로 표시	DD	일을 두 자리로 표시
MM	월을 두자리 수로 표시	DDD	요일을 영문 세 자리로 표시 예 WED
MMM	월을 영문 세자리로 표시 예 DEC	DDDD	요일을 영문으로 표시 예 Wednesday
AAA	요일을 한글 한글자로 표시 예 일	AAAA	요일을 한글 세 글자로 표시 예 일요일

시간 표시에 사용하는 코드는 다음과 같다.

서식코드	기능	서식코드	기능
H	시간을 0~23으로 표시	h AM/PM	시간을 4AM으로 표시
hh	시간을 00~23으로 표시	h:mm AM/PM	시간을 4:36PM으로 표시
m	분을 0~59로 표시	h:mm:ss A/P	시간을 4:36:03P로 표시
mm	분을 00~59로 표시	[h]:mm	경과된 시간을 표시 예 25.02
s	초를 0~59로 표시	[mm]:ss	경과된 시간을 분으로 표시 예 63:46
ss	초를 00~59로 표시	[ss]	경과된 시간을 초로 표시

2) 표 서식과 셀 스타일 지정하기

엑셀에서 데이터만 입력해 놓은 다음 표 서식을 지정해 보자.

① 데이터만 입력한 상태에서 홈 탭의 [스타일]그룹에서 표 서식 을 클릭하고, '표 스타일 보통2'를 선택한다.

[그림 6-31] 표 스타일 선택

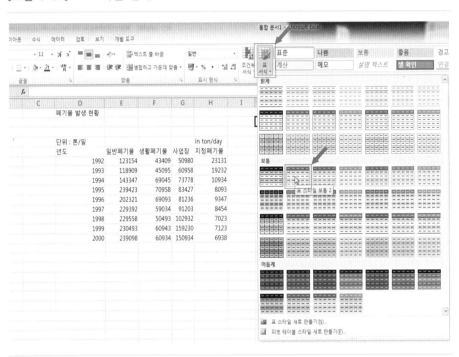

② 표 서식 대화 상자가 나오면 표에 사용할 데이터의 범위를 지정하고 '머리글 포함' 옵션이 체크된 채 확인을 누른다. 그러면 데이터 범위가 '표' 로 변환 되면서 머리글 행에 필터 단추가 생기고 리본 메뉴에 표 도구가 추가된다.

[그림 6-32] 표에 사용할 데이터 지정

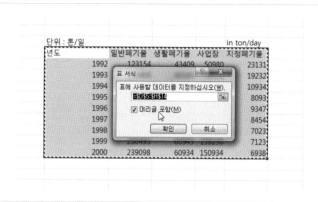

③ [디자인]탭의 [표 스타일 옵션] 그룹에서 다음과 같이 '머리글 행, 마지막 열, 줄무늬열' 옵션에 체크 표시하고, 표 스타일 목록 아래 단추 ▼를 눌러서 '표 스타일 보통9'를 선택한다.

[그림 6-33] 표 디자인 지정

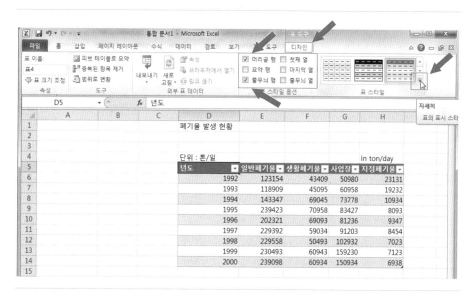

④ 데이터베이스 관리 기능이나 구조적 참조 등을 사용하지 않을 것이라서 일반 범위로 변환하기 위하여 [디자인] 탭의 [도구] 그룹에서 범위로 변

환 범위로 변환 을 클릭하고 대화상자에서 [예]를 누른다.

[그림 6-34] 표를 정상 범위로 변환

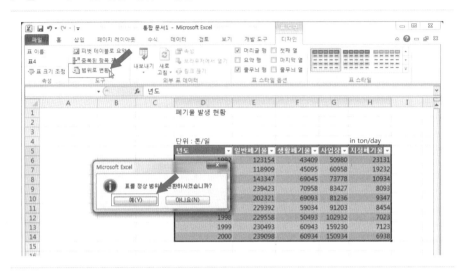

⑤ D1:H1까지 범위를 지정하고 [홈]탭에서 [맞춤]그룹에서 병합하고 가운
데 맞춤 을 누르고 [홈]탭에서 [스타일] 그룹에서 셀 스타일 을 누
르고 [제목 및 머리 글]의 '제목'을 선택한다.

[그림 6-35] 제목의 셀 서식 변경

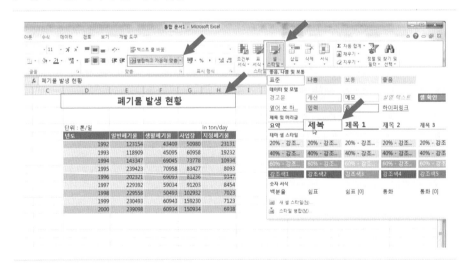

⑥ 숫자 데이터에 쉼표 서식을 지정하기 위해 E6:H14셀 범위를 지정하고, [홈]탭의 [스타일]그룹에서 셀 스타일▥을 누르고 [숫자서식]에서 '쉼표 [0]'을 선택한다.

[그림 6-36] 숫자 데이터 셀 서식 지정

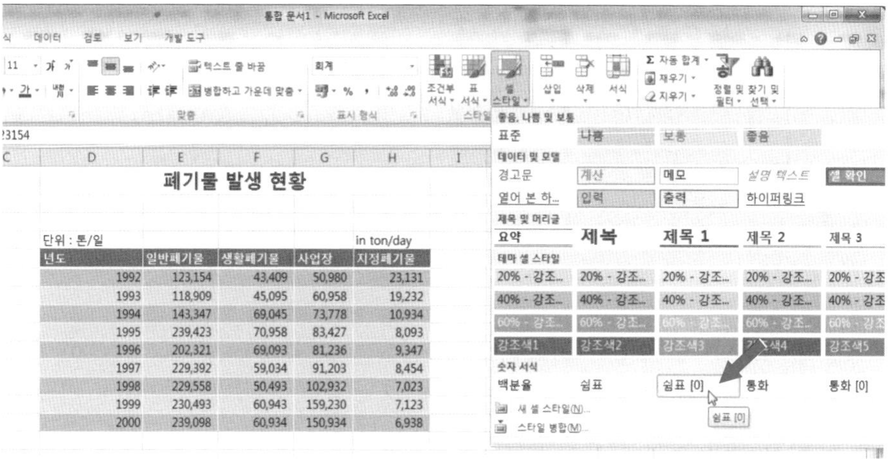

3) 조건부 서식 지정하기

엑셀에는 특별한 조건에 부합하는 셀만을 특정한 서식으로 표현할 수 있다. 다음은 조건부 서식의 예이다.

(1) 셀 강조, 상/하위 규칙에 따른 조건부 서식

비교 연산자를 기준으로 셀 범위에서 특정 셀의 서식을 지정하여 해당 셀을 쉽게 찾을 수 있다. 지정하는 기준 값에 따라 셀 범위에서 최상위 값과 최하위 값을 찾을 수 있다.

① H1셀을 선택하고, [Ctrl] + [Shift] + [↓]키를 눌러 범위를 지정한 후 [홈]탭의 [스타일]그룹에서 조건부 서식▥을 클릭하고 [셀 강조 규칙]의 '보다 큼'을 선택한다.

[그림 6-37] 조건부 서식 선택

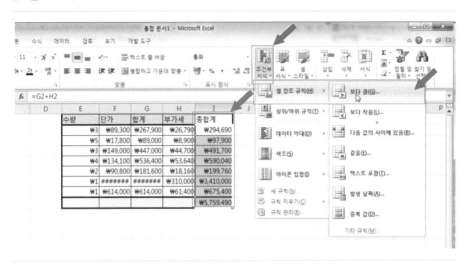

② 값 입력란에 기준이 되는 값 여기에서는 200000을 넣거나 기준이 되는
셀을 선택한다. 적용할 서식목록에서는 '진한 빨강 텍스트가 있는 연한
빨강 채우기'를 그대로 선택해두고 확인을 누른다.

[그림 6-38] 기준이 되는 값 설정

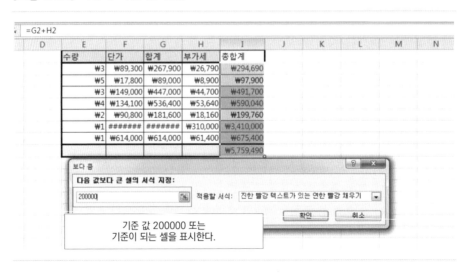

③ 상위 10%의 데이터 값에 조건부 서식을 적용하려면 조건부 서식에서 상위/하위 규칙을 선택한 후 적용시킨다.

[그림 6-39] '상위 10%' 조건부 서식 적용

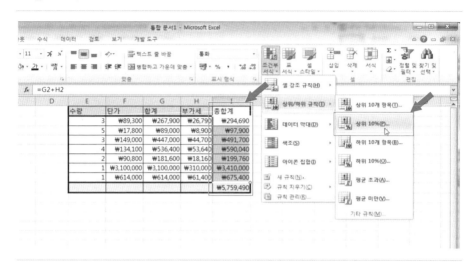

④ 상위 10%를 선택한 후 적용할 서식목록에서는 '진한 빨강 텍스트가 있는 연한 빨강 채우기'를 그대로 선택해 두고 확인을 누른다.

[그림 6-40] 상위 10% 대화상자

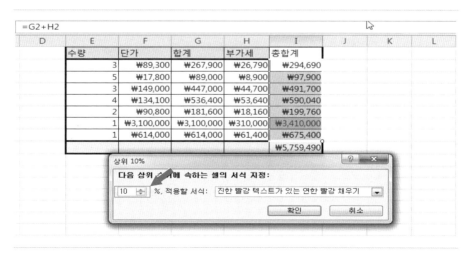

⑤ 텍스트 형식의 조건부 서식을 적용하려면 범위를 지정한 후 텍스트 포함
을 선택한다. 우선 C4셀을 선택한 후 Ctrl + Shift + ↓ 를 누른 후 범위
를 지정한다.

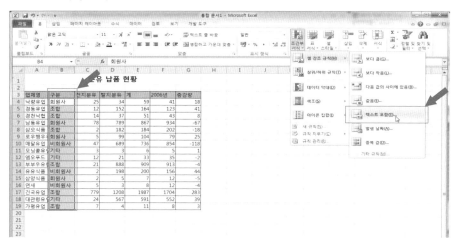

⑥ 텍스트 포함 대화 상자가 나오면 텍스트 입력란에 회원사를 입력한 후
적용할 서식목록에서는 '진한 빨강 텍스트가 있는 연한 빨강 채우기'를
그대로 선택해 두고 확인을 누른다.

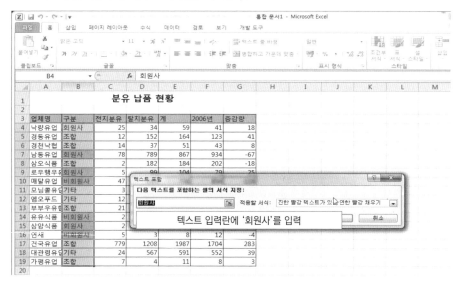

(2) 수식을 사용한 조건부 서식

논리 수식을 사용하여 조건을 지정하면 좀 더 복잡한 조건에 대해 서식을 적용할 수 있다. 또한 수식을 사용한 조건부 서식을 사용하면, 조건에 해당하는 행에 서식이 적용된다.

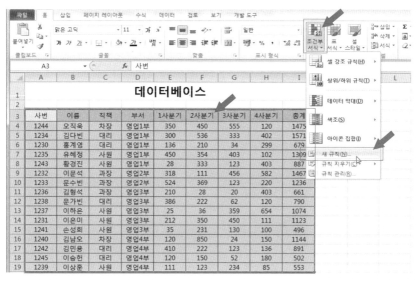

① 전체 범위를 지정한 후 [홈] 탭의 [스타일]그룹에 있는 조건부 서식에서 [새 규칙]을 클릭한다.

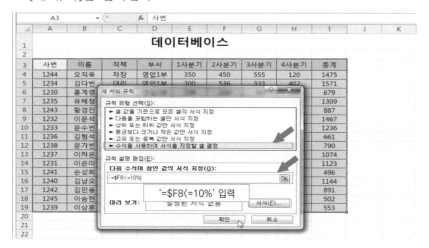

② '수식을 사용하여 서식을 지정할 셀 결정'을 선택하고 2사분기 실적인 10%이하인 행에 서식을 적용하기 위해 수식 입력란에 '=$F8<=10%'를 입력하고 [서식]을 누른다.

③ 나타난 셀 서식 대화상자의 [채우기]탭을 선택하고, '빨강'을 선택한다. [확인]을 누르고 세 서식 규칙 대화 상자의 [확인]을 누른다.

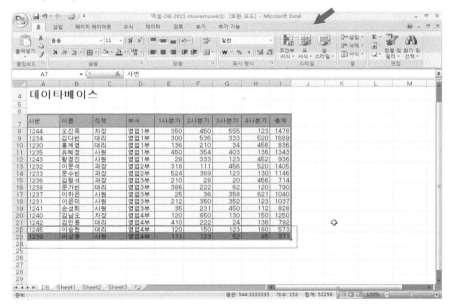

④ 결과 값으로 1239의 이상훈 사원이 2사분기 영업 실적이 10% 이하인 것으로 빨강색으로 셀을 채워진다.

7. 차트 만들기

차트를 만들려면 먼저 워크시트에 차트로 표현할 데이터를 입력한 다음, 데이터를 선택하고 [삽입]탭의 [차트] 그룹에서 사용할 차트의 종류를 선택하면 된다. 설정되어 있는 기본 차트를 바로 삽입하고자 할 때는 단축키를 사용하여 빠르게 삽입할 수 있다.

① 표 안의 임의의 셀을 클릭한 후 [삽입]탭의 [차트] 그룹에서 세로형 막대그래프를 선택한다.

② 세로형 막대그래프가 생성되면 차트의 가로 세로 항목의 데이터 값을 수정해야 하는데 마우스로 오른쪽 클릭하여 [데이터 선택]을 체크한다.

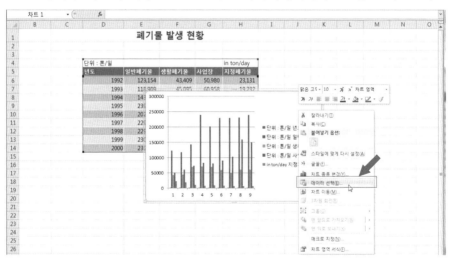

③ 차트 데이터의 범위를 A5;E15까지 다시 설정하고, 범례항목에서 년도를
   제거한 후 가로축 레이블에서 연도를 추가시킨다.

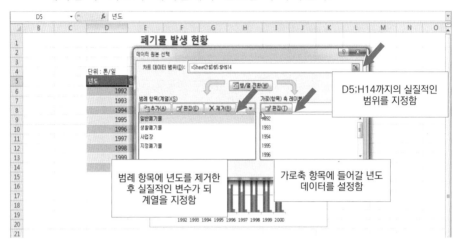

④ 완성된 차트의 형태이다.

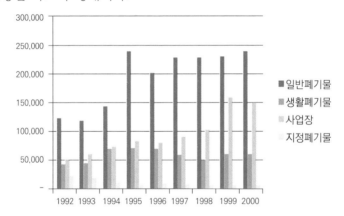

8. 데이터베이스 관리하기

[데이터베이스(Data – Base)]란 많은 양의 데이터를 특정한 용도에 맞게 분류
또는 정리해 둔 것을 의미한다. 일반적으로 [DB]라고 불린다.

엑셀에서는 워크시트로 작성해 둔 표를 특정한 조건의 데이터를 검색해내
는 데이터베이스 기능이 있다.

1) 데이터베이스 구조

① 필드명(Field name): 필드의 데이터를 구분하는 필드의 이름, 보통은 데이터 목록의 첫행에 입력된 내용을 말한다.

② 레코드(Record): 데이터 목록을 구성하는 워크시트의 각 행을 레코드라 말한다.

③ 필드(Field): 데이터 목록을 구성하는 워크시트의 각 열을 필드라 말한다.

	성명	부서	직급	주민평가	민원처리건수	미처리건수	민원처리율(%)
필드명	김영진	복지과	계장	90	20	18	53
	박진욱	건축과	주임	88	45	36	80
	김광수	교통과	과장	78	15	10	67
	강진영	상수도과	계장	87	16	12	75
	박상진	체육행정과	과장	85	14	11	79
	김영수	복지과	직원	86	25	22	88
	곽지우	건축고	직원	90	23	20	87
	이창호	장애인과	직원	93	25	20	80
	홍민혁	위생과	과장	91	45	44	98
	박성선	지적과	주임	88	85	80	94
	진윤미	상수도과	주임	75	75	70	93
	유영배	건축과	직원	98	25	21	84
	이혜영	교통과	주임	86	63	60	95

OO기관 민원처리 관리 양식 / 필드 / 레코드

2) 데이터베이스를 만들 때 주의 사항

① 각 열에는 같은 종류의 정보를 입력한다.

② 각 열에는 하나의 정보만 입력한다.

③ 데이터베이스 목록의 첫행에는 필드명이 반드시 있어야 한다.

④ 빈행이나 빈열이 없도록 해야 한다.

3) 데이터베이스 만드는 방법

워크시트에 데이터를 직접 입력할 수도 있겠지만 엑셀의 기능 중 [레코드 관리]기능을 이용하여 데이터를 입력한다. [레코드 관리] 기능을 이용하여 데이터베이스를 만들면 쉽게 보완·수정할 수 있게 된다. 구체적인 데이터베이스 만드는 방법을 알아보자.

엑셀 2010에서 레코드 기능을 지정하려면, [오피스 단추]에서 [엑셀 옵션]을 누른다. [사용자 지정]에서 [모든 명령]을 선택한 후 드롭 다운하여 [레코드 관리] 항목을 추가시키면 된다.

① 필드의 이름을 정한 다음 각 열에 [필드명]을 먼저 입력한다.

② 필드명이 입력된 행과 첫 번째 입력될 행을 블록 지정한 후 셀 주소 창에 [데이터베이스]라고 입력한다.

③ 필드명 바로 아래 행에 필요한 [수식]을 입력하고 [서식]을 설정한다.

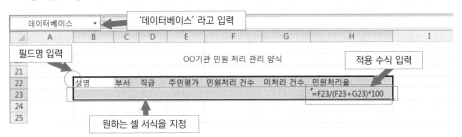

④ 레코드 관리 대화상자를 열어서 데이터를 입력한다. 레코드 관리 대화상자가 없다면 '빠른 실행 도구 모음 사용자 지정'에서 '레코드 관리'아이콘을 추가한다.

⑤ 동일한 방법으로 추가할 데이터를 입력한다.

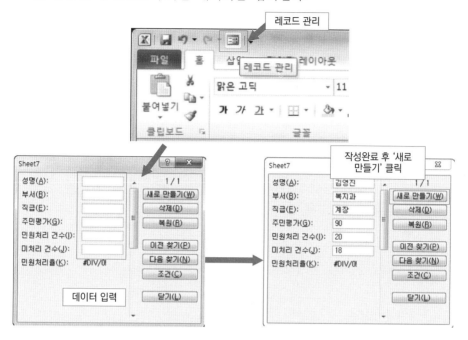

4) 레코드 관리하기

데이터베이스를 만드는 것 보다 더 중요한 것은 데이터베이스를 지속적으로 관리하는 것이다. 데이터 목록에 새로운 직원이나 새로운 조직 개편이 발생할 경우 데이터베이스를 수정할 필요가 있다. 이때 레코드 관리기능을 이용하여 쉽게 데이터 수정·보완할 수 있다.

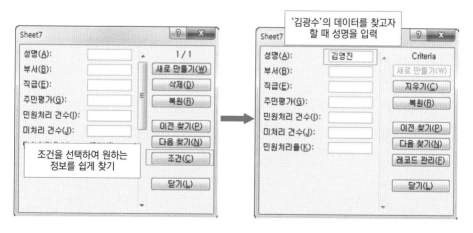

5) 자동 필터 기능을 이용한 데이터 관리

[자동 필터] 기능이란 레코드 기능을 이용한 방대한 데이터를 일정한 조건을 지정해 주어 조건에 맞는 데이터만을 화면에 표시해 주는 기능을 말한다.

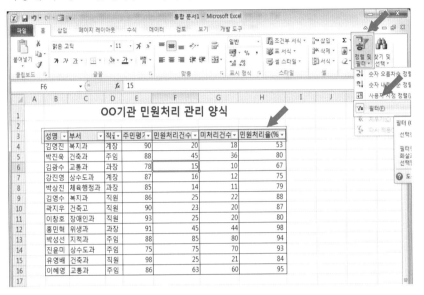

① 데이터 셀의 무작위로 셀을 선택한 다음 [편집]의 [정렬 및 필터] _{정렬 및 필터} 를 클릭한다.

② 직급의 필터 단추를 클릭한 후 텍스트 필터에서 직원만 선택한다.

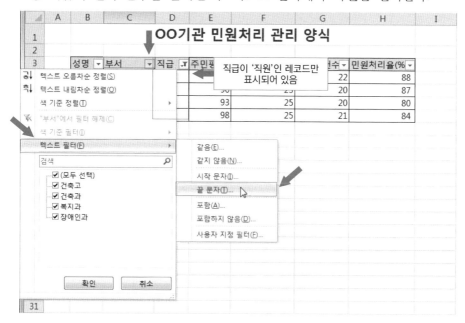

③ 직급이 직원인 레코드만 표시 된다. 부서 필드의 필드 단추를 클릭한 후
텍스트 필터에서 끝문자를 클릭하면 사용자 지정 자동 필터 대화상자가
나타난다.

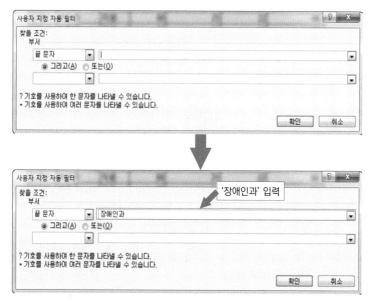

④ 그러면 직급이 직원이고 부서가 장애인과인 레코드만 표시 된다.

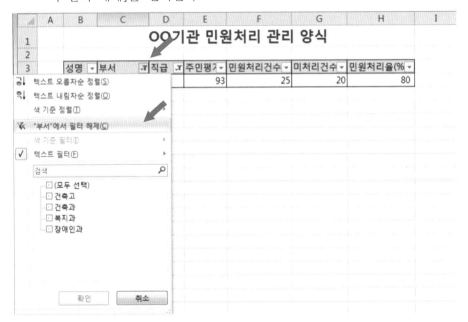

⑤ 부서의 필드를 해제하려면 부서의 필드의 필터 단추를 누르고 ["부서"에
서 필터 해제]를 선택한다.

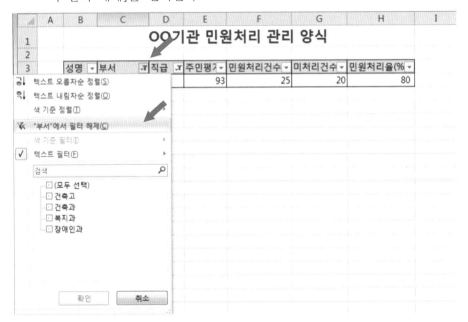

⑥ 여러 필드에 걸쳐서 필터 조건이 지정되어 있는데 모든 필드에 대한 필
터를 해제하려면 [데이터]탭의 [정렬 및 필터] 그룹에서 지우기 지우기 를
클릭한다.

6) 고급 필터 기능을 이용한 데이터 관리

고급 필터란 여러 필드에서 필터 조건을 지정할수록 조건이 누적 적용되는, 즉 AND조건으로 결합되어 필터 되기 때문에 필터 되는 데이터가 점점 적어진다. 고급 필터는 조건이 복잡하거나 여러 필드를 OR 조건으로 결합해서 지정할 때 사용된다.

조건 지정 시에 꼭 알아야 할 사항은 다음과 같다.

- 조건을 입력할 때 같은 행에 입력하면 AND 조건으로 추출된다.

부서	직급
복지과	계장

(부서 필드가 "장애인과"이고 직급 필드가 "직원"인 경우)

- 조건을 입력할 때 다른 행에 입력하면 OR조건으로 추출된다.

직급	민원처리율
직원	
	>0.53

(직급 필드가 "직원"이거나 민원처리율이 "0.53"보다 큰 경우)

- 함수식을 조건식으로 할 때에는 조건 필드명을 비워둔 채로 빈 셀과 함께 범위를 지정한다.

① 고급 필터를 사용하려면 우선 조건을 지정해야 한다. 부서가 "장애인과" 이고 직급이 "직원"이고 민원처리율이 "0.53보다 큰" 레코드를 찾기 위해서는 우선 조건에 해당하는 필드명을 복사한 다음 그림과 같이 조건식을 부여한다.

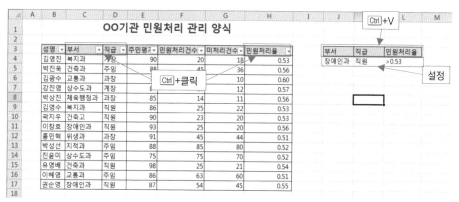

② 데이터에서 고급을 선택하면 고급 필터 대화상자가 나타나는데, 결과에
서는 [다른 장소에 복사]선택하고 목록범위는, 조건 범위, 복사 위치를
설정한 다음 확인을 누른다.

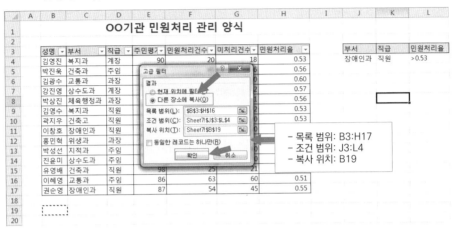

③ 그러면 결과 값으로 다음과 같이 나온다.

성명	부서	직급	주민평가	민원처리건수	미처리건수	민원처리율
이창호	장애인과	직원	93	25	20	0.56

④ 동일한 레코드만 추출하려면 우선 데이터베이스 값에서 한 셀을 선택하
고, 고급필터를 누른다. 고급 필터 대화상자가 나오면 [다른 장소에 복
사]를 선택하고 목록범위와 복사 위치만 설정한 다음 [동일한 레코드는
하나만]을 클릭한 후 [확인]을 누르면 된다.

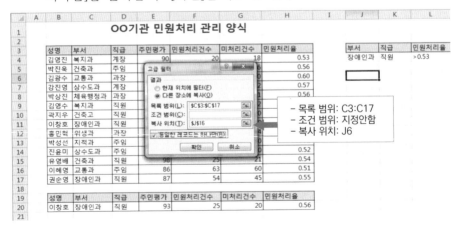

⑤ 그러면 다음과 같은 결과 값이 나온다.

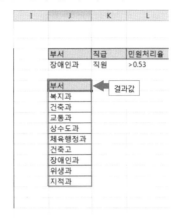

7) 피벗 테이블 작성하기

방대한 데이터베이스를 쉽게 알아보기 위한 방법의 하나로 [피벗 테이블]이 있다. [피벗 테이블]이란 사용자가 원하는 자료를 추출하여 새로운 표로 구성하고, 원하는 자료를 생성하는 방법이다. [피벗 테이블]의 기능을 이용하여 직급별, 부서별 근무평점의 평균을 구성해 보자.

① 데이터 목록의 셀을 하나 선택하고 [삽입]탭의 [표]그룹에서 피벗 테이블 을 클릭한다. '표/범위' 란에 자동으로 데이터 목록의 범위가 지정된다. 피벗 테이블을 넣을 위치로 '새 워크시트'를 선택하고 [확인]을 클릭한다.

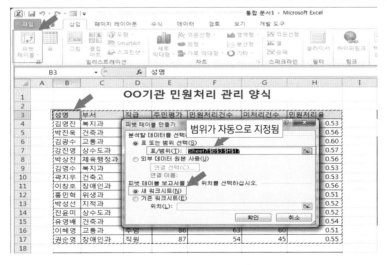

② 새로운 워크시트가 생성되면서 피벗 테이블 영역이 나온다. 부서 및 직급별 민원처리율을 보려면 필요한 필드는 부서, 직급, 민원처리율이 필요하다. 결국 필드 영역에 표시하는 것은 부서, 직급, 민원처리율이다.

[그림 6-41] 보고서에 추가할 필드 선택

③ 행 레이블에 생성된 직급을 열로 이동 시켜서 부서별 직급의 민원처리율
을 만들어야 한다.

[그림 6-42] 부서별 직급의 민원처리율 만들기

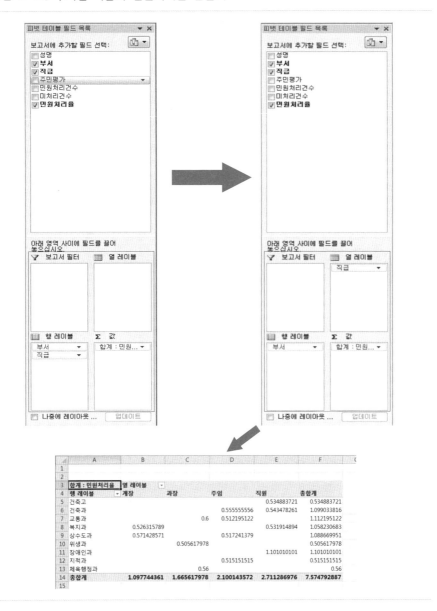

④ 피벗 테이블이 작성되면 민원처리율이 합계로 나오는데 민원처리율에 대한 평균값을 제시해야 한다. 그러기 위해서는 A3(합계: 민원처리율)셀에 마우스오른쪽을 클릭한 후 값 필드설정을 클릭하면 값 필드 설정 대화상자가 나타난다. 대화상자에서 사용할 함수 탭에 평균을 클릭하고 표시형식에서 소수점 2번째 자리까지 표시하면 된다.

[그림 6-43] 값 필드 설정 및 부서별 직급의 민원처리율 결과(평균)

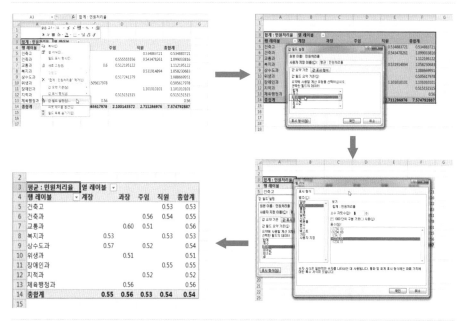

⑤ 결과로 위와 같은 결과 값이 변하는 것을 알 수 있다.

⑥ 피벗테이블의 최종값이 나오면 피벗 테이블용 옵션 및 디자인이 생성되는데 이것을 이용하여 피벗 테이블을 편집하거나 다양한 서식을 지정할 수 있다.

[그림 6-44] 피벗 테이블 서식 설정

⏴	A	B	C	D	E	F	G
1							
2							
3	평균 : 민원처리율	열 레이블 ▾					
4	행 레이블 ▾	계장	과장	주임	직원	총합계	
5	건축고				0.53	0.53	
6	건축과			0.56	0.54	0.55	
7	교통과		0.60	0.51		0.56	
8	복지과	0.53			0.53	0.53	
9	상수도과	0.57		0.52		0.54	
10	위생과		0.51			0.51	
11	장애인과				0.55	0.55	
12	지적과			0.52		0.52	
13	체육행정과		0.56			0.56	
14	총합계	0.55	0.56	0.53	0.54	0.54	
15							

⑦ 피벗 테이블을 이용하여 차트를 작성하려면 피벗 테이블 옵션 메뉴에서
피벗 차트를 선택해야 한다. 우선 셀 하나를 선택한 다음 옵션에서 피벗
차트를 선택하면 차트 삽입 대화상자가 나온다.

[그림 6-45] 피벗 차트 설정

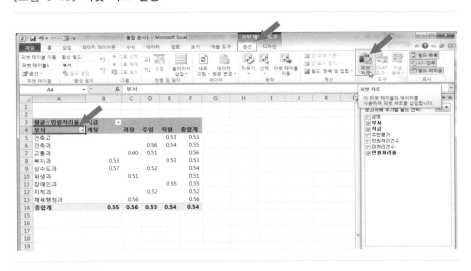

⑧ 차트 서식 대화 상자에서 그래프를 선택한 다음 확인을 누른다.

[그림 6-46] 차트 모양 선택

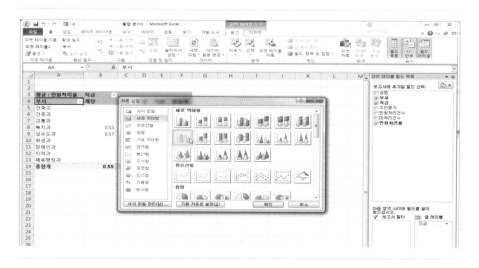

⑨ 선택된 그래프와 피벗 차트 필터 창이 뜨면서 축필드 항목과 범례필드에 대한 목록이 나온다.

⑩ 그 외에 편집하고자 하면 다양한 방법으로 차트를 수정할 수 있다. 다음 은 결과로 나온 그래프이다.

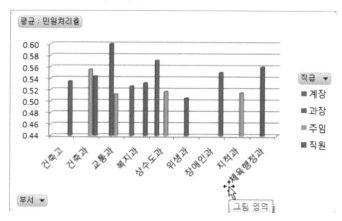

9. 엑셀을 이용한 데이터 분석

엑셀에서도 통계 데이터 분석이 가능하다. 엑셀의 경우 재무회계를 위한 소프트웨어지만 데이터 분석도구를 추가하여 통계분석 소프트웨어 역할을 할 수 있다. 엑셀 2010의 데이터 분석 기능은 [파일 탭]에서 [EXCEL옵션][추가 기능]에서 이동을 클릭한 다음 분석 도구를 체크하고 리본 메뉴에서 데이터 탭에서 데이터 분석이 있는지를 확인해야 한다.

데이터를 분석하기 위해서는 기본적인 통계지식과 변수에 따른 분석기법을 숙지하고 있어야 한다.

[추가] 데이터분석도구 설치과정 1

[파일 탭] → [옵션] → [추가 기능] → [이동] → [분석도구, 분석도구 VBA 체크] → [데이터 탭 확인]

① [파일 탭] → [옵션]

② [추가 기능] → ③ [이동] → ④ [분석도구, 분석도구 VBA 체크][1]

⑤ [데이터 탭 확인]

[추가] 데이터분석도구 설치과정 2

[파일 탭] → [옵션] → [리본 사용자 지정] → [개발도구 체크] → [개발도구 탭 추가기능]→
[분석도구, 분석도구 VBA 체크] → [데이터 탭 확인]

---

1) 데이터 분석도구에 기본적으로 내재되어 있는 분석방법 이외에, 다른 분석방법을 사용하고
자 할 때에는 VBA(Visual Basic Application)를 이용해 다른 분석방법을 만들어 사용할 수
있다. VBA기능은 [개발도구 탭]의 [Visual Basic] 리본메뉴를 통해 사용할 수 있다.

① [파일 탭] → [옵션]

② [리본 사용자 지정] → ③ [개발도구 체크]

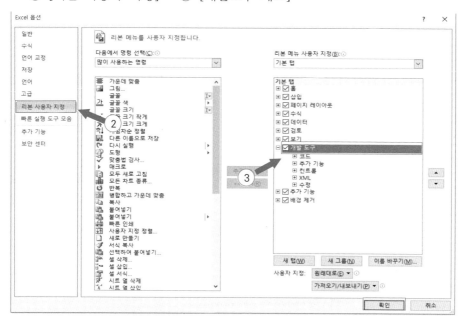

④ [개발도구 탭 추가기능] → ⑤ [분석도구, 분석도구 VBA 체크]

⑥ [데이터 탭 확인]

1) 기술통계 분석방법

기술통계 데이터 분석은 데이터의 통계적 특성을 쉽게 분석하는 분석방법으로 여기에는 평균, 표준 오차, 중앙값, 최빈값, 표준 편차, 분산, 왜도, 첨도, 최대값, 최소값 등 다양한 통계적 특성을 나타내는 값들을 쉽게 분석해 낼 수 있다.

기술통계 사용 방법은 다음과 같이 사용한다.

다음에 사용할 데이터는 노동에 관한 데이터[2]로서 데이터를 보면 ID, 성별, 생년월일, 피교육, 직종, 현재 급여, 최초 급여, 근무월수, 경력 소수민족으로 구성되어 있다.

① 리본 메뉴의 데이터 탭에서 데이터 분석을 클릭하면 통계데이터 분석 대화 상자가 나오는데 여기서 기술통계법을 클릭한다.

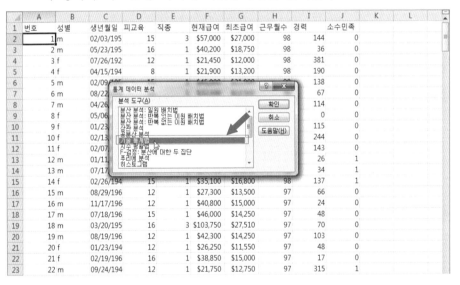

② 기술통계법 대화상자에서 입력범위에 데이터의 입력 범위를 설정한 후 첫째행 이름표 사용을 체크 한다. 출력옵션에서 새로운 워크시트를 지정하고 기타 요약 통계량을 체크하고, 그리고 필요한 옵션을 체크한다. 단 유의해야 할 것은 변수로 지정된 것이 수치화되어 있어야 한다.

---

2) employee.data로 SPSS 프로그램에서 기본분석 자료로 사용하는 것이다.

[데이터 탭] → [데이터분석] → [기술 통계법 선택] → [입력범위 지정] → [출력방법 지정]
→ [요약 통계량 체크] → [평균에 대한 신뢰 수준 결정] → [분석결과 확인]

① [데이터 탭] → ② [데이터분석] → ③ [데이터분석]

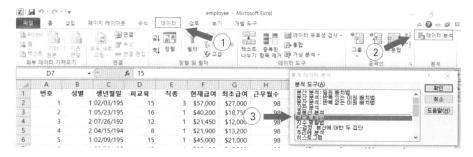

④ [입력범위 지정] → ⑤ [출력방법 지정] → ⑥ [요약 통계량 체크] →
⑦ [평균에 대한 신뢰 수준 결정] (D~J, 1~475)

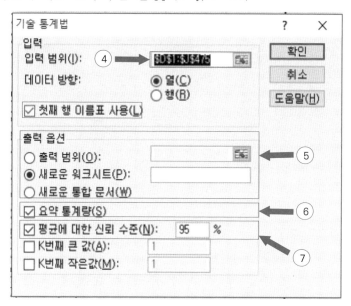

※ 입력범위 지정방법 1: 직접 입력(절대참조 필수)

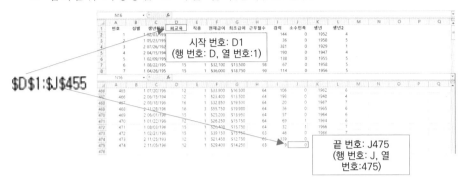

시작 번호: D1
(행 번호: D, 열 번호:1)

$D$1:$J$455

끝 번호: J475
(행 번호: J, 열 번호:475)

※ 입력범위 지정방법 2: 드래그 지정

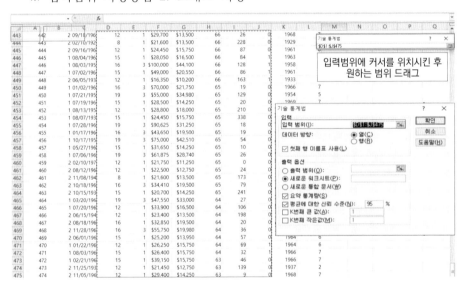

입력범위에 커서를 위치시킨 후 원하는 범위 드래그

⑧ [분석결과 확인]

성별		피교육		직종		현재급여		최초급여		근무월수	
평균	1.455696	평균	13.49156	평균	1.411392	평균	34419.57	평균	17016.09	평균	81.1097
표준 오차	0.0229	표준 오차	0.132505	표준 오차	0.035514	표준 오차	784.3111	표준 오차	361.5104	표준 오차	0.462115
중앙값	1	중앙값	12	중앙값	1	중앙값	28875	중앙값	15000	중앙값	81
최빈값	1	최빈값	12	최빈값	1	최빈값	30750	최빈값	15000	최빈값	93
표준 편차	0.498559	표준 편차	2.884846	표준 편차	0.773201	표준 편차	17075.66	표준 편차	7870.638	표준 편차	10.06094
분산	0.248562	분산	8.322339	분산	0.59784	분산	2.92E+08	분산	61946945	분산	101.2226
첨도	-1.9765	첨도	-0.265	첨도	0.267547	첨도	5.377822	첨도	12.39021	첨도	-1.15259
왜도	0.17848	왜도	-0.11411	왜도	1.455978	왜도	2.124606	왜도	2.852856	왜도	-0.05257
범위	1	범위	13	범위	2	범위	119250	범위	70980	범위	35
최소값	1	최소값	8	최소값	1	최소값	15750	최소값	9000	최소값	63
최대값	2	최대값	21	최대값	3	최대값	135000	최대값	79980	최대값	98
합	690	합	6395	합	669	합	16314875	합	8065625	합	38446
관측수	474	관측수	474	관측수	474	관측수	474	관측수	474	관측수	474
신뢰 수준(95.0%)	0.044998	신뢰 수준(95.0%)	0.260372	신뢰 수준(95.0%)	0.069785	신뢰 수준(95.0%)	1541.165	신뢰 수준(95.0%)	710.365	신뢰 수준(95.0%)	0.908051

위의 결과에 자릿수 줄임 기능(마우스 우측 이용)을 사용하여 아래의 결과를 추출한다.

성별		피교육		직종		현재급여		최초급여		근무월수	
평균	1.46	평균	13.49	평균	1.41	평균	34419.57	평균	17016.09	평균	81.11
표준 오차	0.02	표준 오차	0.13	표준 오차	0.04	표준 오차	784.31	표준 오차	361.51	표준 오차	0.46
중앙값	1.00	중앙값	12.00	중앙값	1.00	중앙값	28875.00	중앙값	15000.00	중앙값	81.00
최빈값	1.00	최빈값	12.00	최빈값	1.00	최빈값	30750.00	최빈값	15000.00	최빈값	93.00
표준 편차	0.50	표준 편차	2.88	표준 편차	0.77	표준 편차	17075.66	표준 편차	7870.64	표준 편차	10.06
분산	0.25	분산	8.32	분산	0.60	분산	291578214.45	분산	61946944.96	분산	101.22
첨도	-1.98	첨도	-0.27	첨도	0.27	첨도	5.38	첨도	12.39	첨도	-1.15
왜도	0.18	왜도	-0.11	왜도	1.46	왜도	2.12	왜도	2.85	왜도	-0.05
범위	1.00	범위	13.00	범위	2.00	범위	119250.00	범위	70980.00	범위	35.00
최소값	1.00	최소값	8.00	최소값	1.00	최소값	15750.00	최소값	9000.00	최소값	63.00
최대값	2.00	최대값	21.00	최대값	3.00	최대값	135000.00	최대값	79980.00	최대값	98.00
합	690.00	합	6395.00	합	669.00	합	16314875.00	합	8065625.00	합	38446.00
관측수	474.00	관측수	474.00	관측수	474.00	관측수	474.00	관측수	474.00	관측수	474.00
신뢰 수준(95.0%)	0.04	신뢰 수준(95.0%)	0.26	신뢰 수준(95.0%)	0.07	신뢰 수준(95.0%)	1541.17	신뢰 수준(95.0%)	710.37	신뢰 수준(95.0%)	0.91

변수로 사용된 성별, 피교육, 직종, 현재 급여, 최초급여, 근무월수에 대한 결과 값이 기술통계요약에 의해 나타난다.

2) t-검정 쌍체비교

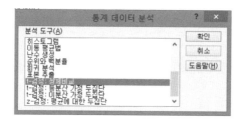

예 최초급여와 현재급여 비교 및 검토

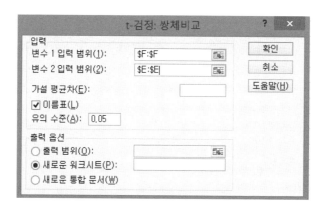

t-검정: 쌍체 비교		
	최초급여	현재급여
평균	17016.09	34419.57
분산	61946944.96	291578214.5
관측수	474	474
피어슨 상관 계수	0.88	
가설 평균차	0	
자유도	473	
t 통계량	-35.04	
P(T<=t) 단측 검정	8.05E-134	
t 기각치 단측 검정	1.65	
P(T<=t) 양측 검정	1.61E-133	
t 기각치 양측 검정	1.96	

• 분석결과 95% 신뢰수준에서 유의성이 있으며, 최초급여와 현재급여 상관 계수는 관련성은 88%의 영향력을 나타낸다.

3) t-검정: 등분산 가정 두 집단

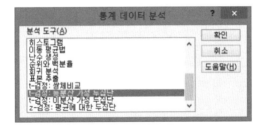

t-검정: 등분산 가정 두 집단		
	현재급여	성별
평균	34419.57	1.46
분산	291578214.5	0.25
관측수	474	474
공동(Pooled) 분산	145789107.4	
가설 평균차	0	
자유도	946	
t 통계량	43.88	
P(T<=t) 단측 검정	1.24E-230	
t 기각치 단측 검정	1.65	
P(T<=t) 양측 검정	2.48E-230	
t 기각치 양측 검정	1.96	

- 분석결과 95% 신뢰수준에서 유의성이 있으며, 현재급여에 대한 성별의 관련성은 43.88로 나타났다.

4) F-검정(F-test), 분산분석

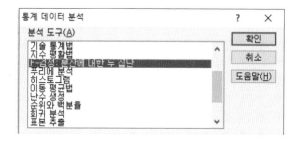

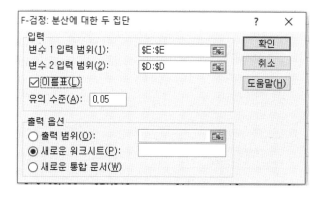

F-검정: 분산에 대한 두 집단		
	현재급여	직종
평균	34419.57	1.41
분산	291578214.45	0.60
관측수	474.00	474.00
자유도	473.00	473.00
F 비	487719203.18	
P(F<=f) 단측 검정	0.00	
F 기각치: 단측 검정	1.16	

- 현재급여와 직종의 관련성을 검정한 결과 95% 신뢰수준에 따른 유의성은 0으로 유의성이 있으며, 관련성은 487719203으로 높은 관련성이 있는 것으로 나타났다.

5) T-test(2)

(1) 단위 표본 T-test(One-sample T-test)

단일 표본 T-test는 엑셀에서 제공되는 기능이 없으므로 필요한 값들을 계산하여 검정해야 한다.

[기술통계] → [검정통계량 계산] → [P-value 계산] → [결과해석]

① [기술통계]

	A	B	C	D	E
	F13		fx		
1		현재급여			
2					
3	평균	34419.56751			
4	표준 오차	784.3111069			
5	중앙값	28875			
6	최빈값	30750			
7	표준 편차	17075.66146			
8	분산	291578214.5			
9	첨도	5.377822396			
10	왜도	2.124606282			
11	범위	119250			
12	최소값	15750			
13	최대값	135000			
14	합	16314875			
15	관측수	474			
16	신뢰 수준(95.0%)	1541.165048			
17					
18					
19					

② [검정통계량 계산]

※ 일표본 T−test 검정통계량 공식 $= \dfrac{\text{표본평균} - \text{모평균}(\text{검정할 평균})}{\sqrt{\text{표준편차}/\text{관측수}}}$

※ 표준편차 공식 $= \sqrt{\text{분산}}$ (제곱근 함수: SQRT)

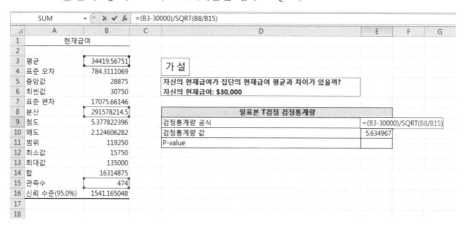

③ [P−value 계산]

X	검정통계량 값
Deg_freedom	자유도 입력(자유도=관측수−1)
Cumulative	단측검정(1 입력), 양측검정(2 입력) 결정 단측검정: 양측검정:

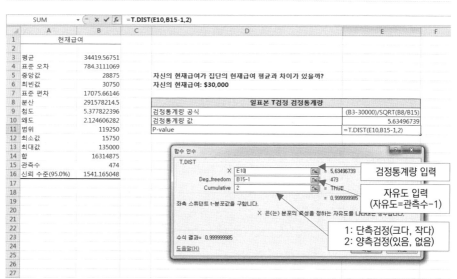

④ [결과해석]

분석결과 유의수준이 0.99<0.05로 나왔기 때문에, 자신의 현재급여 $30,000 와 집단의 현재급여는 차이가 없는 것으로 나타났다(유의수준>0.05로 나왔을 경우, 차이가 있다고 해석할 수 있다.).

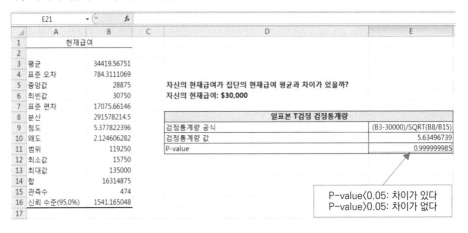

(2) 대응표본 T-test(Paired-sample T-test)

대응 표본 T-test는 엑셀에서 쌍체 비교법으로 나와 있다. 데이터에서 최초급여와 현재 급여의 평균차이를 본다면 쌍체 비교법을 선택한 다음 두 개의 변수를 지정해야 한다.

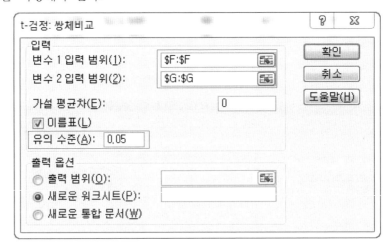

변수 1에 현재급여의 범위를 지정하고 변수 2에 최초급여의 범위를 설정한다. 가설 평균차는 [0]으로 지정하고 유의 수준은 0.05로 지정한다.

※ 결과 해석

▲	A	B	C	D
1	t-검정: 쌍체 비교			
2				
3		현재급여	최초급여	
4	평균	34419.56751	17016.0865	
5	분산	291578214.5	61946944.96	
6	관측수	474	474	
7	피어슨 상관 계수	0.880117466		
8	가설 평균차	0		
9	자유도	473		
10	t 통계량	35.03596084		
11	P(T<=t) 단측 검정	8.0508E-134		
12	t 기각치 단측 검정	1.648081483		
13	P(T<=t) 양측 검정	1.6102E-133		
14	t 기각치 양측 검정	1.964991997		
15				

최초급여와 현재급여 사이에 상관성이 88%로 나왔고, 단측 검정과 양측 검정의 유의 수준이 0.05보다 작게 나왔기 때문에 귀무가설을 기각하고 대립가설을 채택함으로써 최초급여와 현재 급여에 차이가 난다고 할 수 있다.

(3) 독립표본 T-test(Independent-sample T-test)

독립표본 T-test는 서로 독립된 변수의 평균을 비교하는 방법으로서 여기에서는 성별과 현재급여에 대해서 남녀별로 성별의 차이가 있는지를 알아보려고 한다. 변수는 성별과 현재급여를 사용한다.

```
[F-검정: 분산에 대한 두 집단] →    [t-검정: 등분산 가정 두집단]    → [결과해석]
                                   [t-검정: 이분산 가정 두집단]
```

① [F-검정: 분산에 대한 두 집단]

독립표본 T-test를 수행하기 위해서 데이터가 ① 정규성, ② 등분산성 가정을 만족하고 있는지 확인하여야 한다. 먼저 ① 정규성 가정은 표본의 수가

30개 이상이면, 데이터가 정규성가정을 만족하고 있다고 본다. 다음으로 ② 등분산성 가정은 [F－검정: 분산에 대한 두 집단]을 통해 확인한다.

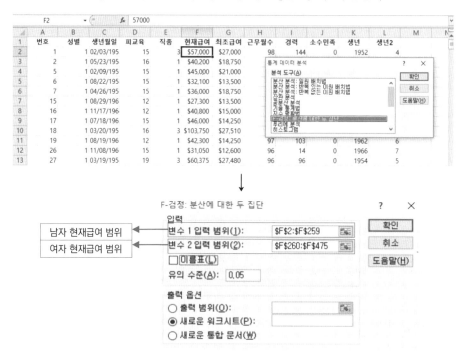

[F－검정: 분산에 대한 두 집단] 분석결과 P－value＜0.05로 두 집단이 이분산이라는 것을 알 수 있다.

② [t-검정: 등분산 가정 두 집단], [t-검정: 이분산 가정 두 집단]

[F-검정: 분산에 대한 두 집단] 분석 결과 이분산이라는 결과가 나왔기 때문에 [t-검정: 이분산 가정 두 집단] 항목을 선택해 준다(등분산이라는 결과가 나왔을 때는 [t-검정 등분산 가정 두 집단] 항목 선택).

③ [결과해석]

분석결과 유의수준이 0.00<0.05로 나왔기 때문에, 남녀의 현재급여 차이가 있는 것으로 나타났다(유의수준>0.05로 나왔을 경우, 차이가 없다고 해석할 수 있다.).

	A	B	C	D	E
1	t-검정: 이분산 가정 두 집단				
2					
3		변수 1	변수 2		
4	평균	41441.78295	26031.92		
5	분산	380219336.3	57123688		
6	관측수	258	216		
7	가설 평균차	0			
8	자유도	344			
9	t 통계량	11.68830083			
10	P(T<=t) 단측 검정	0.000			
11	t 기각치 단측 검정	1.649295214			
12	P(T<=t) 양측 검정	0.000			
13	t 기각치 양측 검정	1.966884036			
14					
15					

6) 분산분석(ANOVA)

분산분석이란 '측정치 전체의 분산을 몇 개의 요인효과에 대응하는 분산과 그 나머지의 오차 분산으로 나누어서 검정이나 추정을 실시하는 것'이라고 정의 할 수 있다.

여기서 분석방법은 일원배치 분산분석으로 표본의 집단이 3개 이상일 경우에 실시한다.

[자료정리] → [분산분석: 일원배치법 선택] → [범위설정] → [결과해석]

본 데이터는 자치 단체별 민원처리 시간을 조사한 표이다. 세 자치단체 모두 동일한 수준으로 민원 처리가 이루어지는지 알아보고자 한다.

A자치 단체	B자치 단체	C자치 단체
40	60	60
30	40	50
50	55	70
50	65	65
30		75
		40

데이터 분석 메뉴에서 [분산분석: 일원배치법]을 클릭한 후 확인을 누른다.

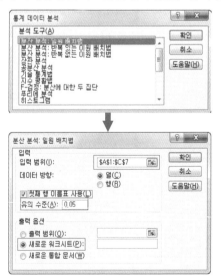

집단별로 설정된 데이터 전체를 지정한다. 유의 수준은 0.05로 지정하고 새로운 워크시트를 지정한다.

※ 결과 해석

	A	B	C	D	E	F	G
1	분산 분석: 일원 배치법						
2							
3	요약표						
4	인자의 수준	관측수	합	평균	분산		
5	A자치단체	5	200	40	100		
6	B자치단체	4	220	55	116.6667		
7	C자치단체	6	360	60	170		
8							
9							
10	분산 분석						
11	변동의 요인	제곱합	자유도	제곱 평균	F 비	P-값	F 기각치
12	처리	1140	2	570	4.275	0.039648	3.885294
13	잔차	1600	12	133.3333			
14							
15	계	2740	14				
16							

세 자치 단체별로 분산 분석 결과 F값이 0.03으로 유의 수준 0.05보다 작기 때문에 세 자치 단체별로 민원 시간에 차이가 나는 것으로 나타났다.

7) 교차분석방법(Crosstabs Analysis)

교차분석은 범주형 수준의 자료들에 대한 교차빈도 기술통계량을 제공해 줄 뿐만 아니라, 범주형 수준의 자료들의 관련성에 대한 통계적 유의성도 검정해주는 통계분석 방법이다.

엑셀의 [데이터 분석] 도구에서는 교차분석을 지원하지 않기 때문에 다음의 순서에 따른 작업이 필요하다.

[데이터 정리] → [기대빈도 계산] → [CHISQ.TEST 함수입력] → [결과해석]

① [데이터 정리]

	G10		▼	f_x					
△	A	B	C	D	E	F	G	H	I
1	직종		소수민족여부		전체				
2			소수민족(1)	비 소수민족(0)					
3	사무직(1)	빈도	276	87	363				
4	관리직(2)	빈도	14	13	27				
5	경영직(3)	빈도	80	4	84				
6	전체	빈도	370	104	474				
7									
8									
9									
10									
11									

② [기대빈도 계산]

직종	소수민족 여부	
	소수민족(1)	비 소수민족(0)
사무직(1)	$\dfrac{370\times363}{474}=283.35$	$\dfrac{104\times363}{474}=79.65$
관리직(2)	$\dfrac{370\times27}{474}=21.08$	$\dfrac{104\times27}{474}=5.92$
경영직(3)	$\dfrac{370\times84}{474}=65.57$	$\dfrac{104\times84}{474}=18.43$

↓

③ [CHISQ.TEST 함수입력]

※ CHISQ,TEST(실제 값, 기대빈도)

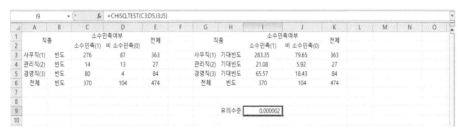

④ [결과해석]

분석결과 유의수준이 0.000002 < 0.05로 나왔기 때문에, 소수민족과 직종은 서로 관련이 있는 것으로 볼 수 있다(유의수준 > 0.05로 나왔을 경우, 소수민족과 직종은 서로 관련이 없다고 해석할 수 있다).

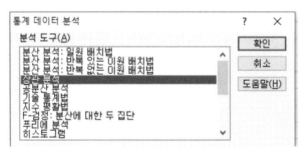

8) 상관분석(1)

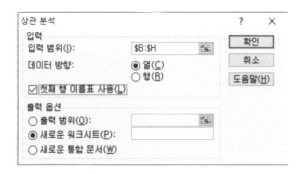

	성별	피교육	직종	현재급여	최초급여	근무월수	경력
성별	1						
피교육	-0.36	1					
직종	-0.38	0.51	1				
현재급여	-0.45	0.66	0.78	1			
최초급여	-0.46	0.63	0.75	0.88	1		
근무월수	-0.07	0.05	0.01	0.08	-0.02	1	
경력	-0.16	-0.25	0.06	-0.10	0.05	0.00	1

- 성별, 피교육, 직종, 현재급여, 최초급여, 근무월수, 경력 간의 복합적인 관련성을 상관관계분석 방법을 통해 검정한 결과, 성별은 다른 변수들과 음(−)의 관계를 나타내며 최초급여와의 관련성이 가장 높게 나타났으며, 피교육의 경우에는 경력 간의 음(−)의 관련성을 나타내며 직종, 현재급여, 최초급여, 근무월수 사이에는 정(+)의 관련성을 나타내며 특히 현재급여가 가장 높은 0.66의 관련성을 나타낸다. 또한 직종은 현재급여, 최초급여, 근무월수, 경력은 정(+)의 관계를 나타내며 현재급여(0.78)가 가장 높은 관련성을 나타낸다. 현재급여의 경우에는 최초급여(0.88)가 가장 높게 나타났다.

9) 상관관계분석(2)

상관관계분석은 변수 간의 상호관련성 정도를 정량적으로 나타내는 분석 방법으로 여기서 사용할 데이터는 피교육, 직종, 현재 급여, 최초급여, 근무월수, 경력, 소수 민족, 성별 간에 상관관계가 어느 정도 인지를 볼 것이다. 데이터 분석 메뉴에서 [상관분석]을 클릭한 후 확인을 누른다.

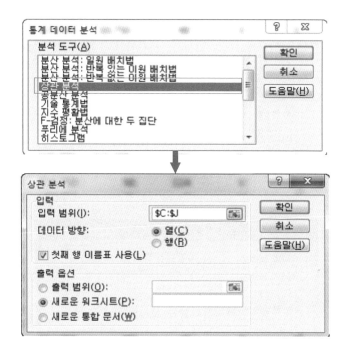

입력 범위와 출력 옵션을 지정한 다음 확인을 누른다.

※ 결과 해석

▲	A	B	C	D	E	F	G	H	I	J
1		피교육	직종	현재급여	최초급여	근무월수	경력	소수민족	성별	
2	피교육	1								
3	직종	0.513854	1							
4	현재급여	0.660559	0.780115	1						
5	최초급여	0.633196	0.754662	0.880117	1					
6	근무월수	0.047379	0.005329	0.084092	-0.01975	1				
7	경력	-0.25235	0.062645	-0.09747	0.045136	0.002978	1			
8	소수민족	-0.13289	-0.14378	-0.17734	-0.1576	0.049501	0.144747	1		
9	성별	-0.35599	-0.37766	-0.44992	-0.45668	-0.06647	-0.16486	-0.07567	1	
10										

상관 분석 결과 피교육을 중심으로 직종, 현재 급여, 최초 급여, 근무월수는
양의 상관관계가 나타났고, 경력, 소수 민족, 성별은 음의 상관관계가 나타났다.
그 외 다른 변수를 기준으로 해석이 가능하다.

10) 회귀분석(1)

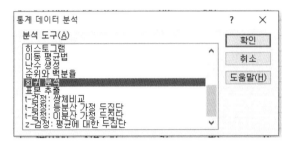

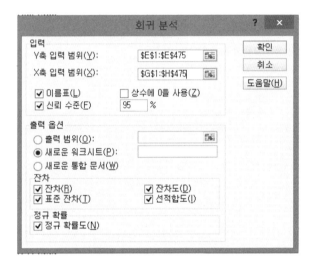

- 현재급여를 종속변수로 하고, 근무월수, 경력을 독립변수로 하여 회귀분석을 시행하였다.

회귀분석 통계량	
다중 상관계수	0.13
결정계수	0.02
조정된 결정계수	0.01
표준 오차	16969.08
관측수	474

분산 분석					
	자유도	제곱합	제곱 평균	F 비	유의한 F
회귀	2	2292210382	1146105191	3.980227765	0.019313195
잔차	471	1.35624E+11	287949649.8		
계	473	1.37916E+11			

	계수	표준 오차	t 통계량	P-값	하위 95%	상위 95%	하위 95.0%	상위 95.0%
Y 절편	24332.66	6376.41	3.82	0.000	11802.925	36862.39	11802.925	36862.3881
근무월수	143.22	77.55	1.85	0.065	-9.173	295.61	-9.17	295.61
경력	-15.95	7.46	-2.14	0.033	-30.614	-1.29	-30.61	-1.29

현재급여를 종속변수로 하고 근무월수와 경력을 독립변수로 회귀분석한 결과 유의한 F값이 0.0193으로 95% 신뢰수준의 기준인 0.05보다 작아 유의성이 있는 것으로 나타났으며, Y절편 계수가 24332.7, 근무월수 143.217, 경력 -15.954로 회귀식으로 표시하면 다음과 같다.

$$y = 24332.7 + 143.217x_1 - 15.954x_2$$

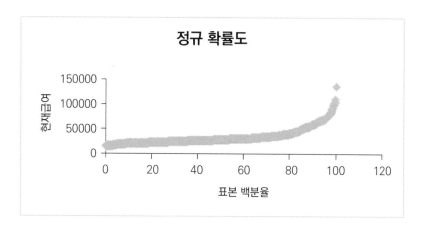

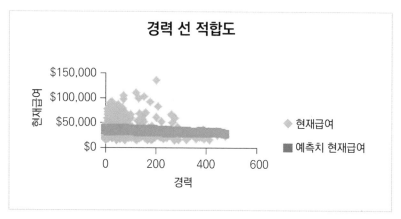

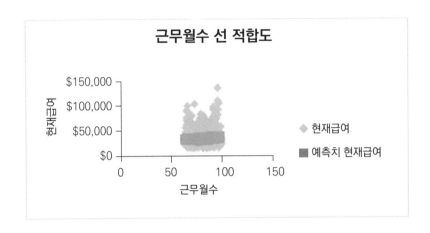

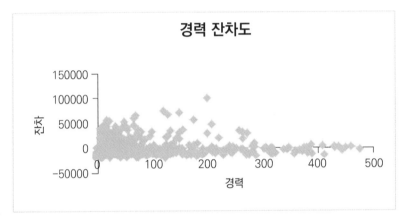

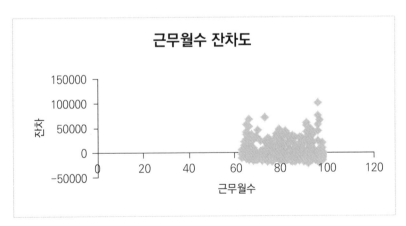

11) 회귀 분석(2)

	커피 소비량	설탕 소비량
1998.1분기	132	315
2분기	121	302
3분기	120	299
4분기	133	309
1999.1분기	134	312
2분기	124	309
3분기	125	304
4분기	132	310
2000.1분기	136	313
2분기	128	307
3분기	126	306

위 자료는 커피 소비량과 설탕 소비량을 분기별 자료로 나타낸 표이다. 엑셀을 이용하여 회귀 분석을 실시하면 다음과 같다. 데이터 분석을 선택한 후 데이터 분석 메뉴에서 회귀 분석을 클릭한 후 확인 버튼을 누른다.

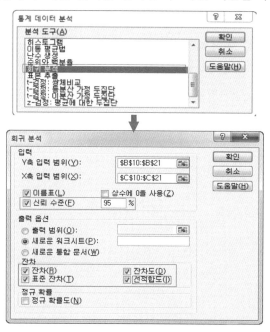

- Y축 입력 범위: 종속 데이터 범위의 참조 영역을 입력한다. 데이터 범위는 열로 구성된다.
- X축 입력 범위: 독립데이터 범위의 참조 영역을 입력한다. 이 범위 안에서 독립 변수의 순서는 왼쪽에서 오른쪽으로 오름차순으로 정렬된다. 독립 변수는 16개까지 지정할 수 있다.
- 이름표: 입력 범위의 첫 행이나 열에 이름표가 있으면 선택한다. 입력 범위에 대한 이름표가 없을 경우 이 확인란을 선택 해제하면 출력 테이블에 대한 데이터 이름표가 자동으로 만들어 진다.
- 신뢰수준: 요약 출력 테이블에 신뢰 수준을 추가한다. 기본값 95%에 추가로 적용할 신뢰수준을 상장에 입력한다.
- 상수에 0을 사용: 회귀선이 원점을 지나도록 지정한다.
- 출력 범위: 출력 테이블의 첫째 셀에 대한 참조 영역을 입력한다. 요약 테이블의 최소한 7열로 구성된다. 각 열에는 분산분석표, 계수, Y추정값의 표준오차, R^2값, 표본의 수, 계수의 표준 오차가 나타난다.
- 새로운 통합 문서: 새로운 통합 문서를 만들고 새 통합 문서의 새 워크시트에 결과를 붙여 넣는다.
- 잔차: 잔차 출력 테이블에 잔차를 나타낸다.
- 표준잔차: 잔차 출력 테이블에 표준 잔차를 나타낸다.
- 잔차도: 각 독립 변수 대 잔차에 대한 차트를 만든다.
- 선적합도: 예측값 대 관측값에 대한 차트를 만든다.
- 정규 확률도: 표준 확률 차트를 만든다.

※ 결과 해석

	A	B	C	D	E	F	G	H	I
1	요약 출력								
2									
3	회귀분석 통계량								
4	다중 상관겨	0.877254							
5	결정계수	0.769575							
6	조정된 결ㅈ	0.743972							
7	표준 오차	2.763021							
8	관측수	11							
9									
10	분산 분석								
11		자유도	제곱합	제곱 평균	F 비	유의한 F			
12	회귀	1	229.4733	229.4733	30.05825	0.000389			
13	잔차	9	68.70856	7.634284					
14	계	10	298.1818						
15									
16		계수	표준 오차	t 통계량	P-값	하위 95%	상위 95%	하위 95.0%	상위 95.0%
17	Y 절편	-176.791	55.64894	-3.17689	0.011241	-302.677	-50.904	-302.677	-50.904
18	설탕 소비	0.991051	0.180765	5.482541	0.000389	0.582132	1.399969	0.582132	1.399969
19									

회귀 분석 결과 설탕과 커피의 소비량에 대한 상관 분석은 87%이고 분산분석 결과 0.05보다 작기 때문에 유의 한 것으로 나타났다. 회귀식은 Y(커피 소비량) = −176.79＋0.991X(설탕 소비량)으로 나타났고, 이식의 설명력은 77%로 나타났다. 또한 분산 분석 결과 유의 확률이 0.05보다 작기 때문에 회귀식으로 적합함을 알 수 있다.

VII

프레젠테이션: 기본 이론 및 파워포인트

VII 프레젠테이션: 기본 이론 및 파워포인트

1. 프레젠테이션

1) 프레젠테이션이란?

의사소통 방법인 프레젠테이션은 몸짓, 표정, 음성, 글 등으로 자신의 의사를 표현해 상대방의 반응을 유도하는 행위이며, 일반적으로 발표자가 자신의 생각과 경험을 주어진 시간 안에 정확하게 전달해서 발표자가 원하는 방향으로 상대방의 의사를 결정할 수 있도록 청중을 설득하는 커뮤니케이션 방법이다. 즉 발표자가 청중에게 자신의 의사를 전달하기 위한 체계적인 행위를 프레젠테이션이라고 말한다.

2) 제작 도구에 따른 프레젠테이션의 종류

(1) 파워포인트 프레젠테이션

파워포인트는 프레젠테이션 제작에 가장 많이 사용되는 프로그램으로 전달 내용을 간결하고, 단순하게 표현하는 데 효과적이다. 마이크로소프트사의 사무용 프로그램 패키지인 마이크로 오피스에 포함되어 있다. 비즈니스 현장에서 프레젠테이션을 제작할 때 90% 이상 이용하고 있으며, 표, 차트, 도형 등을 자유자재로 활용이 가능하다.

(2) 동영상 프레젠테이션

동적인 구성으로 상대방을 효과적으로 이해시킬 수 있다. 대기업에서는 회사의 홍보물이나 중요 행사에서 동영상 프레젠테이션을 자주 이용한다. 기업이 전달하고자 하는 내용을 시각 및 청각을 총동원하여 효과적으로 전달하는 장점이 있으나 비용이 많이 드는 것이 단점이다.

(3) 플래시 프레젠테이션

Micromedia에서 제작한 웹 저작프로그램으로 단순한 웹 페이지부터 복잡한 애니메이션까지 자유자재로 표현이 가능하다. 최근에 다양한 표현이 필요한 프레젠테이션을 준비 할 때 많이 사용한다. 동영상 프레젠테이션과 비교해서보면 입체적 보다는 평면적인 움직임만 가능하다는 것이 다른 점이다.

(4) 디렉터 프레젠테이션

Micormedia에서 개발한 동영상 편집 프로그램으로 동영상과 평면적인 프레젠테이션의 중간 단계에 해당하는 프레젠테이션을 제작하는데 활용한다. 파워포인터를 이용하여 그린 도형보다 실제 모습과 흡사한 3D일러스트, 포토샵이미지를 사용하여 자연스러운 움직임을 묘사할 수 있다는 장점을 가지고 있다. 전문적인 프레젠테이션 디자이너에게는 디렉터 프로그램이 유용하며 실제로 디렉터는 게임이나 홍보용 CD를 제작할 때 많이 사용한다. 요즘 프레젠테이션을 제작하는 곳에서는 점점 사용자가 늘어나는 추세이다.

(5) 3D 프레젠테이션

보통 건축물 시뮬레이션이나 게임 등에 많이 사용한다. 3차원 프레젠테이션은 고객이 실물과 같은 상황을 간접적으로 체험 할 수 있다는 것이 장점인 반면에 준비하는 과정에 시간과 비용이 많이 든다는 단점이 있다.

(6) 캐릭터를 이용한 프레젠테이션

기본적으로 짜인 시나리오를 캐릭터가 직접 설명하는 방식으로 진행하는 프레젠테이션이다. 사람이 말로 전달하기에는 복잡하거나 어려운 내용을 캐릭터의 움직임과 해설을 이용하여 효과적으로 전달할 수 있다. 기획부터 진행까지 거쳐야 할 과정이 복잡하고 비용이 많이 들기 때문에 아주 중요한 프레젠테이션이 아니면 선택하는 경우가 드물다.

(7) 실물·모형 프레젠테이션

청중이 실물이나 모형을 직접 경험하도록 유도하는 프레젠테이션 방법이다. 이 프레젠테이션 방법은 참여하는 청중의 기억에 오래 남을 수 있으며, 그 내용을 오감을 통해 생생하게 느끼도록 해 준다. 실물·모형 프레젠테이션을 준비하려면 장소, 규모, 청중의 성격을 면밀히 검토해야 하며, 실물을 가져갈 수 없는 경우나 청중이 많을 경우, 시간적 여유가 없을 때 다른 형식의 프레젠테이션을 준비하는 것이 효과적이다.

2. 프레젠테이션의 조건

1) 청중을 설득할 구체적인 방법

(1) 청중이 납득할 만한 근거를 제시

사회현상에서 대두되는 여러 문제에 대해 그 이유를 구체적인 자료를 제시하면서 논리적으로 설득하면 청중은 프레젠테이션의 내용에 수긍한다.

(2) 청중을 설득할 구체적인 방법 제시

프레젠테이션을 하는 이유는 청중을 설득해 구체적인 행동 또는 생각의 변화를 이끌어 내기 위해서이며, 그러기 위해서는 프레젠테이션을 진행할 때에도 명확한 근거와 구체적인 방법을 제시하여야 한다.

(3) 프레젠테이션을 위한 세 가지 고려사항

성공적인 프레젠테이션을 위해서는 목적, 대상, 장소의 세 가지 요소를 고려해야 한다. 목적은 프레젠테이션을 통해 청중에게 어떤 메시지를 전달할 것인가를 말하며, 청중에게 프레젠테이션의 목적을 제대로 전달하려면 목표를 명확하게 제시하여야 한다.

대상은 연령, 성별, 학력, 지역, 업무의 영역, 지식수준 등 여러 가지 측면에서 청중을 고려해 차별화된 내용을 준비하여한다. 따라서 프레젠테이션은 자신이 설득할 청중에 대한 각종 통계자료를 일상적으로 관심 있게 지켜보아야 한다.

장소는 프레젠테이션을 진행할 장소를 말한다. 프레젠테이션을 몇 명에게 할 것인지, 마이크는 필요 없는 공간인지 등 주어진 환경에서 가장 호소력 있는 전달 방법을 찾아야 한다.

2) 프레젠테이션의 구성 요소

(1) 프레젠테이션 3단계 구성 요소

프레젠테이션을 준비하고 진행하는 과정은 크게 기획, 구성(디자인), 발표의 3단계로 나누어진다. 기획이란 어떤 목표를 가지고, 어떤 내용을, 어떤 사람들에게 전달할 것인지를 결정하는 과정이다.

구성(디자인)은 기획 단계에서 결정된 내용을 어떻게 효과적으로 전달할 수 있을지 고민해 원고를 작성하고 슬라이드를 디자인 및 제작하는 과정을 말한다.

발표는 기획과 구성(디자인)이 완성된 프레젠테이션 내용을 청중에게 직접 말로 정확하게 전달하고 이해시키는 과정이다.

(2) 프레젠테이션과 광고의 차이점

기업이나 제품 등을 청중(고객)에게 알린다는 점에서 프레젠테이션과 광고는 공통점을 가지고 있다. 하지만 내용을 전달하는 방법에서 다른 점도 많다. 프레젠테이션과 광고의 차이점을 정리하면 다음과 같다.

[표 7-1] 프레젠테이션과 광고의 차이점

구분	프레젠테이션	광고
대상	특정 소수	불특정 다수
목적	• 기업의 이익을 위한 설득적인 커뮤니케이션 • 고객이 원하는 정보를 분석/정리하여 정확하게 전달	• 소비자에게 영향을 미치기 위한 제품 홍보/PR 및 판매 • 일방적인 정보 전달
장소 및 시간	약속된 장소/정해진 시간	미디어를 접할 수 있는 모든 곳
횟수	1회성	지속성/반복성
소요 비용	저렴한 비용	많은 비용
전달 방법	OHP필름/빔 프로젝터 등	TV/신문 등 언론 매체

3. 프레젠테이션의 기획과 원고 작성

1) 프레젠테이션의 준비과정

(1) 제작 과정

프레젠테이션은 아래 그림처럼 크게 기획과 원고 작성, 슬라이드 디자인, 슬라이드 제작, 리허설, 발표 단계로 나누어진다.

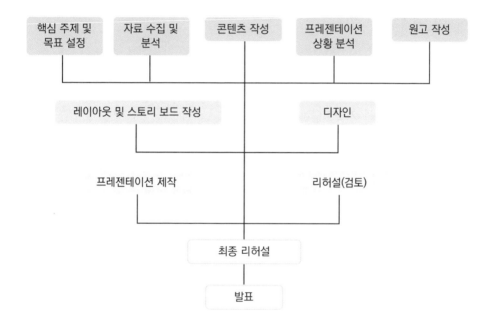

① 기획과 원고 작성

프레젠테이션 역시 전달하려는 정보나 의견, 사실 등을 어떻게 청중에게 알기 쉽게 전달할 것인지 기획하는 일부터 시작한다. 기획단계에서는 프레젠테이션의 중심이 되는 주체와 목표를 설정하고, 발표할 콘텐츠의 목차를 정하는 등 프레젠테이션의 방향을 설정한다. 기획과정을 거치면서 프레젠테이션의 전체적인 프레임이 형성된다.

② 슬라이드 디자인

기획단계에서 만든 콘텐츠를 효과적으로 보여줄 수 있도록 슬라이드를 디자인 하는 작업을 수행해야 한다. 시각적인 화려함이나 예술적인 아름다움을 추구하는 것이 아닌 만큼 프레젠테이션의 목표와 주제, 작성된 콘텐츠를 효과적으로 드러낼 수 있는 디자인으로 구성하여야 한다.

③ 리허설과 발표

프레젠테이션을 실행할 장소에서 리허설을 거친 다음, 실질적으로 청중 앞에서 발표를 진행해야 한다. 리허설 과정에서는 프레젠테이션 장소와 장비 등을 면밀하게 검토해 발표 과정에서 예기치 못한 사고가 생기지 않도록 준비해야 하며, 리허설 경험을 바탕으로 발표자는 발표 당일에 두려움 없이 프레젠테이션을 진행할 수 있다.

2) 기획과 원고 작성단계

(1) 프레젠테이션 기획 5단계

기획과정은 진행할 프레젠테이션의 핵심 주제와 목표를 정하는 일부터 시작한다. 그런 다음 관련 자료를 수집하고, 분석하는 작업을 거쳐 핵심 주제와 내용을 정리한 콘텐츠를 작성한다. 프레젠테이션의 기획 과정은 크게 아래와 같은 다섯 단계로 구분한다.

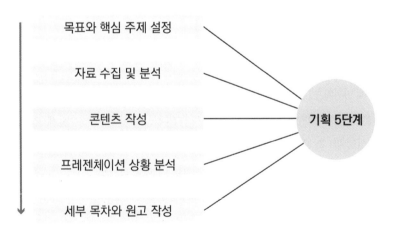

① 목표와 핵심 주제 설정

프레젠테이션은 시작 단계에서 목표를 확실하게 설정하여 정해진 시간 안에 성공적인 프레젠테이션을 준비할 수 있다. 목표를 설정한 다음에 이러한 목표를 청중에게 가장 효과적으로 전달할 수 있는 핵심 주제를 정해야 한다. 목표도 불분명하고 핵심 주제도 파악하기 힘들다면, 청중은 프레젠테이션 내용에 시선을 집중하지 않게 된다.

② 자료의 수집과 분석

주제와 목표가 설정되면 관련 자료를 수집하고 분석하는 과정이 필요하다. 기본적인 정보는 인터넷을 이용하고 전문적인 자료가 필요한 경우에는 도서관과 연구소 등을 직접 찾아 다니면서 관련 논문과 서적을 수집한다. 이렇게 수집된 자료는 프레젠테이션의 주제와 목표에 활용할 수 있도록 적절하게 분류하고 보관한 다음 활용가치가 있는 내용이 무엇인지 철저하게 분석하는 과정을 거친다.

③ 콘텐츠 작성

자료 분석과정이 끝나면 분석된 자료들로 기본 콘텐츠를 구성한다. 구성은 서론, 본론, 결론에 이르는 기본적인 목차와 핵심 내용을 작성한다. 서론은 본론을 설명하기 전에 본론에서 설명할 내용을 안내하는 부분이며, 본론은 청중에게 프레젠테이션의 핵심 내용을 본격적으로 전달하는 부분이다. 또 본론에서는 서론에서 1차적으로 안내한 내용을 각 사안별로 체계적으로 설명하면서 결론으로 유도해야한다. 마지막 결론 부분에서는 본론에 제시한 내용에 대해 적절한 해결책을 제안한다.

④ 프레젠테이션 상황 분석

서론, 본론, 결론의 항목을 결정하고 내용을 작성하는 과정에서 기억해야 할 사항은 프레젠테이션의 상황이다. 즉 프레젠테이션이 실시 될 장소, 청중의 수준을 고려해야 서론, 본론을 거쳐서 결론에 이르는 효과적인 순서를 정할 수 있다.

⑤ 세부 목차와 원고 작성

기본 콘텐츠를 작성하고 프레젠테이션 상황을 숙지했다면, 실제 프레젠테이션 슬라이드를 구성할 원고를 작성해야 한다. 원고 작성 시 사실에 근거한 과학적 실험 근거를 제시하고 신뢰할 만한 이론적인 근거를 제시해야 한다.

3) 프레젠테이션의 목표와 핵심 주제 설정하기

프레젠테이션을 준비할 때는 목표를 확실하게 정하고 시작한다.

(1) 목표에 맞는 핵심 주제 설정

청중에게 프레젠테이션의 내용을 가장 쉽게 전달하면서, 동시에 깊은 인상을 주어 청중의 머릿속에 오랫동안 기억될 만큼 명료하게 핵심 주제를 설정해야 한다. 왜냐하면 핵심 주제에 따라 프레젠테이션의 전체 내용이 좌우될 수 있다.

실제 발표 현장에서 핵심 주제를 프레젠테이션 도입부에 정확하게 전달하면 청중은 처음부터 프레젠테이션 전체 내용의 핵심을 인식하고, 그 안에서 호기심을 가지고 프레젠테이션을 지켜보기 때문에 훨씬 효과적이고 집중력 있는 프레젠테이션을 진행할 수 있다.

핵심 주제는 먼저 프레젠테이션의 준비된 자료를 충분히 읽고 내용을 숙지하여 목표에 어울리는 핵심 단어들을 선정한다. 그리고 청중의 입장에서 핵심 단어를 정리하여 핵심 주제의 사안을 여러 개 정한 다음, 청중에게 가장 호소력이 있다고 판단되는 핵심 주제의 사안을 여러 개 정한다. 그리고 최종적으로 청중에게 가장 호소력이 있다고 판단되는 핵심 주제 한 가지를 정한다.

핵심 주제를 결정할 때에는 스스로 청중의 입장이 되어 보고, 예상되는 청중에게 설문조사도 실시하고, 선택한 핵심 주제가 청중의 입장을 반영한 것인지 확인한다. 참고로 객관적인 시각을 가지고 접근하면 좀 더 정확하고 전달력이 강한 주제를 선정할 수 있다. 또한 핵심 주제는 간단명료하게 표현해야 함을 잊지 말아야 한다. 일반적으로 청중은 어느 정도 배타적인 심리를 가지고 있기 때문에 주제가 미온적이거나 난해하면 프레젠테이션 내용을 쉽게 받아들이지 않는다. 이러한 상황을 미리 방지하면 누구라도 명쾌하게 받아들일 수 있는 핵심 주제를 정하는 것이 매우 중요하다.

4) 자료 수집 및 분석

(1) 오프라인을 통한 자료수집

프레젠테이션을 기획하고 원고를 작성하는 과정에서 충분한 자료를 수집하는 것은 성공적인 프레젠테이션을 준비하는 방법이다. 오프라인을 통한 자료수집에는 도서관과 서점, 박물관, 전시회 등에서 직접 자료를 찾는 방법 등이 있다.

① 출판 자료 이용

프레젠테이션 내용과 관련된 출판 자료를 수집하는 방법이 있다. 일반서적, 브로슈어, 팸플릿 같은 회사 홍보물, 신문과 잡지 등의 정기 간행물, 학회 보고서 등 주제와 관련된 자료는 할 수 있는 한 모두 수집해야 한다. 출판물은 수집하고, 분석하기 쉽고 익숙한 형태의 자료, 전문 서적을 통해 관련 분야의 지식을 얻을 수 있으며, 잡지 등의 정기 간행물에서는 시대적 동향을 찾아 낼 수 있다. 학회 보고서나 세미나 자료를 통해 전문적인 연구 자료를 얻을 수 있다.

② 특별한 장소를 공략

좀 더 전문적이고 제한적인 정보를 담은 자료가 필요한 경우에는 특수기관이나 국·공립 도서관, 대학교, 리서치 회사 등을 통해 자료를 찾아야 한다. 비매품 서적이나 오래된 책, 몇 년이 지난 신문기사 등 서점에서 만날 수 없는 자료들을 찾을 수 있다.

③ 직접 발로 뛰어라

전시회, 박람회, 세미나, 인터뷰, 기념행사 등에 직접 참가하는 방법으로 다양한 자료를 얻을 수 있다. 발표회나 기념회 등에 직접 참여하면 팸플릿 등의 출판 자료뿐만 아니라 발표 내용을 녹취하거나 현장 사진을 찍는 방법으로 생생한 자료를 확보할 수 있다. 담당 실무자와 인터뷰를 하는 것은 담당 실무자는 준비 중인 프레젠테이션의 내용을 가장 정확하게 이해하고 있는 당사자인 만큼 새롭고 유익하면서도 정확한 정보를 얻을 수 있다. 또한 담당자와 대화를 통해 프레젠테이션의 내용이 정확하게 서술되었는지를 확인이 가능하다.

(2) 온라인을 통한 자료 수집

프레젠테이션을 준비할 시간이 부족한 상황이면 서점이나 도서관에서 자료를 찾는 것보다 인터넷을 이용하는 편이 빠르고 편리하다. 최근에는 점점 멀티미디어 자료를 프레젠테이션에 활용하는 추세가 많아지고 있으므로 관련 사운드, 그림, 동영상 파일 등을 수집하는 데에도 노력을 기울여야 한다.

① 인터넷

인터넷은 검색어만 입력하면 가장 빨리 원하는 정보를 찾을 수 있다. 인터넷에는 우리가 상상하는 정도 이상의 방대하고 다양한 자료가 담겨져 있으며, 시간과 공간을 초월하여 세계 어느 곳에 있는 자료라도 언제든지 실시간으로 가져올 수 있다. 인터넷에서 자료를 찾는 것은 가장 보편화된 수단이 되었다.

② 멀티미디어 자료의 활용

사람들은 보통 시각정보와 청각정보를 가장 잘 받아들인다. 따라서 프레젠테이션을 진행하면서 청중의 시각과 청각을 적절하게 자극하면, 프레젠테이션 내용을 좀 더 쉽게 받아들일 뿐만 아니라 오랫동안 기억하게 된다. 이러한 청중의 특성을 반영하여, 최근에는 동영상과 사운드를 삽입하는 등 멀티미디어를 활용한 프레젠테이션이 주류를 이루고 있다. 따라서 프레젠테이션을 준비하기 위한 자료를 수집하면서 사운드, 그림, 동영상 파일 등의 멀티미디어 자료도 충분하게 확보하여야 한다.

(3) 자료 분석

여러 경로를 통해 자료를 수집하면 전문서적, 문서, 브로슈어, 홍보물, 정기/비정기 간행물, 잡지, 신문, 문서와 파일, 그림 파일, 동영상 파일, 사운드 파일, 웹사이트 주소, 숫자 데이터 등의 온갖 자료가 정리되지 않은 상태로 나열되어 있다. 이제 자료를 본격적으로 분석하기에 앞서 맨 먼저 할 일은 정리되지 않은 자료를 내용과 종류별로 분류한다. 먼저 온라인을 통해 수집한 자료는 컴퓨터에 별도의 폴더를 만들고, 자료의 종류에 따라 적당한 이름을 통해 하위 폴더를 만들어 보관하며, 서적과 문서 형태의 자료는 알아보기 쉽게 이름표를 붙여 보관한다.

성공적인 프레젠테이션을 준비하려면 수집한 자료들을 알맞게 선택하여 활용하여야 한다. 그러려면 모든 자료를 꼼꼼하게 읽어 보고, 내용을 파악한 다음 중요도를 표시하도록 한다. 파일 형태의 자료들은 따로 프린터해서 프레젠테이션 내용에 활용할 문구를 따로 정리하거나 중요한 부분에 밑줄을 그어 놓으면 원고를 작성할 때 편리하다.

인터뷰 자료의 경우에는 동영상이나 사운드를 프레젠테이션에 직접 사용할 것인지, 텍스트를 만들어 사용할 것인지 결정하고, 인터뷰의 내용이 프레젠테이션의 핵심주제나 목표를 알려 준다면, 프레젠테이션의 인터뷰 동영상을 삽입하도록 한다.

책이나 논문처럼 문서 형태로 구성된 자료는 충분히 읽고 내용을 확실히 이해한 다음, 프레젠테이션에 필요한 부분들을 발췌하고 자신의 스타일에 맞게 다시 구성한다.

프레젠테이션을 준비하기위해서는 자료를 정확하게 분석하는 것이 필수적이다. 새롭고 다양한 자료를 모두 파악하여 핵심내용을 전달하는 프레젠테이션을 준비할 수 있다.

5) 기본 콘텐츠 작성

(1) 서론, 본론, 결론 작성하기

목표와 핵심주제를 정하고 자료를 수집 · 분석하는 작업이 끝났으면 이제 자료를 어떻게 배치하며 핵심주제를 구체적으로 설명할 것인지 설계도를 그려야 한다(이런 과정을 기본 콘텐츠 작성이라고 한다).

프레젠테이션 콘텐츠는 서론, 본론, 결론 세단계로 구성하며, 앞서 설명했듯이 서론은 본론으로 들어가는 도입 부분으로, 본론을 전개하기 위한 길잡이 구실을 한다. 따라서 서론에서는 본론에서 다룰 문제를 구체적으로 다루지 않고 본론에 들어가기 위한 기초내용만 제시한다. 본론은 프레젠테이션 내용을 본격적으로 전개하는 부분이다. 서론에서 제시한 문제들을 체계적으로 설명하여 차례로 결론을 이끌어 내도록 한다. 결론에서는 제시한 설명을 종합하여, 청중에게 대안 또는 방향을 제시한다.

프레젠테이션의 서론, 본론, 결론에는 일반적으로 아래와 같은 내용을 담게 된다. 하지만 프레젠테이션은 환경의 변화와 청중의 성향에 영향을 받기 때문에 서론, 본론, 결론의 구성도 이를 고려해 변화를 주어야 한다. 일반인을 상대로 진행하는 프레젠테이션이라면 일반적인 내용들만 설명하는 것으로 충분 하지만 관계 분야의 전문가들이 참여한 프레젠테이션에서는 좀 더 이론적인 내용까지 포함시켜야 한다.

구분	일반적으로 들어가는 콘텐츠
서론	소개, 시장 동향, 추세 분석, 문제점, 추진 배경, 추진 목표 등
본론	추진 전략, 추진 내용, 문제 해결 방안, 추진 방법, 제품 소개
결론	기대 효과, 향후 추진 계획, 비전 등

서론은 프레젠테이션의 핵심주제와 직접적으로 연결된 시장 동향, 문제점, 추진 배경 등의 내용으로 구성할 수 있다. 프레젠테이션이 제시하려는 핵심주제를 정확하게 전달하는 것이 주된 목적이다. 서론에서 주의할 점은 너무 많은 내용을 장황하게 늘어놓으면 안 된다는 것이다. 시작부터 무거운 주제를 길게 나열하면, 프레젠테이션 자체를 지루하게 여길 수 있다. 따라서 서론에서는 핵심적인 내용만 간결하고 정확하게 표현하도록 노력해야 한다.

본론은 프레젠테이션의 핵심주제와 목표에 공감할 수 있도록 구체적인 내용을 설명할 수 있도록 구성해야한다. 청중이 이해하기 쉽도록 본론의 전반적인 내용을 더 작은 소항목으로 나누고 그것을 다시 중간항목으로 나눈 다음 세부적인 내용을 더 작은 소항목으로 나누어, 콘텐츠를 작성하는 것이 좋다. 따라서 본론에서는 서론에서 제시한 내용들에 대한 구체적인 근거를 제시하면서 청중의 요구에 맞는 해결책을 이끌어야 한다.

마지막으로 결론에서는 서론과 본론에서 서술한 내용을 토대로 향후 계획, 미래에 대한 비전을 제시하는 내용으로 구성하는 것이 바람직하다. 서론과 본론의 내용을 간단명료한 문구로 요약해 한 번 더 설명하는 것도 좋은 방법 중에 하나이다. 결론에서 무엇보다 중요한 것은 프레젠테이션의 전체 내용을 포괄하는 결론을 청중에게 확실하게 제시해야 한다는 것이다. 덧붙여 프레젠테이션을 종료할 때에는 서론과 본론에서 사용했던 키워드와 문장으로 결론을 좀 더 강조할 수 있다.

결국 성공적인 프레젠테이션을 위해서는 서론, 본론, 결론 어느 한 부분도 소홀하게 취급할 수 없으며, 각 부분에 따라 알맞은 내용을 채워 넣어야 한다. 특히 프레젠테이션이 청중에게 전달하고자 하는 내용과 청중의 요구와 관심이 만나는 지점을 정확하게 포착해 서론, 본론, 결론을 구성하면 좋은 결과를 얻을 수 있다.

(2) 기승전결 구조를 가진 프레젠테이션

일반적으로 기승전결의 구조는 시간의 흐름에 따라 사건과 내용이 서술된다. 그리고 과거를 회상하는 장면을 스토리 중간에 삽입해 긴장감을 유지하는 연출을 시도하기도 한다. 따라서 프레젠테이션에도 기승전결의 구조를 적용할 수 있다. 기승전결 구조를 선택하면 프레젠테이션을 구성하면서 서론, 설명, 증명, 결론에 이르는 4단계 구조를 적용할 수 있다.

기	문제 제기
승	해결책 제시 - 진행 방법 - 이점(장점 및 특징)
전	제3자의 예 증명
결	해결책 제시 결단 권유

6) 프레젠테이션 상황분석

(1) 프레젠테이션 상황분석

프레젠테이션을 준비하기 위한 기본 콘텐츠를 모두 만들었으면, 본격적으로 프레젠테이션에 사용할 원고를 작성해야 한다. 하지만 프레젠테이션 원고를 작성하기 전에 청중은 누구인지, 장소는 어디인지, 몇 명의 청중 앞에서 진행해야 하는 지 등 전반적인 상황을 분석할 필요가 있다. 프레젠테이션의 실패 원인 중 하나가 프레젠테이션을 준비하는 과정에서 상황분석이 제대로 이루어지지 않는 것이다. 예를 들어 일반인들을 대상으로 전문 용어를 사용해 설명하는 것은 자기 과시에 불과하다. 따라서 프레젠테이션 자체가 무의미하고 시간 낭비가 될 뿐이다. 청중을 설득할 수 있는 프레젠테이션을 준비하려면 먼저 방향성과 생명성을 생각하고 청중의 수준과 수를 파악하여 어떤 내용을 설명할 것인지를 어떤 언어를 사용할 것인지를 선택해야 한다.

① 방향성과 생명성

프레젠터는 먼저 청중에게 신뢰감과 함께 논리적인 모습을 보여 주어야 한다. 프레젠터의 주장이 올바른 것임을 확인할 수 있도록 방향을 제시하는 것을 프레젠테이션의 "방향성"이라고 한다. 자신 또는 타인의 경험을 근거로 청중이 쉽게 이해할 수 있도록 다른 사실과 비유하거나 예를 들어 설명하고 적절하게 유머를 배치하면서 생동감 있는 프레젠테이션을 만드는 요소를 "생명성"이라고 한다.

생명성과 방향성은 성공적인 프레젠테이션에서 있어서 좌우 날개와 같다. 방향성과 생명성 가운데 어느 한 가지만 부족해도 원하는 내용을 청중에게 충분히 전달할 수 없기 때문이다. 방향성과 생명성을 모두 갖춘 프레젠테이션은 프레젠터의 의사가 청중에게 더욱 효과적으로 전달되고 청중은 프레젠터가 설명한 내용을 좀 더 신뢰하게 되기 때문에 가장 이상적인 상황이라고 할 수 있다.

제3영역 생명성은 있으나 방향성이 부족	제4영역 가장 이상적인 프레젠테이션
제1영역 생명성, 방향성 모두 부족함	제2영역 방향성은 있으나 생명성이 부족함

(2) 청중의 수 고려

프레젠테이션에 참가하는 청중의 수도 중요한 고려 사항이다. 청중이 많고 적음에 따라 프레젠테이션의 방법도 달라지기 때문이다.

① 소규모 프레젠테이션

대략 7~20명 정도로 청중의 수가 적은 경우 청중이 프레젠테이션을 좀 더 집중해서 경청할 수 있으며, 프레젠터는 청중 한 사람마다 시선을 맞춰가며 정신적인 교감을 유지할 수 있다. 따라서 프레젠테이션의 내용을 구체적이고 자세하게 설명하면서 진행할 수 있다. 즉 수치에 근거한 구체적인 자료를 제시하고, 결론을 내리기 전에 세부적인 사항을 자세하게 설명할 수 있다. 그러므로 원론적인 자료만 준비하는 것보다 구체적인 근거 자료를 충분하게 제시해 프레젠테이션 내용을 풍부하게 전달하는 게 효과적이다.

② 대규모 프레젠테이션

100명 안팎의 대규모 청중에게 프레젠테이션을 진행할 경우 주위가 산만하고 중압적인 분위기가 될 가능성이 많다. 세미나, 강연회, 발표회, 학회, 국제회의 등 대규모 프레젠테이션은 종류와 형식에 따라 다양하다. 이때 청중은 개인마다 성격이나 취향, 관심사, 소비자 욕구 등 모든 것이 다르기 때문에 청중이 프레젠테이션 내용에 집중할 수 있도록 세심함 주의를 기울여야 한다. 프레젠테이션을 준비하는 과정에서 많은 양의 텍스트를 넣는 것보다 간단명료한 문체로 내용을 쉽게 전달하는 것이 효과적이다. 또한 이미지와 다양한 도해를 사용하여 스크린에서 멀리 떨어진 청중에게도 내용이 제대로 전달되도록 배려해야 한다. 100이상의 많은 청중을 대상으로 프레젠테이션을 진행하는 경우에는 갑자기 일어서서 질문을 하거나 프레젠테이션 도중 강의실 밖으로 나가는 등의 예상치 못한 상황이 발생하기 쉬우기 때문에 대규모 프레젠테이션을 준비하는 프레젠터는 언제 생길지 모르는 돌발 상황에 유연하게 대처하는 자질을 가져야 한다.

(3) 청중을 분석하라

청중의 숫자 못지않게 청중의 수준도 중요한 고려사항이다. 일반인들을 대상으로 전문적인 내용을 설명하거나 전문가들을 대상으로 일반적인 내용만 설명하는 경우에는 기대하는 프레젠테이션의 성과를 거둘 수 없다.

① 전문가와 비전문가

먼저 청중이 프레젠테이션 내용에 대해 전문적인지 일반적인지 조사해야 한다. 전문가들은 대상으로 할 경우 최대한 자세하세 설명해야 한다. 전문가들을 대상으로 단지 이런 점이 뛰어나고 저런 점이 효과적이고 대략적인 수준에서 설명하면 아무런 감흥을 얻지 못한다. 반면에, 비전문가나 일반인을 대상으로 프레젠테이션을 준비하는 경우에는 전혀 다른 자세로 접근해야 한다. 전문지식이 있어야 이해할 수 있는 내용은 배제하고 되도록 쉽게 설명하는 것이 중요하다. 특히 이해를 돕기 위한 사진이나 일러스트, 입체적인 도형 및 도해를 이용해 쉽고 가볍게 표현해야 한다. 그리고 복잡한 개념은 어려운 내용을 생략한 개념으로 바꿔 표현하고 전문용어는 되도록 사용하지 않는 것이 좋다.

② 연령에 따른 차이

프레젠테이션 내용에 대한 전문지식뿐만 아니라 청중의 연령도 고려해야 한다. 일반적으로 연령이 높을수록 보수적인 성향과 표준 지향적인 성향이 크다. 따라서 프레젠테이션을 준비할 때 획기적인 방법이나 독특한 구성, 고정관념을 뛰어 넘는 표현방식보다 논리적이고 규격화되고 표준에서 벗어나지 않는 표현방식을 이용하는 것이 효과적이다. 구체적인 수치를 나타내는 데이터나 현실적인 자료를 제시하는 것이 좋다. 강렬한 색상이나 과감한 이미지 또는 복잡하고 화려한 애니메이션보다 안정적이고 이해하기 쉽게 표현한 이미지가 훨씬 효과적이다.

연령이 낮을수록 사고의 범위가 넓고 개방적이며 수용력이 크다. 따라서 획기적인 제안이나 고정관념을 깨뜨리는 발상으로 프레젠테이션을 준비하는 것이 좋다. 같은 내용이라도 의문형 문장으로 호기심을 불러일으키거나, 강렬한 이미지와 독특한 표현방식을 사용하는 것이 효과적이다. 결국 젊은 청중을 대상으로 프레젠테이션을 준비할 때에는 그들만이 가진 자유로운 사고를 이용하는 것이 좋다. 또한 청중이 느끼는 심리, 그들이 잘 쓰는 유행어, 관심사 등을 통해 쉽게 공감대를 느낄 수 있도록 배려해야 한다.

③ 청중의 요구와 관심

프레젠테이션을 준비하는 과정에서도 수정할 필요가 있다. 청중이 무엇을 궁금해 하는지 정확히 조사하고 분석해 해결책을 제시하면 더할 나위 없이 성공적인 프레젠테이션이 될 것이다. 따라서 항상 청중이 요구하는 것, 관심이 있는 것이 무엇인지 조사한 다음, 적절한 해결책을 제시하는 방향으로 프레젠테이션을 구성해야 한다.

청중의 요구 파악 ⟶ 갈등의 이유 설명 ⟶ 해결책 제시 (결단, 권유)

(4) 사용할 어휘를 선택

프레젠테이션을 진행하는 데 사용할 어휘를 무성의하게 골라 오랫동안 고민해서 준비한 프레젠테이션 내용이 평범한 수준으로 전락하는 경우가 많다. 신중하게 선택한 어휘는 그 자체가 생명력을 갖기 때문에 청중의 이해를 돕는 중요한 수단이 된다.

① 본인이 아는 가장 간결하면서도 직접적인 어휘를 사용

언어는 듣거나 읽는 사람이 자신의 처지에서 해석하는 상징이라는 점에 유념해야 한다. 사람들은 자기가 가장 잘 아는 말을 가장 빠르고 쉽게 이해한다.

② 짧은 문장을 사용

청중은 발표자가 하는 말을 계속 따라가면서 들을 수밖에 없기 때문에 설명이 길어지면 앞에서 설명한 내용을 제대로 기억하지 못한다. 가급적 짧은 문장을 내용을 전달하도록 노력해야 한다.

③ 적당한 유머의 사용

유머를 사용하면 청중은 더욱 쉽게 프레젠테이션 내용에 집중하게 된다. 하지만 지나치게 유머를 사용하거나 빈정대는 유머는 역효과를 볼 수 있다. 특히 빈정대는 식의 유머를 사용할 경우 청중은 거부감을 갖고 반발하게 된다.

④ 생동감 있는 은유, 직유, 유추를 사용

심리학자들에 의하면 사람들은 자신이 경험한 것을 가장 잘 이해한다고 한다. 아무리 복잡하고 어려운 이야기라도 적절한 비교와 비유를 사용한다면 그 뜻을 명확하게 전달할 수 있다.

⑤ 전문 용어나 속어는 필요한 경우에만 사용

일반인을 대상으로 프레젠테이션을 준비하는 경우에 전문적인 용어를 사용하는 것은 금물이다. 하지만 청중의 특성에 따라 적절한 전문용어를 사용하는 것이 효과적이다.

7) 세부 목차 만들기

(1) 원고 작성 순서

자료 수집과 분석, 핵심 주제 및 목표 설정, 기본 콘텐츠 작성, 프레젠테이션 상황분석 등의 작업은 프레젠테이션 원고 작성을 위한 준비과정이다. 원고 작성을 하기 위한 우선적 과제는 기본 콘텐츠인 서론, 본론, 결론을 토대로 좀더 세부적인 내용을 구분해 세부 목차를 만드는 것이다. 세부 목차의 각 항목별 원고를 만들어 프레젠테이션 슬라이드에 맞는 형태로 다듬는 작업을 진행해야 한다.

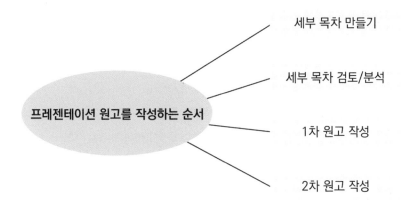

세부 목차 만들기

세부 목차 검토/분석

1차 원고 작성

2차 원고 작성

프레젠테이션 원고를 작성하는 순서

(2) 세부 목차 만들기

세부 목차는 프레젠테이션을 구성하는 기본 단위이다. 원고를 쓰고 프레젠테이션 슬라이드를 제작하는 과정은 모두 세부 목차를 중심으로 진행된다. 중복되거나 불필요한 내용으로 인해 전체 프레젠테이션의 조화와 균형이 깨지지 않도록 필요한 내용을 중심으로 세부 목차를 구성해야 한다. 우선 프레젠테이션에서 다룰 세부 내용을 최대한 자세하게 나열한 초안을 작성한다. 여기에서 자세하게 나열한 세부 내용들을 서론, 본론, 결론으로 나눠 다시 배치한다. 세부 목차 초안을 살펴보면서 필요한 제목인지 판단해 관련 있는 여러 내용을 하나의 제목으로 묶으면서 세부 목차를 적절한 수준으로 줄여 나간다. 그런 다음 각 세부 목차를 단어 2~3개 정도의 문장으로 요약해 청중이 무슨 내용인지 쉽게 알아 볼 수 있도록 수정한다. 마지막으로 세부 목차를 정한 다음 세부목차가 서론, 본론, 결론에 걸맞은 내용을 제대로 담고 있는지 검토한다.

8) 원고 작성하기

(1) 1차 원고 작성

1차 원고는 일단 세부 목차를 기준으로 제목에 맞는 내용을 서술형 문장으로 작성한다. 일단 체계적으로 내용을 요약한다는 느낌보다는 자유롭게 필요한 내용을 서술한다는 느낌으로 작성한다. 1차 원고를 작성할 때는 세부 목차의 각 항목에 담을 수 있는 내용을 풍부하게 서술하는 것이 좋다. 다음은 1차 원고 작성 시 다섯 개의 유의 사항이다.

- 첫째, 원고 내용이 주제와 목표에 벗어나지 않도록 한다.
- 둘째, 문장은 되도록 짧게 표현한다.
- 셋째, 비유나 예시를 사용하여 이해를 돕는다.
- 넷째, 특별한 경우가 아니면 전문 용어를 사용하지 않는다.
- 다섯째, 구체적인 수치 자료, 근거 등을 충분하게 담는다.

(2) 2차 원고 작성

1차 원고를 모두 작성했으면, 각 내용을 청중에게 효과적으로 전달할 수 있도록 요약하고 압축하여 2차 원고를 작성한다. 중복된 내용들은 하나로 묶고, 강조할 문구와 그렇지 않은 문구를 구분해 불필요한 내용은 과감하게 버리는 결단력이 필요하다. 수집한 자료들을 필요한 곳에 적절하게 배치해 청중의 이해를 돕는 역동적인 프레젠테이션이 되도록 한다.

4. 슬라이드 디자인

1) 프레젠테이션 디자인

(1) 레이아웃에 대해 고민

레이아웃(Layout)이란 주로 책과 신문 등의 종이 매체에서 제한된 공간에 문자, 그림, 기호, 사진 등을 효과적으로 배치하는 작업이다. 프레젠테이션 슬라이드 역시 직사각형의 제한된 공간에 원고 내용을 도형과 그림, 사진 등을 이용해 적절하게 배치해야 하므로 레이아웃에 대한 고민이 필수적이다. 레이아웃에서 가장 중요한 원칙은 청중이 슬라이드를 보았을 때 프레젠터가 전달하려는 내용을 얼마나 직관적이고 명쾌하게 이해할 수 있는 정도이다.

(2) 프레젠테이션 디자인 과정에서 주의 할 점

① 철저한 설계도

프레젠테이션 슬라이드 또한 철저한 계획 없이 효율적인 디자인이 나오지 않는다. 각 슬라이드마다 어떤 원고 내용을 어떤 방식으로 구현할 것인지 철저하게 설계한 다음, 디자인 작업에 들어가는 것이 좋다.

② 내용은 되도록 적게 넣는다.

종이에 인쇄할 문서를 만드는 것이 아니라면 한 개의 슬라이드에 이것저것 내용을 많이 넣지 않는 게 좋다. 그리고 텍스트는 간결하고 짧게 끊어 입력하도록 한다. 한 개의 슬라이드에 너무 많은 내용을 넣으면 청중은 핵심내용이 무엇인지 찾지 못해 당황할 수 있다.

③ 여백의 아름다움을 살리자

프레젠테이션 슬라이드에는 적당한 빈 공간이 있어야 보기 좋다. 너무 꽉 차서 숨 막히는 화면구성은 청중에게 여유 없는 사람과 대면한 것 같은 부담감을 주게 된다.

④ 목적에 부합하는 이미지를 사용하자

프레젠테이션 내용에 맞는 이미지를 적절하게 사용하면 원하는 정보나 의견을 청중에게 더욱 쉽게 전달할 수 있지만, 프레젠테이션 내용과 별 관련 없는 이미지를 남용하면 오히려 원고 내용을 전달하는 데 역효과가 날 수 있다.

⑤ 배경 색상을 될 수 있으면 어둡게 하자

파워포인트를 이용해 슬라이드를 만들 때 기본적으로 제공되는 흰색의 바탕색을 별 고민 없이 사용하는 것이다. 하지만 어두운 장소에서 스크린에 슬라이드를 비추는 일반적 프레젠테이션에서는 흰 바탕에 검정색 글자 보다 바탕에 흰색 글자가 훨씬 눈에 잘 띄게 된다. 따라서 어둔 공간에서 여러 사람을 대상으로 진행하는 프레젠테이션을 준비하는 경우에는 배경 색상을 어두운 색으로 사용하는 것이 좋다.

⑥ 읽는 사람의 눈에 고통을 주지 말자

화려하고 자극적인 디자인이 반드시 효과적인 것은 아니다. 너무 강렬한 색상과 화려한 디자인이 오히려 청중에게 고통스러울 수도 있다.

2) 프레젠테이션 슬라이드 디자인

(1) 프레젠테이션 디자인의 특성-도해를 이용해라

프레젠테이션 슬라이드를 디자인 할 때는 단순하게 원고를 적절하게 배치하는 것만 고민하면 안 된다. 직사각형의 슬라이드 공간을 완전히 새로운 공간으로 창조할 수 있도록 도형과 차트, 그림과 사진 사운드와 동영상 자료 등을 적절하게 배치하면서 전체적으로 통일된 질서를 유지할 수 있는 종합적인 구성력과 조합 능력이 필요하다. 도해를 적절하게 활용해 원고 내용을 표현하는 능력은 프레젠테이션 디자인에 있어 핵심이 되는 부분이다. 일반적으로 프레젠테이션이란 어떤 형태이든 자신이 가진 정보나 의견을 청중에게 전달하는 행위이다. 그러다 보니 문장으로 길게 나열되어 있는 원고는 기호, 표, 도형, 차트 등의 도해를 활용해 청중이 직관적으로 이해할 수 있도록 슬라이드를 디자인해야 한다. 결국 개념을 도해로 표현하는 몇 가지 원칙을 이해하고 원 내용에 따라 적용한 도해 형태를 고민하면 누구라도 생각하는 바를 도해로 표현할 수 있다.

(2) 도해의 3단계

문장으로 이루어진 프레젠테이션 원고를 도해로 표현하는 과정은 다음과 같은 세 단계로 나눠 생각할 수 있다.

① 1단계: 키워드 추출하기

문장으로 작성된 프레젠테이션 원고에서 핵심내용을 이루는 키워드를 추출하는 단계이다

② 2단계: 도해 패턴 적용하기

추출된 키워드에 알맞은 도해 패턴을 적용하는 단계이다. 원고를 도해로 만

들 때 가장 기본적적인 원칙이 있다면, 숫자 정보는 그래프, 문자 정보는 차트로 만드는 것이 좋다. 도해화 작업의 목적은 프레젠테이션의 핵심내용을 쉽게 이해할 수 있는 형태를 선택해야 한다.

③ 3단계: 수정/보완하기

선택한 도해 형태가 의도한 바를 제대로 표현하고 있는지 확인하면서 수정/보완하는 단계이다. 청중의 입장에서 도해의 형태를 살펴보면 필요 이상의 도해를 사용한 부분도 있고, 도해가 필요한 부분을 문장으로 내버려 둔 곳도 있다. 이러한 부족한 부분들을 수정/보완하면 더욱 완성도 높은 프레젠테이션 슬라이드를 디자인할 수 있다.

(3) 일반적인 도해 유형

① 기본적인 6가지 유형의 도해

대부분의 원고 내용은 대략 아래와 같은 여섯 가지 도해 형태로 표현이 가능하다. 여섯 가지 도해 형태와 해당 도해가 표현할 수 있는 데이터의 유형을 정리하면 다음과 같다.

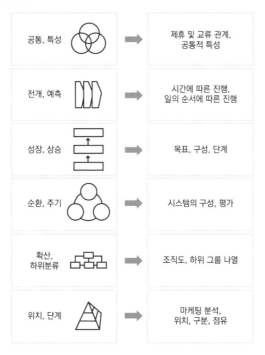

공통, 특성	→	제휴 및 교류 관계, 공통적 특성
전개, 예측	→	시간에 따른 진행, 일의 순서에 따른 진행
성장, 상승	→	목표, 구성, 단계
순환, 주기	→	시스템의 구성, 평가
확산, 하위분류	→	조직도, 하위 그룹 나열
위치, 단계	→	마케팅 분석, 위치, 구분, 점유

(4) 일반적인 시선의 흐름

원고를 도해로 표현할 때 가장 자연스러운 시선의 흐름은 왼쪽 상단에서 중앙 아래쪽으로 이동하는 것이다. 그러므로 애니메이션 효과나 텍스트 및 도형을 배열 할 때에 이점을 고려하면서 청중이 오래 기억 할 수 있는 시각 자료를 제작할 수 있다.

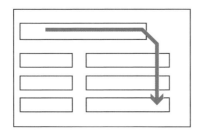 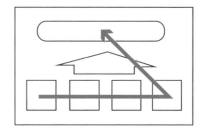

3) 슬라이드 스케치 및 스토리 보드 만들기

스케치 및 스토리 보드란 작성된 원고를 토대로 원하는 내용을 청중에게 알기 쉽게 전달하려면 슬라이드를 어떤 형태로 디자인해야 하는지 미리 초안을 잡아보는 과정을 말한다.

4) 슬라이드 디자인 실습하기

(1) 명사형 텍스트 사용하기

프레젠테이션 슬라이드에 담긴 내용은 간결하고 짧을수록 좋다. 따라서 원고가 서술형으로 작성되어 있다면 서술형 문장에서 중요한 단어들만 뽑아 명사형 문장으로 짧게 정리한다. 그러 다음 정리한 문장을 각종 도형과 화살표를 이용해 효과적으로 배치하고, 글머리 표를 달아 항목별로 구분해 주며된다.

(2) 도해를 이용한 입체적인 구성

텍스트를 순서대로 나열하는 평면적인 구성보다 원고 내용의 강약과 배치에 변화를 주는 등 내용을 입체적으로 구성하면 전달하려는 바를 훨씬 효과적으로 표현할 수 있다.

(3) 숫자를 비교할 때는 그래프를 사용

숫자 데이터를 이용하는 경우에는 평면적인 도표에 숫자 데이터를 입력하는 것보다 그래프를 이용하는 것이 효과적이다.

5. 파워포인트

1) 파워포인트의 기능

파워포인트는 워드 프로세서의 기능을 사용할 수 있을 뿐만 아니라, 자체 도구를 통한 간단한 그림의 작성, 외부 응용프로그램에 의해 만들어진 그림의 삽입도 가능하다. 그리고 자주 사용하는 서식 및 도표, 조직도, 그래프 등을 자체적으로 지원하여 자주 사용하는 형태의 자료를 간편하게 만들 수 있다. 이를 통해 프레젠테이션의 초안에서부터 OHP필름, 35mm 슬라이드, 유인물, 노트 등을 자유자재로 만들어 낼 수 있을 뿐만 아니라 LCD를 이용하여 컴퓨터 화면을 직접 스크린에 투사하여 이용할 수 있다. 화면 간의 전환기능도 애니메이션 기능을 사용하여 보다 동적인 표현을 가능하게 한다. 애니메이션 효과와 관련하여 비디오 파일의 삽입도 가능하다. 본장에서는 이와 같이 일반적으로 널리 보급되어 사용되고 있는 파워포인트를 중심으로 프레젠테이션을 작성하고자 한다.

2) 파워포인트의 기본 조작

(1) 파워포인트의 화면

파워포인트의 2010을 실행하면 다음과 같은 초기 화면이 뜬다.

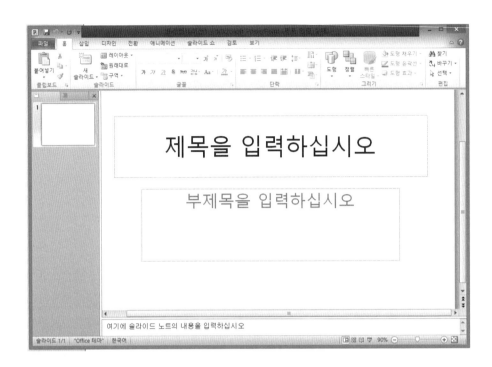

파워포인트(PowerPoint): 실습

1. 프레젠테이션 프로그램

1) 프레젠테이션 프로그램의 의미

프레젠테이션 프로그램은 발표자가 자신의 의견이나 업무의 결과를 많은 청중 앞에서 알리고 나아가 동의를 구하는 중요한 작업을 도와주는 브리핑용 프로그램을 의미한다. 이러한 프레젠테이션 프로그램에는 Microsoft의 PowerPoint 외에도 Asymetrix의 Compel 등을 들 수 있다. 파워포인트는 일반적은 멀티미디어 프레젠테이션에 적합하고, Compel은 일반적인 프레젠테이션 제작에서는 파워포인트보다 다소 불편하나 Animation 기능이 강조되어 화려한 발표자료를 만들고자 할 경우 사용된다.

2) 파워포인트의 기능

파워포인트는 워드프로세서의 기능을 사용할 수 있을 뿐 아니라, 자체도구를 통한 간단한 그림의 작성, 외부 응용프로그램에 의해 만들어진 그림의 삽입도 가능하다. 그리고 자주 사용하는 서식 및 도표, 조직도, 그래프 등을 자체적으로 지원하여 자주 사용하는 형태의 자료를 간편하게 만들 수 있다 이를 통해 프레젠테이션의 초안에서부터 OHP 필름, 35mm 슬라이드, 유인물, 노트 등을 자유자재로 만들어 낼 수 있을 뿐만 아니라 LCD를 이용하여 컴퓨터 화면을 직접 스크린에 투사하여 이용할 수 있다. 화면 간의 전환 기능도 Animation 기능을 사용하여 보다 동적인 표현을 가능하게 한다. Animation 효과와 관련하여 비디오 파일의 삽입도 가능하다. 본 장에서는 이와 같이 일반적으로 널리 보급되어 사용되고 있는 파워포인트를 중심으로 기술하고자 한다.

2. 프레젠테이션의 구성요소 및 유의사항

파워포인트는 프레젠테이션을 하기 위한 도구이다. 파워포인트는 정해진 형식이 없기 때문에 슬라이드를 어떻게 구성하는가에 따라 많은 차이가 발생한다. 완벽에 가까운 슬라이드를 만들기 위해서는 몇 가지 유의할 사항이 있는데 열거해 보면 다음과 같다.

1) 구성 요소

(1) 텍스트

프레젠테이션에서 텍스트 정보는 가장 기본적으로 사용된다. 그러나 프레젠테이션은 짧은 시간에 강한 메시지를 전달하여야 하기 때문에 한 화면에 너무 많은 텍스트 정보를 포함하면 주어진 시간 내에 정보를 읽을 수 없게 된다. 또한 많은 텍스트 정보를 사용하면 글자가 작아지기 때문에 가독성 또한 떨어진다. 따라서 본문은 최대 7줄을 넘지 않도록 하는 것이 좋다.

폰트는 발표 시 텍스토의 인식정도에 영향을 준다. 제목의 경우에는 돋움체나 굴림체를 사용하도록 하며 어떠한 경우에도 제목이나 본문에 궁서체를 사용하는 것을 피하는 것이 좋다. 또한 하나의 둘 이상의 폰트를 사용하지 않아야 한다. 장소를 이동하여 발표할 경우 발표 장소의 시스템에 프레젠테이션에 사용하는 폰트가 설치되어 있지 않을 경우가 있으므로 특수한 효과를 필요로 하지 않는 한 윈도우에서 기본으로 제공하는 폰트를 사용하는 것이 바람직하다.

(2) 그래픽

그래픽이나 도표를 사용하면 프레젠테이션의 효과를 더 할 수 있다. 텍스트로 표현하는 것보다 하나의 도표가 더 효율적인 경우가 많다. 또한 그래픽은 배경화면으로 사용하여 그 효과를 더하기도 한다.

프레젠테이션에서는 일반적으로 사용하는 전문적인 그래픽 프로그램으로 제작된 그래픽 파일을 들여와 사용하거나 프레젠테이션 프로그램에서 기본적으로 제공되는 그래픽 편집 기능을 이용하여 직접 제작하여 사용한다. 자주 사용할 가능성이 있는 그래픽은 프레젠테이션을 할 경우에는 소프트웨어에 기본적으로 제공되는 클립아트만을 사용할 경우 화면의 신선감이 떨어지기 때문에 다른 클립아트를 활용하는 것이 바람직하다. 상황을 프레젠테이션을 할 경우에는 사용될 클립을 미리 준비하여 제작 시간을 단축하는 것도 그래픽 사용에 있어 도움이 된다.

(3) 사운드

프레젠테이션은 발표자가 직접 발표하는 경우와 사용자가 대화 형태로 진행하는 두 가지 경우가 있다. 사용자가 혼자 사용할 경우에는 내용을 설명하는 해설이 포함된 프레젠테이션 적합하나 발표자가 직접 진행하는 경우에는 사운드의 사용은 극적인 상황을 연출할 경우를 제외하고는 사용하지 않은 것이 좋다.

사운드를 사용할 경우에는 주로 배경음악을 MIDI 또는 CD-DA를 사용하여 시스템에 부담을 주지 않도록 한다.

(4) 비디오

프레젠테이션의 내용 구성에서 실제적인 작업 활동 장면의 비디오를 활용하면 효과적인 프레젠테이션을 구성할 수 있다. 프레젠테이션에 사용되는 비디오는 준비된 비디오를 캡처 하여 제작한다. 특히 제품 발표회와 같이 비용을 아끼지 않아도 되는 프레젠테이션에서 비디오의 사용은 극적인 효과를 얻을 수 있다.

2) 유의사항

(1) 바탕색과 글자색은 대비 색을 사용함

글자색과 슬라이드 바탕색 또는 글상자, 도형색이 비슷하면 LCD Projector를 사용하여 프레젠테이션을 할 때, 글자색이 잘 안보이게 된다. 그러므로 글자색과 바탕색은 과감하게 대비 색을 쓰는 것이 효과적이다.

(2) 제목은 WordArt를 사용하라

처음 슬라이드는 보통 제목이나 주제 그리고 발표자의 이름을 적는 것이 일반적이다. 따라서 첫 슬라이드는 WordArt를 사용하여 과감하게 표현하는 것이 좋다.

(3) 글자를 너무 많이 넣지 마라

프레젠테이션의 가장 중요한 목적은 내용 전달이다. 따라서 파워포인트는 이런 발표에 있어 내용을 효과적으로 전달하기 위한 도구이며 한눈에 슬라이드의 내용이 파악되어야 한다.

그러므로 슬라이드에 되도록 글자를 장황하게 넣기 보다는 핵심 단어를 뽑아 최소한의 글자만으로 한눈에 내용 파악이 용이하도록 구성해야 한다.

(4) 한 슬라이드에 너무 많은 색을 사용하지 마라

슬라이드 한 장에 너무 많은 색을 사용하면 오히려 이목을 분산 시키고 눈을 피로하게 만들 수 있다. 따라서 한 슬라이드에 4~5가지 색 정도 수준에서 사용하는 것이 적절하다고 할 수 있다.

(5) 애니메이션을 적용은 되도록 적게

애니메이션을 잘 사용하면 사람들의 이목을 집중시키는 데 효과적일 수 있다. 그러나 너무 많은 애니메이션의 적용은 오히려 집중력을 떨어뜨릴 수 있다. 글자 단위보다는 글상자 중심으로 애니메이션을 적용하고 소리는 되도록 적용하지 않는 것이 좋다. 소리가 오히려 발표에 방해가 될 수 있기 때문이다. 꼭 필요한 곳에만 애니메이션을 적용하는 것이 효과적이다. 지금까지 파워포인트의 기능에 대해서 기본적이고 개략적인 방법만을 알아보았다.

3. 파워포인트의 기본 조작

1) 파워포인트의 화면

파워포인트의 2010버전을 실행하면 다음과 같은 초기 화면이 뜬다.

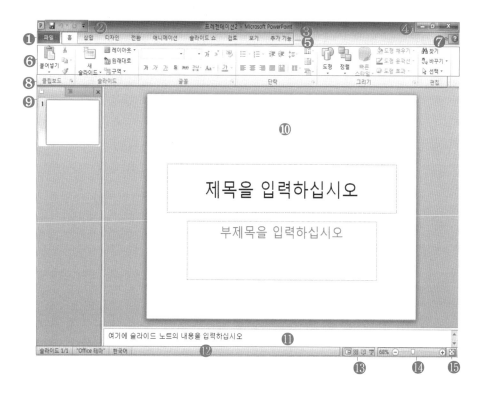

❶ Office Backstage 보기: 클릭하면 파워포인트 2010메뉴를 볼 수 있다.

❷ 빠른 실행 도구 모음: 파워포인트에서 자주 사용하는 명령들을 모아 놓은 것이다.

❸ 제목 표시줄: 현재 작업 중인 프레젠테이션 파일명을 표시한다.

❹ 화면 조절 단추: 파워포인트 작업 창이나 프로그램 창을 최소화/최대화시키거나 종료한다.

❺ 리본 메뉴 탭: 작업 유형별로 리본 메뉴들을 모아 놓은 것이다.

❻ 리본 메뉴: 선택한 리본 메뉴 탭에 해당하는 여러 명령을 모아 놓은 것이다.

❼ 도움말 아이콘: 클릭하면 파워포인트 2010 온라인 도움말을 볼 수 있다.

❽ 그룹이름: 리본 메뉴 안의 명령을 기능별로 혹은 다른 구분 기준에 따라 그룹으로 묶어놓을 것이다.

❾ 슬라이드 및 개요 탭: [슬라이드] 탭을 클릭하면 각 슬라이드의 축소판

그림을 표시하고, [개요] 탭을 클릭하면 슬라이드의 텍스트를 표시한다.

❿ 슬라이드 창: 슬라이드를 직접 편집하는 영역이다.

⓫ 슬라이드 노트: 슬라이드 내용에 대한 부연 설명을 입력하는 영역이다.

⓬ 상태 표시줄: 현재 보고 있는 슬라이드 번호 등과 같은 부가 정보를 표시한다.

⓭ 화면 보기 단추: 파워포인트 화면 보기를 세 가지 형태로 바꿀 수 있다.

⓮ 화면 크기 조절 도구: 직접 화면 배율 크기를 입력하거나, 슬라이드 막대를 움직여서 슬라이드 창에 표시 된 슬라이드의 크기를 조절한다.

⓯ 창 크기 맞춤 단추: 클릭하면 현재 프로그램 창에 맞게 슬라이드 크기를 자동 조절한다.

2) 화면 보기 바꾸기

파워포인트에는 프레젠테이션을 만들 때 도움이 되는 여러 보기가 있다. 주요한 보기는 기본 보기와 여러 슬라이드 보기, 슬라이드 쇼 보기이다. 보기 사이를 전환하려면 파워포인트 창의 왼쪽 하단에 있는 단추를 클릭한다.

(1) 화면 보기 메뉴

파워포인트에서 화면 보기 메뉴는 리본 메뉴 [보기]를 클릭하면 좌측 상단 기본, 여러 슬라이드, 읽기용 보기를 볼 수 있고, 우측 하단에 작은 아이콘 메뉴로 구성되어 있다.

다만, 좌측 상단의 읽기용 보기와 연결된 우측 하단의 슬라이드 쇼 보기는 슬라이드 쇼를 본다는 기능에서는 같지만 읽기용 보기에서 두 개의 슬라이드 쇼를 동시에 볼 수 있다는 점에서 차이가 있다.

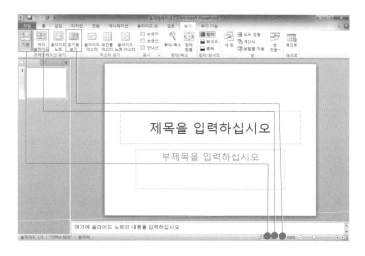

① 개요 및 슬라이드 탭

기본 보기 메뉴 상태에서 개요 및 슬라이드 탭을 사용하여 프레젠테이션을 구성하고 전개한다. 프레젠테이션의 모든 텍스트를 입력하고 글머리 기호, 단락 및 슬라이드를 다시 배열 할 수 있다. 개요 및 슬라이드 탭은 개요 보기와 슬라이드 보기 2가지로 나누어져 있다.

- 개요 내용을 한눈에 보려면 기본 보기 창에서[개요] 탭을 선택한다.
- 슬라이드의 내용을 보고자 할 때 [슬라이드]탭을 선택한다.

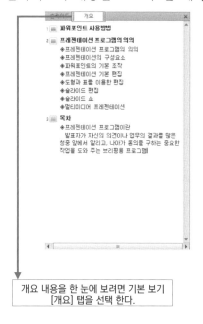

개요 내용을 한 눈에 보려면 기본 보기
[개요] 탭을 선택 한다.

슬라이드의 내용을 보고자 할 때
[슬라이드]

② 슬라이드 창

슬라이드 창에서는 각 슬라이드에서 텍스트가 어떻게 보이는지 볼 수 있다. 각 슬라이드에 그래픽, 동영상 및 소리를 추가하고 하이퍼링크를 만들고 애니메이션을 추가할 수 있다.

③ 슬라이드 노트 창

슬라이드 노트 창을 사용하여 청중과 공유할 연설자 노트나 정보를 추가할 수 있다. 슬라이드 노트에 그래픽을 추가하면 슬라이드 노트 보기에서 슬라이드 노트를 추가해야 한다. 내용이 많은 슬라이드 노트의 내용을 입력하거나 수정할 때에는 [보기]탭에서 [슬라이드 노트]를 통해 작업하는 것이 편리하다.

■ 슬라이드 노트의 작성

- [보기]−[슬라이드 노트]를 선택한다.
- 슬라이드 노트의 내용을 입력한다.
- 원하는 화면 크기 및 화면을 설정한다.
- 완성된 슬라이드 노트를 확인한다.

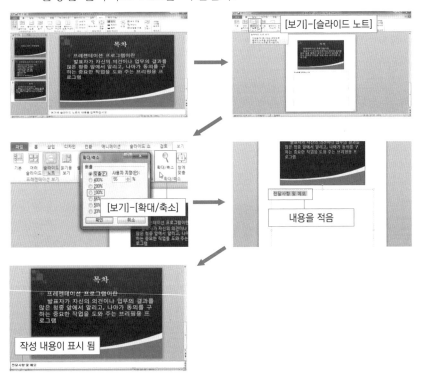

■ 슬라이드 노트를 이용한 보고서 작성

슬라이드 노트를 이용하여 Microsoft Word를 이용하여 보고서를 작성할 수 있다.

• [Office Backstage 보기]－[옵션]－[빠른 실행 도구 모음]－[모든 명령]에서 [Microsoft office word에서 유인물 만들기]를 추가시키면 우측 상단에 아이콘이 활성화된다.

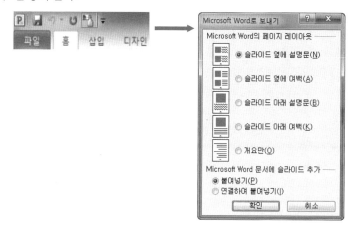

• 설명문의 위치를 설정한다.
• 보고서를 확인한다.

(2) 여러 슬라이드 보기

여러 슬라이드 보기에서는 화면에 작게 표시된 프레젠테이션의 모든 슬라이드를 동시에 볼 수 있다. [보기]－[여러 슬라이드]보기를 사용하여 슬라이드를 쉽게 추가, 삭제, 이동하고 추가하고 여러 슬라이드 도구 모음을 이용하여 슬라이드에서 슬라이드로 이동할 때 애니메이션 화면 전환을 선택할 수 있다. 또한 미리 볼 슬라이드를 선택한 다음 슬라이드 쇼 메뉴의 애니메이션 미리 보기를 클릭하여 여러 슬라이드의 애니메이션을 미리 볼 수 있다.

• [보기]－[여러 슬라이드 보기]를 선택한다.

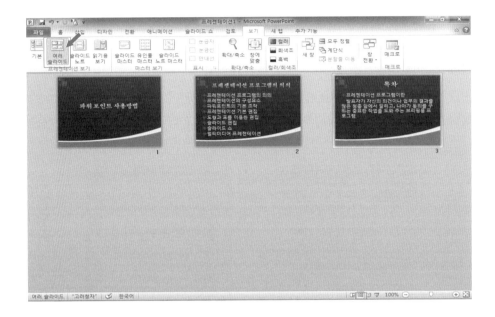

프레젠테이션을 만드는 동안 언제든지 [읽기용 보기 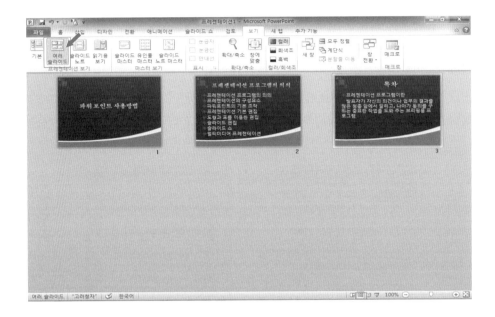]를 클릭하여 프레젠테이션을 미리 볼 수 있다,

3) 텍스트 슬라이드의 구성

프레젠테이션을 구성할 때 가장 기본이 되는 슬라이드는 텍스트로 구성되는 슬라이드이다. 텍스트 슬라이드를 구성할 때 주의할 점은 간결하면서도 명료하게 내용을 포괄할 수 있는 핵심 단어로 구성할 수 있다.

텍스트로 구성하면 자주 사용되는 도구는 워드 아트 및 기타 글꼴에 대한 기본 적인 지식을 가지고 구성해야 한다.

(1) 텍스트 슬라이드 구성

① 파일 단추를 클릭한 후 새로 만들기에서 테마를 선택한다.

② 새로 만들기 대화 상자에서 테마를 클릭한 후 고려청자를 선택한다.

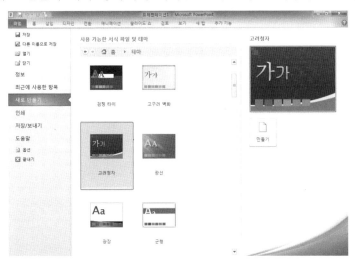

③ [홈]탭에서 레이아웃을 선택하고 제목 및 부제목슬라이드를 선택한다.

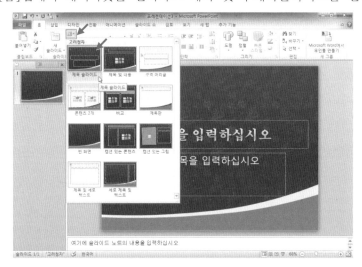

④ 제목 슬라이드에서 제목을 클릭한 후 제목을 입력한다.

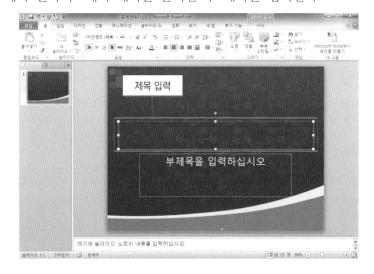

⑤ 제목 슬라이드에 제목을 입력하면 제목 슬라이드는 완성된다.

⑥ [홈]탭에서 레이아웃을 선택하고 목차 및 내용 슬라이드를 선택한다.

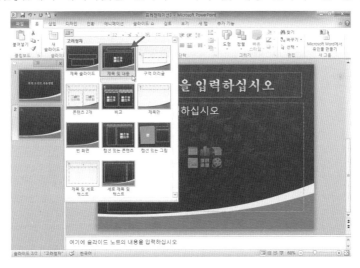

⑦ 제목을 입력하고 다음 텍스트를 입력 하십시오 공간에 내용을 입력한다.

⑧ 제목 및 내용 슬라이드가 완성된다.

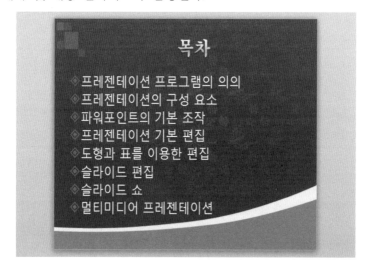

4) 도형 슬라이드의 구성

파워포인트에서 텍스트 다음으로 구성되는 것은 도형 슬라이드다. 텍스트보
다 시각적이라서 글로서 표현하는 것보다 청중의 이해를 쉽게 하는 것과 동시
에 발표가 끝난 후에도 기억에 오래 남는다. 도형슬라이드를 구성하려면 도형

의 특징적인 변화와 텍스트와 조화를 이루어야 하며 그 외 색상 등 여러 가지
를 고려해야 한다.

(1) 도형의 삽입과 변경

① 도형 슬라이드를 구성하기 위한 새 슬라이드를 만든다(테마: 기류).

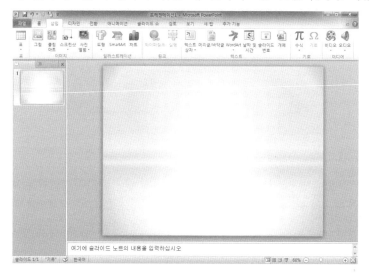

② [삽입] 탭에서 도형을 선택하면 파워포인터에서 제공하는 기본적인 도형
이 열린다.

③ 선과 기본적인 도형을 이용하여 삽입한 슬라이드다(도형: 모서리가 둥근 직
사각형, 화살표, 원).

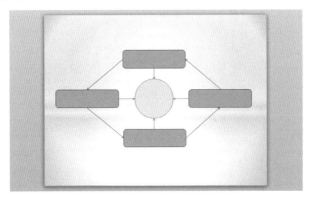

(2) 도형의 편집

도형을 그렸다면 도형의 색상, 선 종류 등을 변경하고자 할 때는 다음과 같
이 도형을 편집하면 된다.

① 편집하고자 하는 도형을 클릭하면 그리기 도구와 함께 서식 탭이 선택된
다. 서식 탭을 사용하여 도형을 편집하면 된다.

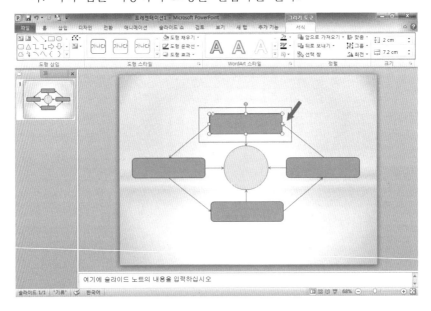

② 다음은 마우스 오른쪽을 클릭하면 바로 가기 메뉴가 나오는데 여기에서
   도형 서식을 클릭하여 도형 서식 대화 상자를 이용한 방법을 쓰면 된다.

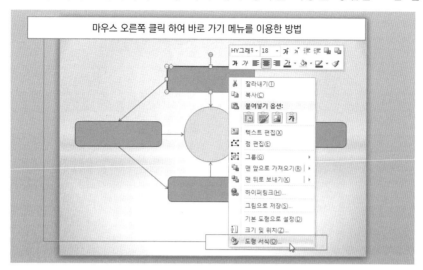

③ 도형서식 대화상자에서는 채우기, 선색, 그림자, 3차원 서식, 3차원 회
   전, 그림, 텍스트 상자 메뉴를 이용하여 도형 편집이 가능하다.

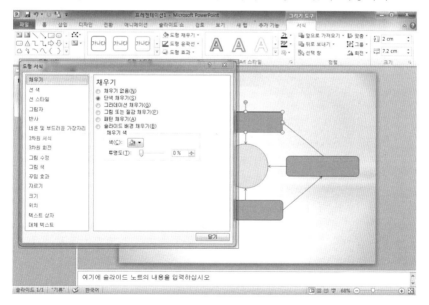

④ 채우기에서 단색 채우기를 클릭하고 보라색을 선택하면 도형의 색깔이
   보라색으로 변한다.

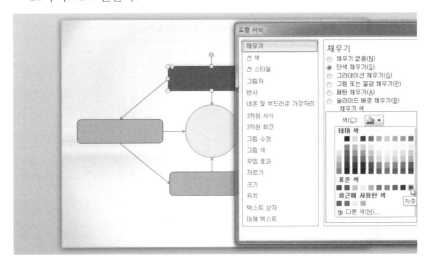

⑤ 선색에서 색을 선택하거나 선 없음, 그라데이션 선등을 선택하여 선을
   편집하면 된다.

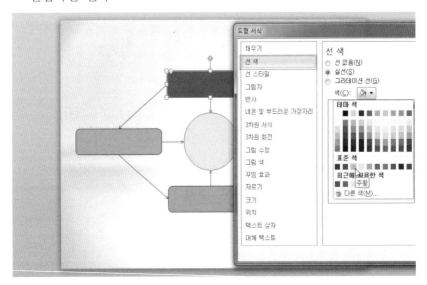

⑥ 그림자를 선택하여 다양한 그림자 형태를 편집할 수 있다.

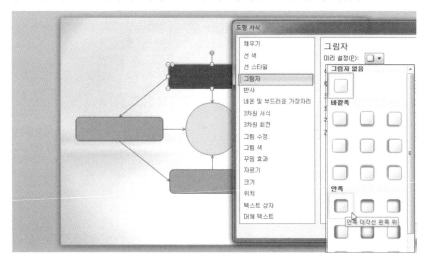

⑦ 3차원 서식을 이용하여 도형에 입체감을 주고 편집할 수 있다.

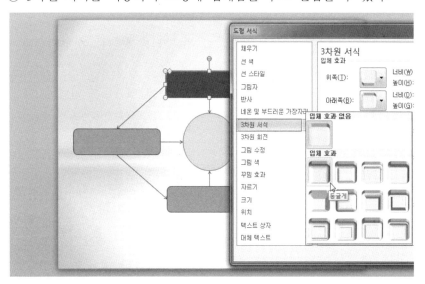

⑧ 텍스트 상자는 도형에 텍스트를 부여하면 텍스트의 위치를 편집할 수 있다.

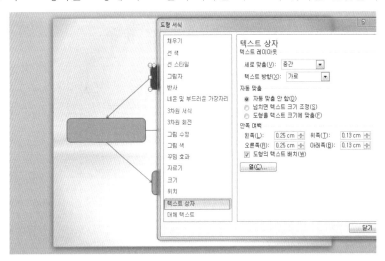

(3) 도형의 텍스트 삽입 및 편집

도형 내부에 텍스트를 삽입하여야 할 경우가 발생한다. 이때 다음과 같은
방법으로 추가하면 된다.

① 도형을 클릭하고 텍스트를 입력하면 도형에 텍스트가 입력된다.

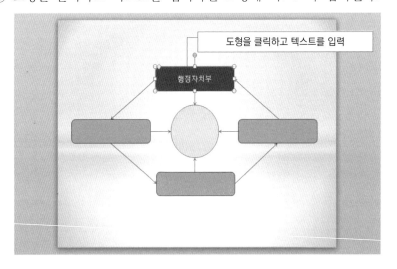

② 글자 모양을 편집하려면 편집하려고 하는 텍스트를 지정하면 자동으로
　글자모양 편집 메뉴가 나타나는데 여기에서 글자 모양을 편집하면 된다.
　또는 리본 메뉴 상단 홈 메뉴 탭 글꼴에서 바꿀 수 있다.

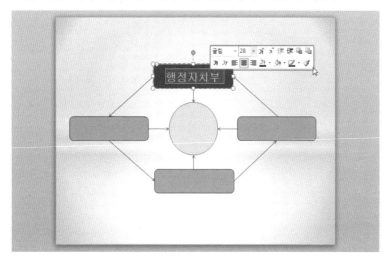

③ 도형 서식에서 텍스트 상자를 선택하면 도형 안에서 텍스트의 위치를 수
　정할 수 있다.

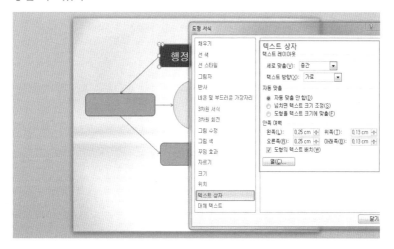

(4) 도형의 변형

도형의 변형은 곡선 조절, 크기 조절, 그룹화, 그룹해제, 도형의 순서 변경

다양한 방법으로 도형을 변형시킬 수 있다.

① 도형을 선택하면 노란색 마름모가 생기는데 마우스를 이용하여 도형의 곡선을 조절할 수 있다.

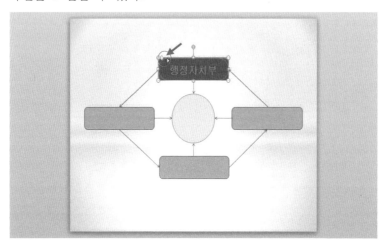

② 도형을 선택하면 녹색의 작은 원이 생기는데 이것은 도형을 회전시킬 수 있다.

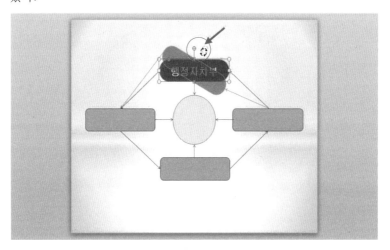

③ Ctrl를 누른 상태에서 각각의 도형을 선택하고 마우스오른쪽을 클릭하면
   바로가기 메뉴에서 그룹을 선택해서 그룹을 지정하면 선택된 모든 도형
   이 하나의 그룹으로 지정된다.

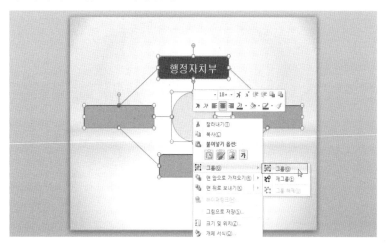

④ 그룹을 해제하려고 하면 그룹화 된 객체를 선택한 후 마우스 오른쪽을
   클릭하여 바로가기 메뉴의 그룹에서 그룹해제를 하면 객체가 해제된다.

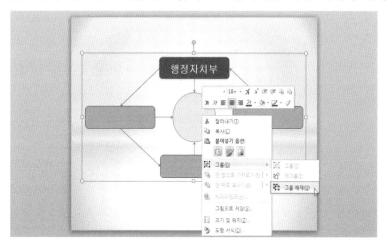

⑤ 나중에 만들어진 도형의 순서를 변경하려면 도형을 선택한 후 마우스 오른쪽을 클릭한 후 맨 뒤로 보내기의 맨 뒤로 보내기를 선택하면 도형은 원하는 순서에 맞추어서 도형의 순서가 변경된다(도형: 사각형, 투명도 50).

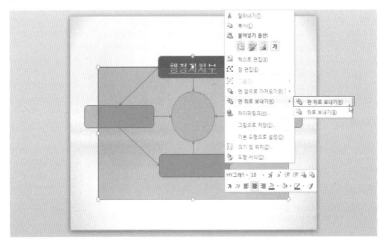

5) 차트 슬라이드의 구성

(1) 차트의 입력

① 다음은 A학과와 B학과의 학생 수와 교직원수 및 강의실 수를 비교한 것이다. 이것을 파워포인트에서 차트를 구성하기 위해서는 기본적인 데이터 값을 적은 표가 필요하다(테마: 보자기 / 표: 삽입 탭 표 만들기).

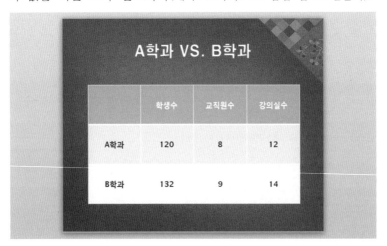

A학과 VS. B학과

	학생수	교직원수	강의실수
A학과	120	8	12
B학과	132	9	14

② 우선 데이터 값이 있는 셀을 선택하고 삽입에서 차트를 선택한다. 그러면 차트 삽입 대화 상자에서 원하는 차트를 선택한다.

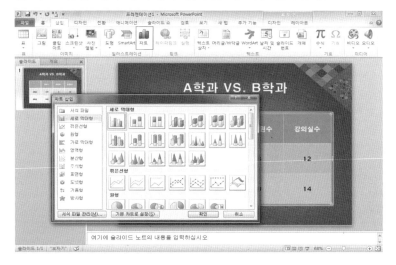

③ 차트를 선택하면 엑셀창이 나타난다. 나타난 엑셀창에서 항목, 계열, 수치를 입력하면 파워포인트의 그래프가 변경된다(차트: 묶은 세로 막대그래프).

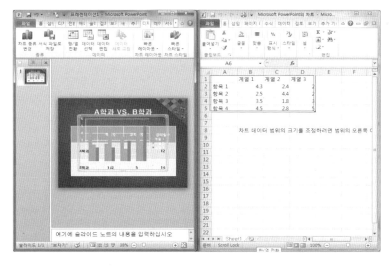

④ 차트를 선택하면 디자인 메뉴 탭을 불러올 수 있다. 디자인 메뉴 탭에서 차트 종류, 데이터, 기본 레이아웃, 스타일 변경이 가능하다.

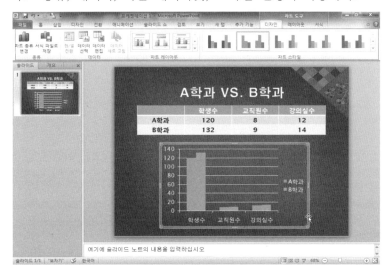

(2) 차트 레이아웃

① 차트를 선택하면 나오는 디자인 메뉴 탭의 레이아웃 수정 이외에도 사용자가 원하는 레이아웃만을 수정할 수 있다. 개별 레이아웃 수정은 레이아웃 메뉴 탭에서 가능하다.

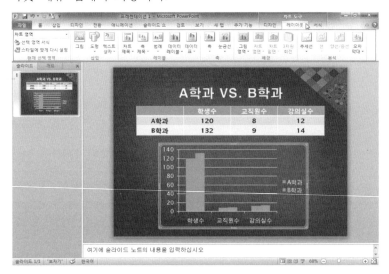

② 레이아웃 메뉴 탭에서는 추세선과 오차막대 도구로 자료의 분석도 가능하다.

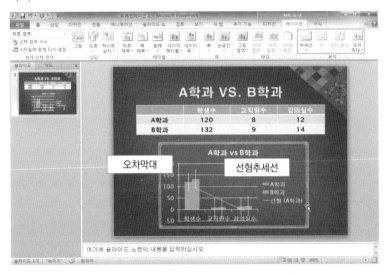

(3) 차트 서식

① 차트의 눈금 크기, 표시형식 등을 변경하고자 할 때는 변경하고자 하는 축을 선택한 뒤에 마우스 오른쪽을 클릭하여 바로 가기 메뉴의 그룹에서 축서식을 선택해 변경하면 된다.
글꼴을 변경하고자 할 때에는 바로 가기 메뉴 상단에서 바로 변경할 수 있다.

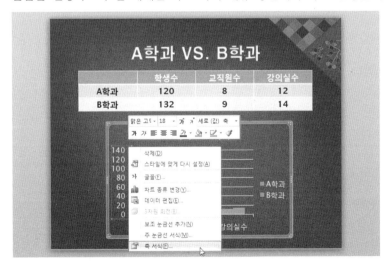

② 세로축 축서식 도구에서는 세로축의 최소값, 최대값, 간격, 표시형식 등이 변경 가능하다. 최소값, 최대값, 간격을 변경하고자 할 때에는 자동에서 고정으로 변경한 뒤에 네모 칸에 값을 입력해 주면 된다.

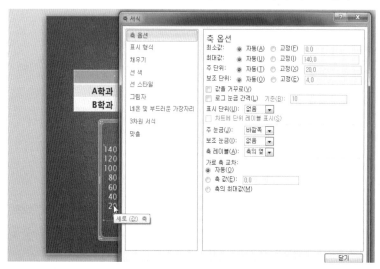

③ 가로축 축서식 도구에서는 가로 축의 간격과 방향, 표시형식 등이 변경 가능하다.

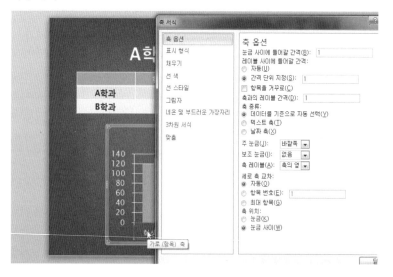

④ 그래프의 색, 요소 간의 간격, 너비를 설정하고자 할 때는 변경하고자
하는 요소를 더블클릭해서 데이터 요소 서식을 불러오면 된다.

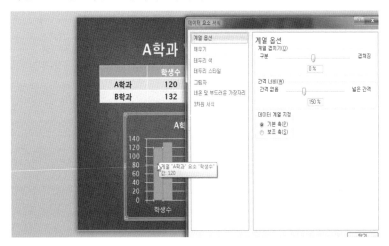

⑤ 계열 간에 간격을 조정할 때는 계열겹치기 수치를 조정해주면 되며, 요
소 간에 간격을 조정할 때에는 간격너비 수치를 조정해 주면 된다.
그래프 색은 채우기에서 변경하면 된다(계열겹치기: −100, 간격너비: 500,
채우기: 연한파랑).

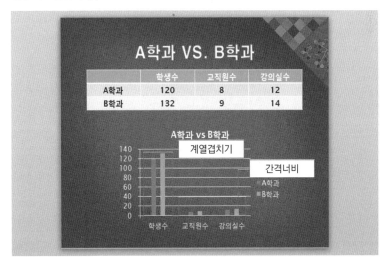

6) 동영상 및 애니메이션

텍스트나 도형을 이용하여 만들어진 슬라이드는 정적인 이미지를 준다. 이런 정적인 이미지는 자칫하면 시간 내에 발표 하는 동안 청중이 지루해지게 된다. 결국 발표자가 원하는 것을 청중에게 호소하기는 어렵다. 정적인 이미지의 슬라이드를 생동감 있게 작성하려면 동영상이나 애니메이션의 적절한 조화를 이루면 보다 효과적인 의사를 전달할 수 있다. 이번 장에서는 동영상 및 애니메이션의 적절한 사용법을 알려주고자 한다. 단 유의할 점은 동영상 및 애니메이션의 과도한 사용은 슬라이드의 전반적인 구성을 해칠 우려가 있으므로 적절하게 사용해야 한다.

(1-1) 동영상 삽입(비디오 파일)

① 동영상을 삽입하기 위해 슬라이드를 구성한 후 삽입 메뉴 탭의 비디오 도구의 비디오 파일을 선택한다.

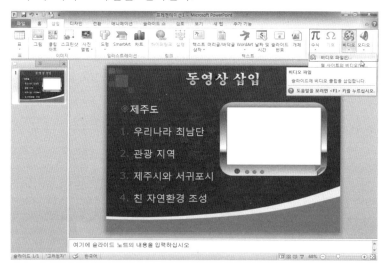

② 비디오 파일을 선택하게 되면 비디오 삽입 창이 나오게 된다. 비디오 삽입 창에서 원하는 동영상이 있는 경로로 들어가 동영상을 선택한 뒤 삽입 버튼을 누른다.
삽입 가능한 확장자명은 avi, wmv, swf, mpg, mpeg, wmv, mp4, mov 파일이다.

③ 삽입된 동영상은 슬라이드에서 미디어 컨트롤을 통해 미리보기가 가능
하다.

동영상 삽입에서 유의할 점은 확장자명이 wmv로 되어 있는 것을 사용
하는 것이 좋다. avi 등 다른 확장자명의 파일은 코덱 등의 문제로 소리
가 안 나오거나 실행이 안되는 오류를 불러 올 가능성이 크다.

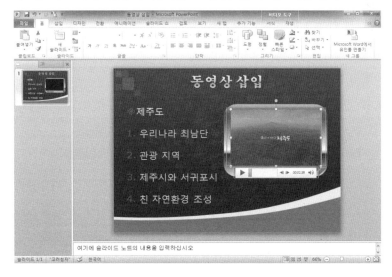

④ 삽입된 동영상의 크기는 동영상을 선택하면 나타나는 8개의 점을 마우스 왼쪽으로 클릭해 드래그 해서 줄이고 늘릴 수 있다.

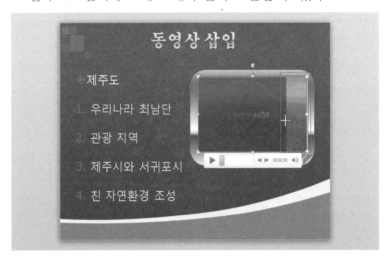

(1-2) 동영상 삽입(온라인 비디오 삽입)

① 컴퓨터 내에 있는 동영상 파일 외에도 슬라이드에 온라인 동영상을 삽입할 수 있다.

온라인 동영상을 삽입하기 위해서는 삽입 메뉴 탭의 비디오 도구의 웹 사이트의 비디오를 선택한다.

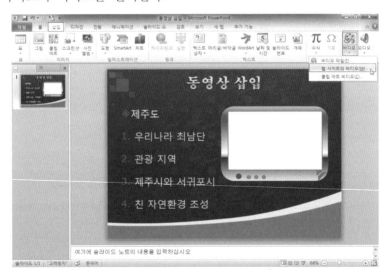

② 웹 사이트의 비디오를 선택하게 되면 소스코드 입력창이 나타난다. 소스
   코드 입력창에 embed로 시작하는 소스를 입력 후 삽입버튼을 선택한다.

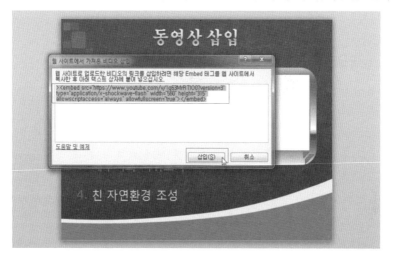

③ 공유 옵션 안에 있는 소스코드를 복사한다(유튜브 예시).

④ 누리툴이라는 웹페이지를 통해 복사한 소스코드를 embed 코드로 변환시켜 준다.

⑤ 슬라이드에 나타난 검은색 도형을 원하는 크기대로 조정한 다음 슬라이드쇼를 실행하면 동영상을 볼 수 있다.

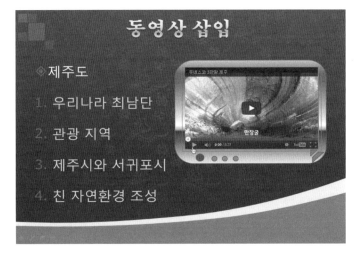

(1-3) 동영상 실행

삽입한 동영상은 여러 효과를 줄 수 있다. 다음 슬라이드로 넘어가면서 동영상을 바로 재생시키거나 동영상을 클릭해서 재생시킬 수 있다. 또는 다른 도형이나 텍스트를 클릭하게 함으로써 재생시킬 수도 있다.

① 동영상에 효과를 주기 위해서는 애니메이션 메뉴 텝의 애니메이션 창을
선택한다. 애니메이션 창을 선택하게 되면 나타나는 동영상 개체를 마우
스 오른쪽으로 클릭하면 효과를 줄 수 있다.

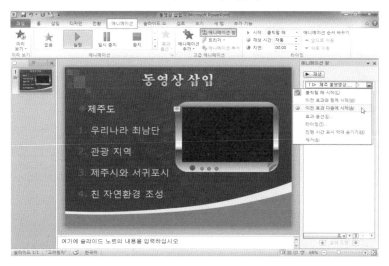

② 타이밍옵션을 통해서도 동영상에 효과를 줄 수 있다. 타이밍옵션을 통해
시작 타이밍과 지연시간, 반복설정 등을 할 수 있다.

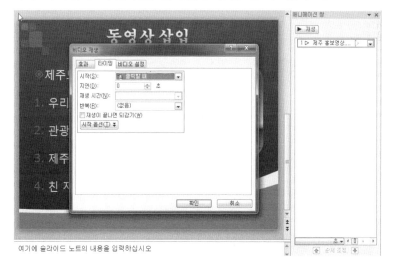

③ 효과옵션을 통해서는 동영상의 재생시작 시간과 재생 중지 시간을 설정
할 수 있다. 또한 동영상 재생 시에 소리나 애니메이션 효과를 줄 수도
있다.

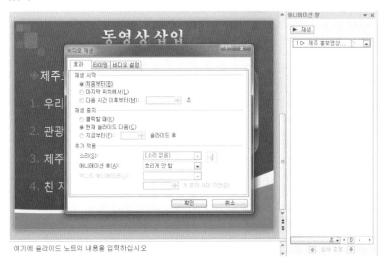

(2-1) 애니메이션 효과 구성

① 애니메이션 효과를 위해 슬라이드를 구성한 후, 애니메이션을 적용하려
는 텍스트 또는 개체를 선택한다.

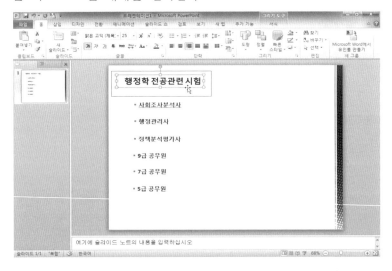

② 애니메이션 메뉴 탭의 애니메이션 그룹에 있는 갤러리에서 애니메이션 효과를 하나를 클릭한다. 자세히 화살표를 클릭하면 더 많은 애니메이션 효과가 표시된다.

초록색: 나타내기 효과 / 노란색: 강조 효과 / 빨간색: 끝내기 효과

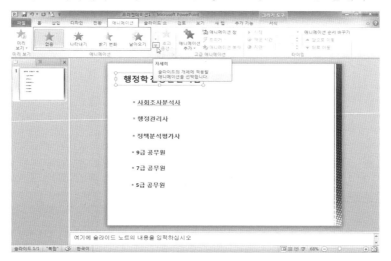

③ 적용된 애니메이션을 변경하려면 갤러리에서 이전과 다른 애니메이션 효과를 클릭하면 된다.

애니메이션을 추가하려면 애니메이션 추가도구의 갤러리에서 추가시키면 된다.

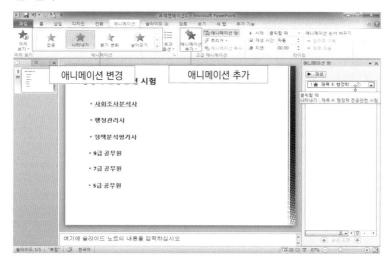

(2-2) 애니메이션 타이밍, 효과 옵션 설정

④ 애니메이션에 효과를 주기 위해서는 애니메이션 창 안에 있는 개체를 마우스 오른쪽으로 클릭해서 빠른 메뉴를 실행시키면 된다.
또는 ■ 선택하면 옵션을 불러올 수 있다.

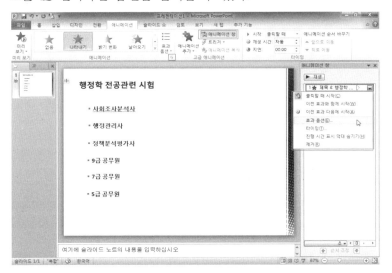

⑤ 소리, 애니메이션 후 효과, 텍스트 애니메이션 단위 설정을 위해서 효과 옵션을 선택한다.

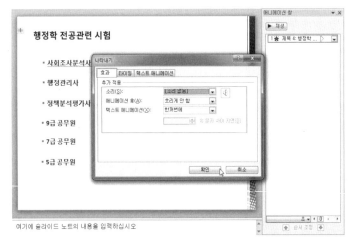

⑥ 애니메이션의 시작시간, 지연 시간 설정을 위해서는 타이밍 옵션을 선택한다.

그 외에도 애니메이션 메뉴 탭의 타이밍 그룹에서 지연상자와 재생시간 상자에 숫자를 입력해서 설정할 수도 있다.

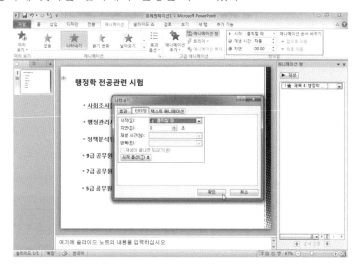

참고문헌

강준모. (1999). 전자문서와 전자거래의 정의분석, 「정보통신정책」 1(6), 353 – 372.

김성태. (1999). 「행정정보체계론: 정보정책론과 전자정부론」. 서울: 법문사.

_____. (2003). 「전자정부론: 이론과 전략」. 서울: 법문사.

김승연·장순주. (1999). 「사무자동화」. 서울: 홍릉과학출판사.

김희철. (2006). 「정보관리를 위한 MS 오피스의 활용」. 한.

미래창조과학부. (2013). 「제5차 국가정보화 기본계획(2013 – 2017)」.

박동진·제갈돈. (2002). 지방정부의 정보기술사용에 영향을 미치는 요인, 「한국행정논집」 14(3), 675 – 697.

방석현. (1994). 「행정정보체계론」. 서울: 법문사.

서순복. (2002). 「지식정보사회와 전자행정」. 서울: 대왕사.

송윤희. (2012). 「엑셀파워포인트 2010」. 디지털북스.

신경식. (2005). 「문서관리론」. 서울: 대영문화사.

안문석. (1983). 「정보체계론」. 학현사.

엄준영·이세훈. (2014). 「MS Office 2013: Excel Powerpoint」. 고요아침.

유평준. (1992). 한국 행정전산화의 현황 분석 및 개선방향 모색, 「연세대학교 매지논총」. 제9집.

유희숙. (2004). 「사무관리론」. 서울: 대영문화사.

이만수. (2000). 「정보사회의 이해」. 서울: 이화문화사.

이재하·윤대현. (2001). 정부기관의 전자문서관리방향, 「한국기록물관리학회」 1(1), 245 – 257.

이종두. (2003). 「사무관리론」. 서울: 대영문화사.

_____. (2010). 「행정사무관리」. 서울: 대영문화사.

이현승. (1995). 현대산업국가에 있어서 사무관리개선의 중요성, 「명지대 사회과학논총」. 10: 165 – 188.

이희정·전미진. (2009). 「회사에서 바로 통하는 엑셀파워포인트(2010)」. 한빛미디어.

장경로. (2011). 「다양한 실무예제로 배우는 엑셀파워포인트 워드 2010」. 영진닷컴.

정보통신부. (2005). 「한국의 정보화 정책 발전사」. 한국전산원.

정우열. (1998). 행정정보시스템의 도입에 따른 조직구조의 변화 분석, 「한국지방자치학회보」. 9(3).

_____. (2004). 「행정정보체계론」. 청목출판사.

정용호. (2013). 「동영상으로 쉽게 배우는 파워포인트 2010＋2013 길라잡이」. 정보문화사.

정재욱 · 배철효 · 한동효. (2004). 「현대행정관리론: 사무관리 · 기획관리 등을 중심으로」. 서울: 대영문화사.

정충식. (1997). 「전자정부론」. 서울: 녹두출판사.

정현애. (2004). 전자정부 구현을 위한 전자문서관리시스템(EDMS)에 관한 연구: 대전 · 충남지역 지방자치단체의 전자문서 유통과 관리 실태분석을 중심으로, 「사회과학논문집, 대전대학교 사회과학연구소」, 22(2), 195－231.

제갈욱 · 길병옥. (2006). 효과적인 사무관리제도의 정착방안에 관한 연구: 충청남도 천안시 및 주변지역을 중심으로, 「한국거버넌스학회보」 13(1), 247－269.

조석준. (1994). 「현대사무처이론」. 서울: 박영사.

하미승. (1999). 「행정정보체계론」. 법문사.

한인수. (1994). 사무자동화 추진 조직에서의 노동의 인간화 실현을 위한 관리적 선택방안에 관한 연구, 「정보통신정책연구」 1(1), 215－255.

행정자치부. (2002). 「전자정부 구현을 위한 문서관리제도 개선방안: 정부 수립 후 최초의 문서 관리체계 대혁신」. 서울: 행정자치부.

_____. (2003). 「사무관리 및 기록물관리 실무」. 서울: 행정자치부 행정능률과.

_____. (2003). 「사무관리규정 주요 개정내용」. 서울: 행정자치부.

_____. (안전행정부). (2013). 「국가정보화백서」. 한국정보진흥원.

Cecil, Paula B. (1984). 「Office Automation: Concepts and Applications」. Menlo Park, CA: Benjamin/Cummings Publishing Company.

Hicks Jr., James O. (1987). 「Management Information Systems」. New York: West Publishing Company.

Kraemer, Kenneth L., William H. Dutton, and Alana Northrop. (1981). 「The Management of Information Systems」. New York: Columbia University Press.

Leffingwell, W. H. (1925). 「Office Management: Principles and Practice」. New York: A. W. Show Co.

Odgers, Pattie and B. Lewis Keeling. (1999). 「Administrative Office Management」. New York: South−Western Educational Publications.

Quible, Zane K. (2004). *Administrative Office Management.* New York: Prentice −Hall.

Terry, G. R. (1975). 「Office Management and Control, The Administrative Management of Information」. Homewood, IL: Richard D., Irwin.

찾아보기

저자약력

제갈욱(諸葛旭)

미국 Arizona State University에서 행정학박사학위를 취득하고, 현재 순천향대학교 행정학과 교수로 재직 중이다. 주요 관심 분야는 행정학교육, 사무관리, 환경정책이다. 최근 논문으로는 "효과적인 사무관리제도의 정착방안에 관한 연구: 충청남도 천안시 및 주변지역을 중심으로", "행정업무운영제도의 효과성 제고를 위한 제도평가: 서울시 공무원을 중심으로", "경찰행정업무운영제도에 관한 개선방안" 등이 있다(jaegal@sch.ac.kr).

제갈돈(諸葛暾)

미국 Arizona State University에서 행정학박사학위를 취득하고, 현재 안동대학교 행정학과 교수로 재직 중이다. 주요 관심분야는 정책평가, 조직행태, 연구방법론이다. 최근 논문으로는 "Predicting Knowledge Sharing Intentions in the Public Sector", "지방공무원 직무몰입의 효과분석: 직무스트레스, 직무만족 및 조직몰입에 미치는 영향", "공공부문에서 성희롱정책 구현접근법에 관한 연구: 미국과 독일의 접근법을 중심으로" 등이 있다(jaegal@anu.ac.kr).

행정사무관리론

초판발행	2021년 12월 30일
지은이	제갈욱·제갈돈
펴낸이	안종만·안상준
편 집	양수정
기획/마케팅	오치웅
표지디자인	BENSTORY
제 작	고철민·조영환
펴낸곳	(주) **박영사**
	서울특별시 금천구 가산디지털2로 53, 210호(가산동, 한라시그마밸리)
	등록 1959. 3. 11. 제300-1959-1호(倫)
전 화	02)733-6771
f a x	02)736-4818
e-mail	pys@pybook.co.kr
homepage	www.pybook.co.kr
I S B N	979-11-303-1465-5 93350

* 파본은 구입하신 곳에서 교환해 드립니다. 본서의 무단복제행위를 금합니다.
* 저자와 협의하여 인지첩부를 생략합니다.

정 가   28,000원